Schäfer · Fußballheimat Schleswig-Holstein

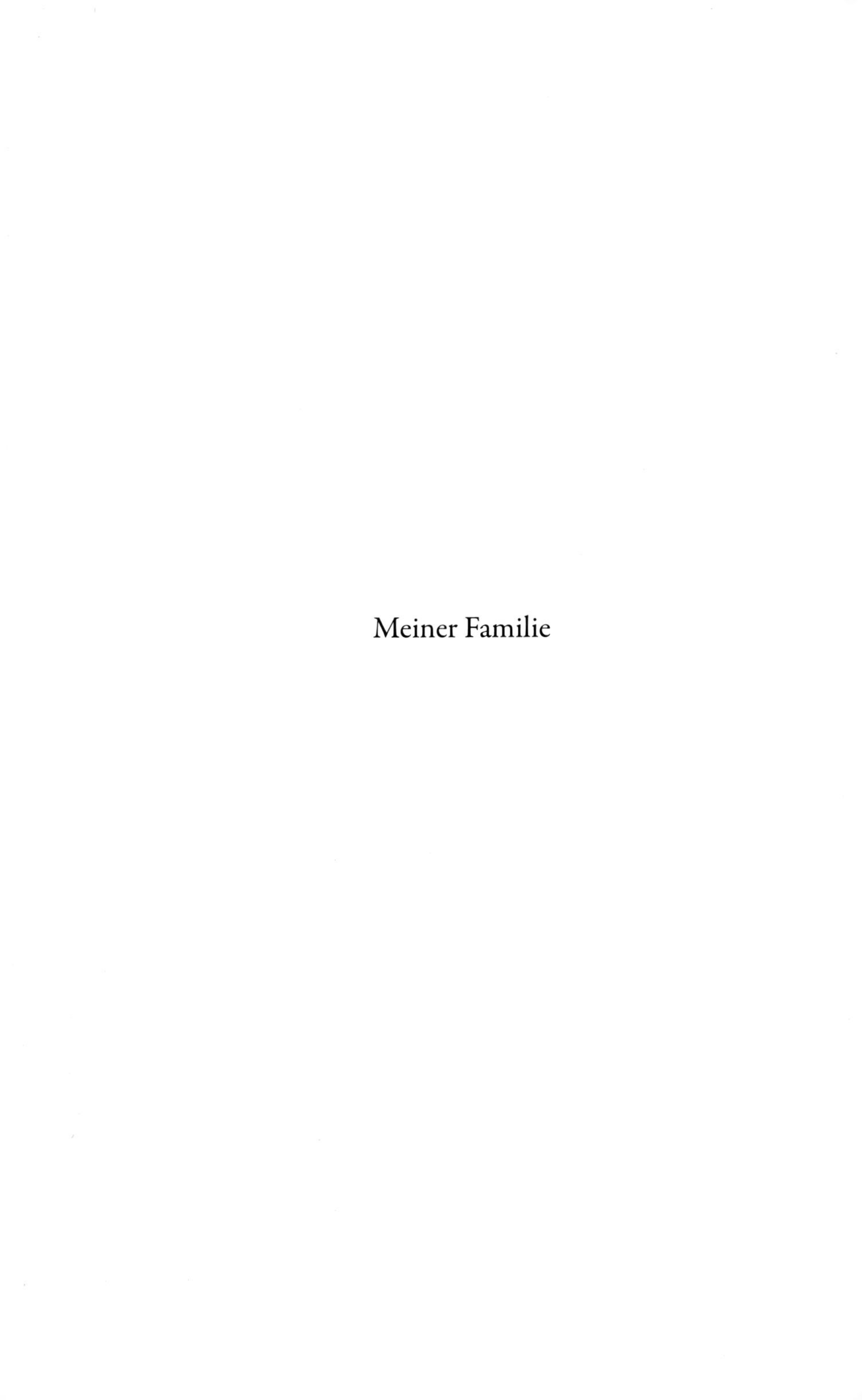

Meiner Familie

Alexander Schäfer

Fußballheimat Schleswig-Holstein

100 Orte der Erinnerung

Arete Verlag Hildesheim

Der Autor

Alexander Schäfer, geboren 1977, Ausbildung zum Redakteur an der Berliner Journalisten-Schule, arbeitet als Gymnasiallehrer in Schleswig-Holstein und bildet zudem Referendare im gesamten Bundesland aus. 2019 nahm Schäfer mit seiner Schule erfolgreich an der Lehrer-Fußball-Landesmeisterschaft teil und belegte den 12. Platz – von zwölf Mannschaften.

Bibliografische Information der Deutschen Nationalbibliothek

Die Deutsche Bibliothek verzeichnet diese Publikation in der Deutschen Nationalbibliografie; detaillierte bibliografische Daten sind im Internet über http://dnb.ddb.de abrufbar.

2., durchgesehene Auflage 2021

www.arete-verlag.de

Layout, Satz und Umschlaggestaltung: Composizione Katrin Rampp, Kempten
Alle Fotos: Alexander Schäfer (wenn nicht anders angegeben)
Umschlagfotos: Stadion Waldwiese (VfB-Platz) in Kiel (Cover); Norderstedt, Kunstrasenplatz neben dem Edmund-Plambeck-Stadion (vordere Klappe außen); Pansdorf (hintere Klappe innen); Tönning (hintere Klappe außen)
Grafiken: Matthias Hunger
Druck und Verarbeitung: Beltz Grafische Betriebe GmbH
ISBN: 978-3-96423-041-6

Inhaltsverzeichnis

Vorwort

„Heimat ist mein Verein“
The Screenshots
im Song *Fußball ist cool*

Manchmal muss man geduldig sein im Norden. Beispielsweise, wenn es um einen schleswig-holsteinischen Vertreter in der 1. Fußball-Bundesliga geht. Auch ein Nationalspieler, der für einen Verein aus dem „echten Norden“ spielt, ist ein rares Exemplar.

Ebenso dauert es 44 Jahre, bis erstmals ein Kicker aus Schleswig-Holstein das „Tor des Monats“ der „Sportschau“ erzielt. Dann geht es plötzlich doch ganz schnell: Ein Abstoß, ein Pass, ein Fallrückzieher – aus einer Distanz von 21 Metern gelingt Michél Harrer vom VfR Neumünster im Mai 2015 endlich das preisgekrönte Tor des Monats.

Schleswig-Holstein hat eben fußballerisch mehr zu bieten als das ewige Traditionsdreigestirn aus Holstein Kiel, VfB Lübeck und Weltmeisterschmiede Malente. Im zweitkleinsten Flächenbundesland liefern diverse Ligen fußballeuphorische Vereinstradition und glücklich machende Fanmomente. Vielleicht auch ein Grund, weshalb laut dem bundesweiten „Glücksatlas“ zufolge schon seit Jahren die zufriedensten Menschen in Schleswig-Holstein leben.

Selbst in Flensburg und Kiel ist der Fußball längst aus dem Schatten des Handballs herausgetreten. Auch junge Kicker im gesamten Bundesland tragen heute nicht mehr nur das Merchandise etablierter Bundesligisten, sondern vermehrt Holstein Kiel-Trikots.

Einige besuchte Orte, Vereine und Interviews haben es – der neu eingeführten Kategorie „Bonuswissen“ zum Trotz – nicht in dieses Buch geschafft. So fehlt etwa der Elfmeterkiller und inzwischen auch als Künstler arrivierte Rudi Kargus mit seinem Atelier bei Quickborn, oder auch Birger Schmidt aus Fehmarn, Gründer des allerersten Fußball-Filmfestivals der Welt. Ebenso bleibt der gebürtige Kieler und Ex-Bundesligaspieler Tobias Homp außen vor, obwohl er in Henstedt-Ulzburg die Bundesligafrauen trainiert und auch mit über fünfzig in der 5. Liga spielt.

Viele andere Personen, die für den Fußball in Schleswig-Holstein von Bedeutung sind, lernen Sie auf den folgenden Seiten kennen.

Amrum

001

Mühlenstadion

Eine Insel mit zwei Toren

Amrum ist für viele die perfekte Nordseeinsel mit einem imposant-feinsandigen Strand an der Westseite. An diesem Kniepsand-Strand wird natürlich Fußball gespielt. Professioneller kickt es sich im Inselinneren: südlich vom Inselort Nebel, direkt an der ältesten Windmühle Schleswig-Holsteins.

„Wir sind stolz auf unser Mühlenstadion", sagt Stephan Dombrowski, Vorsitzender des TSV Amrum und maßgeblich am Ausbau des Platzes beteiligt. „Stadion" ist – wie so oft in Schleswig-Holstein – eine leichte Übertreibung. Immerhin gibt es an der Nordseite vier aufwärts verlaufende Holzbankreihen. „Die Bänke hat ein Tischler aus dem Ortsteil Süddorf gefertigt", sagt Dombrowski. 1995 beginnt der Ausbau. 300 Bäume werden auf der Vorgängerwiese gerodet, die berüchtigten zwei Meter Gefälle des Platzes werden nivelliert.

Aber auch vor dem Umbau ist Amrum ein beliebtes Reiseziel für Fußballprofis. Ende der 1980er- bis Mitte der 1990er-Jahre gibt es ein jährliches Prominentenspiel; Uwe Seeler kickt hier auch. Später verlegt der FC St. Pauli sein Trainingslager nach Amrum, zuletzt im Sommer 2001 vor einer Erstligasaison. Das Trainingslager soll die Kondition schulen, inklusive täglicher Strandläufe am Kniepsand ab 7:30 Uhr. Während der Trainingswoche bestimmen Totenkopflogos die Amrumer Urlaubsmode. Die Kiezkicker spielen abschließend gegen eine Inselauswahl. Das geschieht auch zwei Jahre später, als 2003 der Hamburger SV gastiert und noch mehr Fans anlockt. „Viele auf der Insel sind HSV-Fans", erklärt Dombrowski. 2007 gründet sich in Stadionnähe der HSV-Fanclub „Amrumer Perle".

Selbst ist der 1926 gegründete TSV Amrum nur beim Kreispokal Nordfriesland aktiv. Als Amateur-Underdog hat man bis zum Kreisfinale immer Heimrecht. „Wir einigen uns vor den Spielen, ob wir auf eine mögliche Verlängerung verzichten", sagt Dombrowski. Verständlich, dauert die Überfahrt mit der Fähre vom Festland immerhin zwei Stunden. Dann mit dem Bus bis zur Mühle in der Inselmitte. Gut, dass es auf Amrum keine Ampeln gibt.

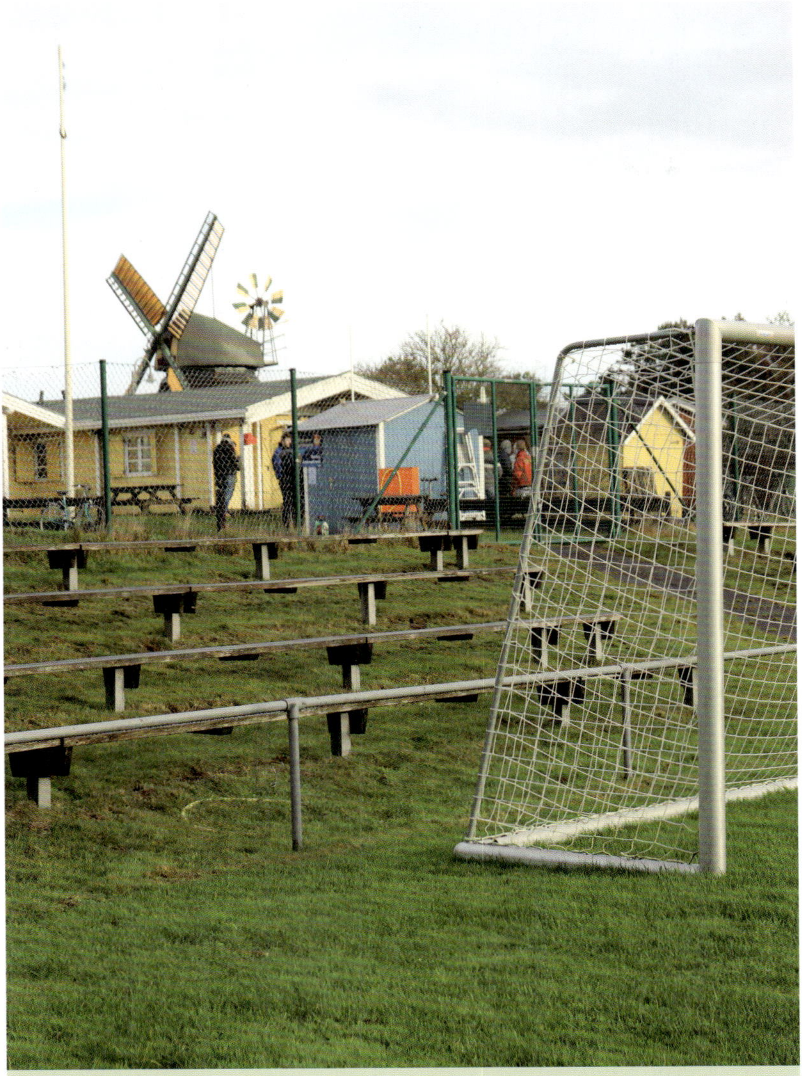

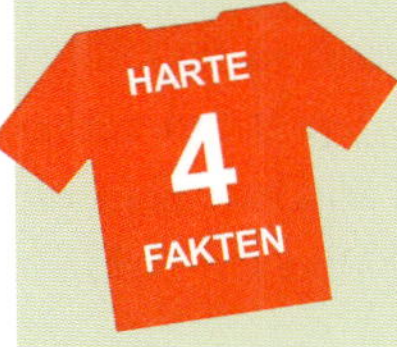

Adresse: Waasterstigh (ohne Hausnummer), 25946 Amrum

Zuschauerkapazität: 2.500

Verein: TSV Amrum

Bonuswissen: Die zuschauerintensivste Einzelveranstaltung Amrums: das Gastspiel des HSV am 3.7.2003

Bad Oldesloe 002

Travestadion

Nationalspieler im Naturstadion

Malerisch gelegen ist das Travestadion. Vom verkehrsumtosten Konrad-Adenauer-Ring biegt man Richtung Jugendherberge ab, nimmt das historische Jugendstil-Badehaus an der Trave wahr und überquert per Brücke deren Seerosen. Hinter der Brücke, die auch von Monet hätte gemalt sein können, erreicht man das Naturstadion mit der steilen Tribünenböschung.

„Die Bauarbeiten für unser Stadion begannen noch vor dem Zweiten Weltkrieg", sagt Walter Busch, Jahrgang 1927. Busch ist ein halbes Jahrhundert Vorsitzender des Ende der 1930er fusionierten VfL Oldesloe; der Stammverein MTV ist bereits 1862 gegründet. Das „Bad" des Ortsnamens – Oldesloe ist seit 1910 offizielles Kurbad, welches bereits seit 1813 existiert – fehlt allerdings im Vereinsnamen.

Für einige bekannte Spieler ist die Kurstadt die erste Fußballstation: Torhüter Gert Girschkowski wechselt 1968 in die Bundesliga zum Hamburger SV. Bundesligaspieler Rouwen Hennings – im August 2019 mit dem Tor des Monats gekrönt – trifft zuerst in seinem Geburtsort.

Namhafte Trainer kommen in das Travestadion: Der Düsseldorfer Walter Risse, der in den 1920ern acht Mal für die Nationalmannschaft spielt, hat 1932 in Bad Oldesloe seine erste Trainerstation. Anfang der 1950er ist Erwin Seeler, Vater von Uwe Seeler, erfolgreicher VfL-Spielertrainer. „Erwin Seeler bekam vor dem Training als Lohn immer auch Fleisch der Schlachterei Münster. Deshalb dauerte das Training manchmal nicht so lange, Seeler musste das Fleisch ja noch nach Hamburg fahren", sagt Peter Stäcker, der eine Webseite mit historischen VfL-Fotos betreibt und dessen Vater Trainernachfolger von Seeler wird.

„Das schöne Travestadion war für uns Spieler etwas ganz Besonderes", erinnert sich Rainer Fischer, Jahrgang 1952. Fischer spielt Anfang der 1980er für den Lokalrivalen SC Union. „Der VfL war finanziell stets besser aufgestellt – ich schoss im Derby aber die beiden einzigen Tore." Fischers Karriere endet versöhnlich: Er wechselt zu den Alten VfL-Herren. Und seit 2017 ist Fischer Pächter des VfL-Vereinsheimes.

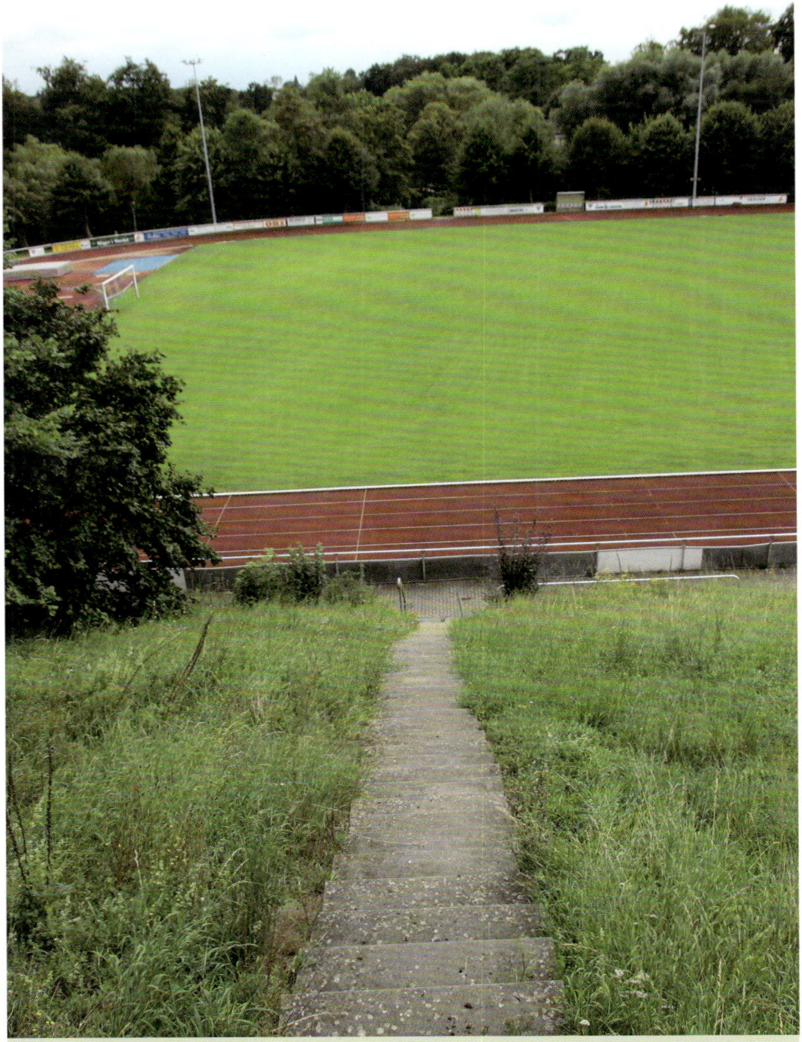

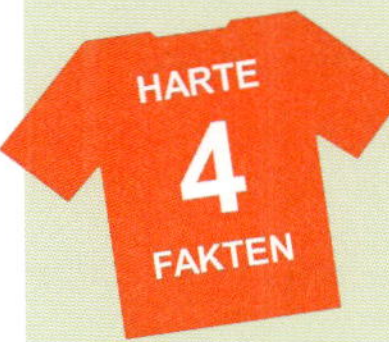

Adresse: Konrad-Adenauer-Ring 3, 23843 Bad Oldesloe

Zuschauerkapazität: 3.000

Verein: VfL Oldesloe von 1862

Bonuswissen: Oldesloe wird mit langem „o“ ausgesprochen.

Barmstedt 003

Sportplatz Düsterlohe

Satte Geschichte

Nicht nur die Fans von Union Berlin bauen ihr Stadion selbst. Im Sommer 2020 packen Mitglieder vom SSV Rantzau an und errichten eine überdachte Minitribüne. Auch schon in den 1970ern wird das Vereinsheim von Mitgliedern erbaut; und erst ein hohes Spendenaufkommen ermöglicht 2018 den Kunstrasen.

„Wir sind auf die Mitarbeit unserer Mitglieder angewiesen", sagt der stellvertretende Vorsitzende Günter Thiel, „wir haben einen der niedrigsten Etats aller Hamburger Landesligisten." Die 10.000-Einwohner-Kleinstadt Barmstedt liegt 30 Kilometer nördlich von Hamburg. Der Vereinsname Rantzau geht auf den gleichnamigen Reichsritter zurück, ein königlich-dänischer Statthalter aus dem 17. Jahrhundert, der hier seine Grafschaft hatte.

Historisch beeindruckend ist das Archiv des Vereins. „Wenige Wochen nach dem Ende des Zweiten Weltkrieges wurde wieder Fußball gespielt", sagt Hobbyarchivar Siegfried Seidler. Spieler Georg „Schorsch" Rudinger spielt dabei so gut, dass er später zum FC Schalke 04 wechselt.

In der Nachkriegsphase besuchen namhafte Vereine den SSV Rantzau: beispielsweise Fortuna Düsseldorf oder Hannover 96. „Jeder Gast erhielt nach dem Spiel viele Lebensmittel", sagt Seidler. Die sogenannten „Speckspiele" sprechen sich rum – und so kommt später unter anderem eine Kölner Stadtauswahl mit Hennes Weisweiler.

Historisches findet man auch auf der ansprechenden Homepage. Beispielsweise Zeitungsberichte zum DFB-Pokalspiel 1960 gegen Eintracht Braunschweig. „Es war beileibe kein Spaziergang für die Braunschweiger Vertragsspieler, die der kleine, nicht gerade ebene, aber sorgfältig hergerichtete Platz sicher etwas störte". Endstand 1:3 (1:1). Doch „erst als die Vertragsspieler der Braunschweiger Eintracht alle Reserven ausspielten, (...) wurde der imponierende Widerstand des einzigen Vertreters der Hamburger Bezirksklasse (...) gebrochen."

In der Gegenwart setzt der SSV verstärkt auf Jugendarbeit. Nach dem Schulabschluss werde es aber schwieriger. „In Barmstedt gibt es leider keine Universität", schmunzelt Thiel, „wir haben nur eine Volkshochschule."

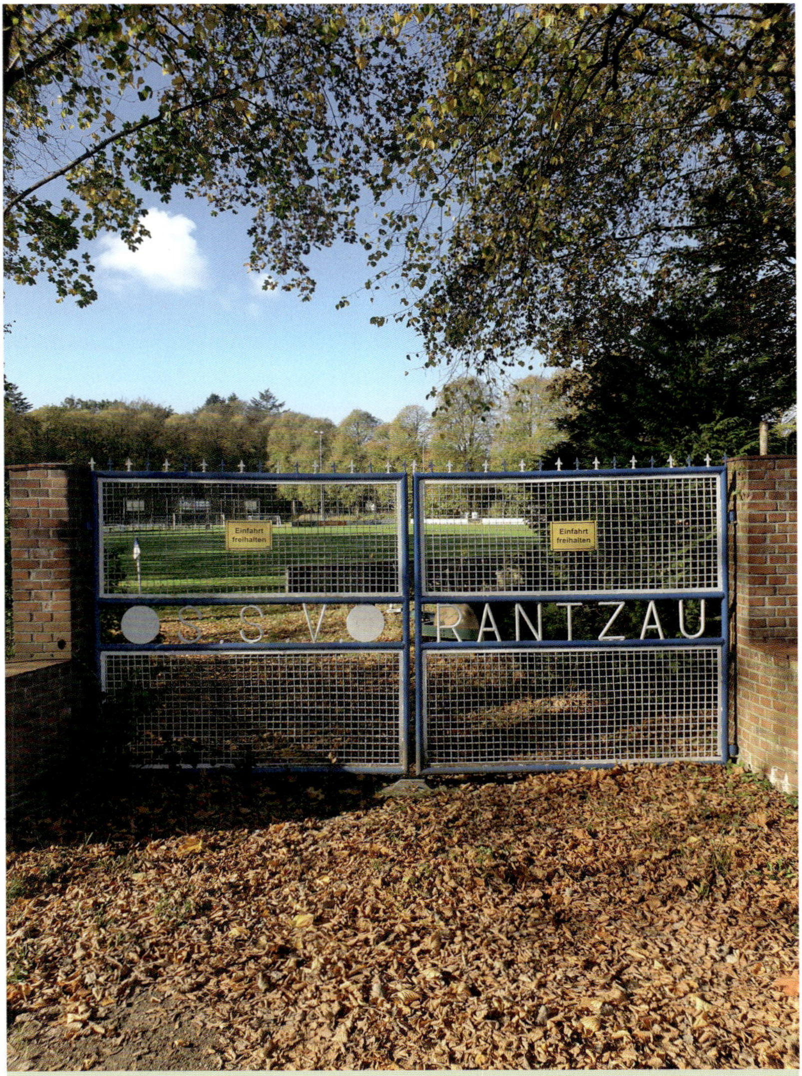

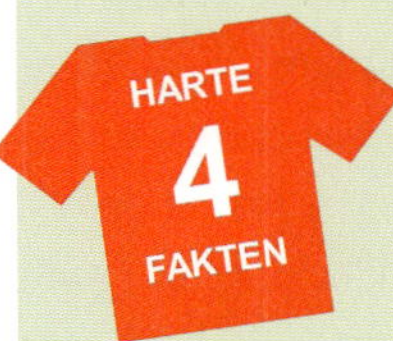

Adresse: Düsterlohe 6, 25355 Barmstedt

Verein: SSV Rantzau

Zuschauerkapazität: 1.500

Bonuswissen: Der Stadionkiosk heißt „Ballerbude".

Sportplatz Hamfelderedder

High Heels an der Hamfieldroad

„In deine High Heels und dein blondes Haar / Verliebte sich ein Stürmerstar" – die Textzeilen des Liedes „Spielerfrau" von Olli Schulz passen auch auf den SV Börnsen. In High Heels, Trikots und nur wenig mehr haben sich Spielerfrauen des SV Börnsen Ende 2019 für einen Kalender ablichten lassen.

„Das war ein Nebenprodukt für einen guten Zweck", sagt Torben Meyer, seit 2013 Vorsitzender. „Das Geld des auf 66 Exemplare limitierten Kalenders floss an einen Kindergarten." Die Kalender sind natürlich sofort ausverkauft.

Kreativ und nachbarschaftlich – so präsentiert sich der Fußballverein. „Der Zusammenhalt ist groß", sagt Meyer, der selbst Vereinstreue lebt. Meyer ist als linksfüßiger Mittelfeldspieler aktiv, als im Jahr 2000 gegen die TuS Dassendorf im Hamburger Pokalfinale 1:5 verloren wird. Gegen den mit Mäzenatengeld aufgepeppelten „neureichen" Nachbarn Dassendorf sei Börnsen „als exzessive Spaß- und Feiertruppe bekannt", schreibt die „taz" vor dem Spiel.

„Ja, wir feiern Fußball, das ist unser Motto", schwärmt Meyer. Früher ist die ehemalige Großraumdiskothek Viva in Wentorf ein wichtiger Treffpunkt außerhalb des Platzes gewesen. „Freundschaften bestehen lange, man hilft sich."

Auf der höherklassig anmutenden Homepage steht: „Viele Ur-Börnsener, teilweise mehr als 50 Jahre im Verein, engagieren sich für den Club." Hier wird auch die Büdchen-Besitzerin und Schatzmeisterin Marina Wolff als „gute Seele des Vereins" vorgestellt. „Der SV Börnsen ist wirklich ein Lebensgefühl", meint Meyer. Das „Hamfieldroad"-Willkommensschild wird weit vor dem Klopp-Liverpool-Hype angeschraubt.

Linksfuß Meyer ist auch 2006 dabei, als im Oddset-Pokalspiel der FC St. Pauli gastiert. Es werden extra Tribünen angebracht, weit über 1.500 Zuschauer pilgern an den Hamfelderedder. „Die Zuschauer standen bis neben dem Tor, aber der Schiedsrichter drückte alle Augen zu."

Bekannt ist der Klub auch durch Torwarttrainer Lutz Maschuw, Jahrgang 1939, der seit 1950 durchgängig in Börnsen trainiert. Maschuw ist Deutschlands kleinster Tortwarttrainer: mit 1,48 Metern.

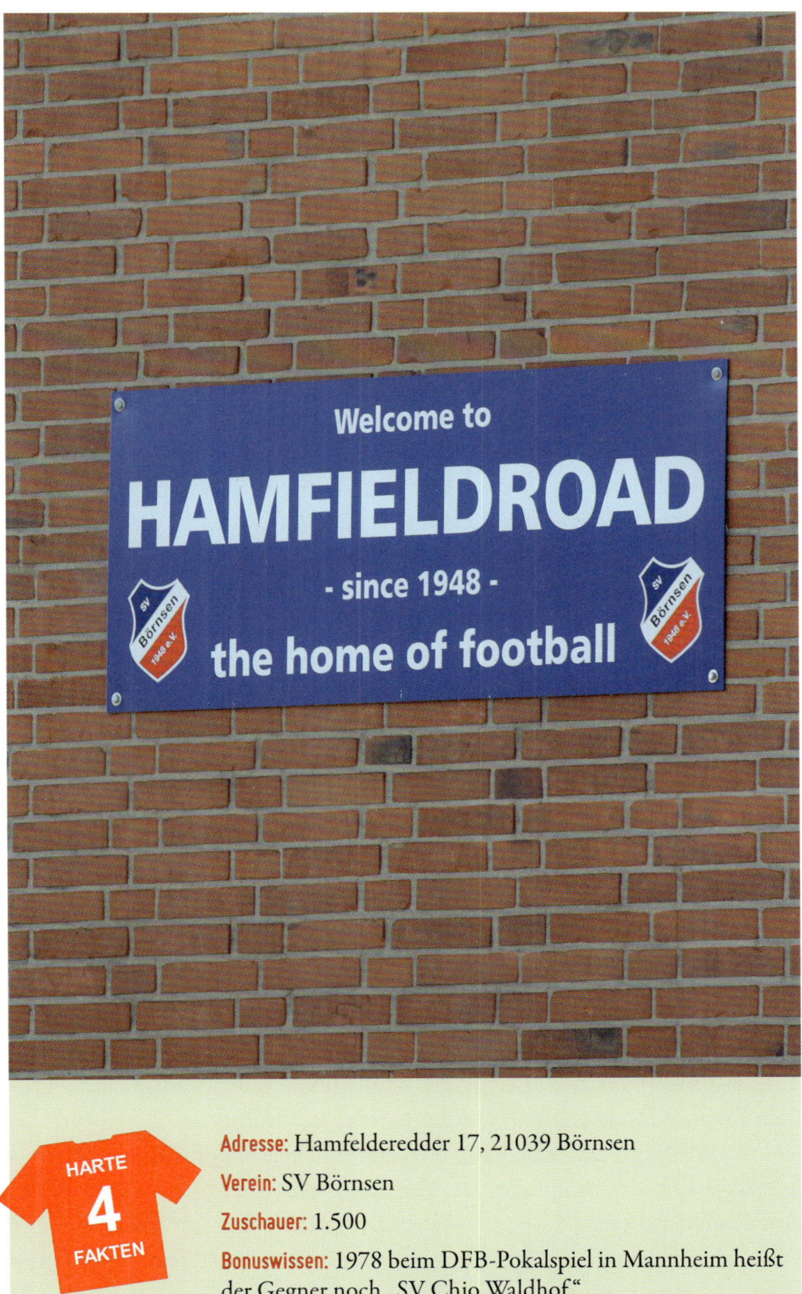

HARTE 4 FAKTEN

Adresse: Hamfelderedder 17, 21039 Börnsen

Verein: SV Börnsen

Zuschauer: 1.500

Bonuswissen: 1978 beim DFB-Pokalspiel in Mannheim heißt der Gegner noch „SV Chio Waldhof".

Brunsbüttel 005

Sportanlage Olof-Palme-Allee

Gemeinsam mehr vom Platz

Waldstadion, Frankfurt am Main. Kurz nachdem Eintracht-Stürmer Joachim Löw ausgewechselt wird, verewigt sich in der 73. Minute Thorsten Rohwedder für den BSC Brunsbüttel in den Annalen. In der „kicker"-Datenbank steht fortan unter seinem Namen: ein DFB-Pokalspiel – ein Tor. Bei der ersten Pokalrunde Ende August 1981 markiert Rohwedder den Ehrentreffer beim Frankfurter 6:1. Die anderen Tages-Torschützen heißen unter anderem Norbert Nachtweih und Werner Lorant.

Die frühen 1980er-Jahre gehören zu den Glanzzeiten des BSC. Das DFB-Pokalspiel verleiht Schwung: Am Ende der Verbandsligasaison wird 1982 der 2. Platz gefeiert. Die Aufstiegsrunde zur anschließenden Oberliga geht aber verloren.

„Für mich waren die Spieler damals wie Popstars", sagt der jetzige Präsident Markus Kählau, 1969 geboren. Über 1.000 Zuschauer sehen die Aufstiegsspiele, der BSC spielt gegen Olympia Wilhelmshaven, den Hummelsbüttler SV und SKL Bremerhaven. Damals spielen die Ersten Herren an der Goethestraße im Stadtinneren. Die Jugend spielt an weiteren Plätzen der Stadt. Seit 2004 kicken alle gemeinsam auf dem 48.000 Quadratmeter großen Sportplatz mit den fünf Fußballfeldern.

„Einmalig in Deutschland organisieren wir seit 2011 zu unserer Saisoneröffnung einen gemeinsamen Spieltag verschiedener Westküstenclubs", sagt Kählau. Vereine verzichten gern auf ihr Heimrecht, damit das Spektakel an der Olof-Palme-Allee stattfinden kann. „Wir spielen ab dem Nachmittag auf drei Plätzen parallel." Von der Kreisklasse bis zur Landesliga – mit Hüpfburg-Rahmenprogramm. Das gefällt überregional: 2018 beehrt DFB-Präsident Reinhard Grindel die Westküsten-Saisoneröffnung.

Erst 1967 wird der reine Fußballverein BSC gegründet. Der TSV Brunsbüttelkoog ist der prominenteste Vorgänger. Dort lernt auch der 1949 in Brunsbüttel geborene Horst Wohlers das Spielen. Wohlers spielt ab 1975 zehn Jahre in der Bundesliga. Bei Borussia Mönchengladbach schießt der defensive Mittelfeldmann 9 Tore in 132 Spielen, wird zweimal Deutscher Meister und gewinnt 1979 den Europapokal.

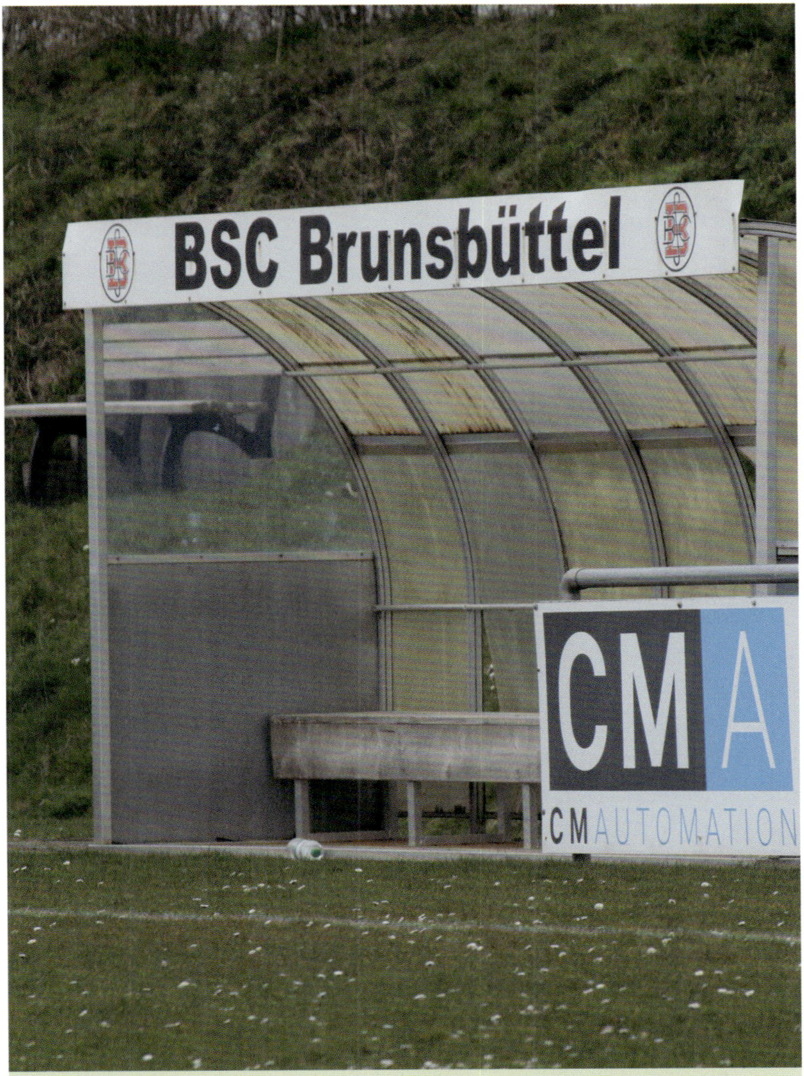

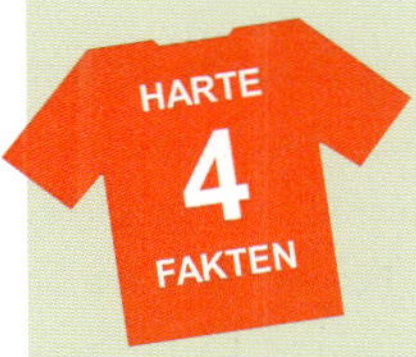

Adresse: Olof-Palme-Allee 11, 25541 Brunsbüttel

Verein: BSC Brunsbüttel

Zuschauer: 2.500

Bonuswissen: Seit 1975 gibt es „Meniskus", eine bewegungstherapeutische Fußballsparte. Altersuntergrenze: 30

Büchen 006

Waldstadion

Ein Ball würde dem Spiel guttun

Boxer am Ball: Büchen erhält am 24. August 1957 Besuch von Box-Weltmeister Max Schmeling. Für eine Wohltätigkeitsveranstaltung zu Gunsten West-Berliner Waisenkinder schüttelt Schmeling – neben anderen Sportstars – Hände am Rande des Spielfeldes, während sich auf der Sportanlage des Büchener SV eine Mannschaft des Norddeutschen Rundfunks und eine Betriebssportmannschaft der Firma Damaschke ballspielend gegenüberstehen.

„Der Unternehmer Albert Damaschke hat das eingefädelt", sagt Claus Wolff, der 2015 die Sonderausstellung „Glanzzeiten des Betriebssports in Büchen" in der Priesterkate organisiert. Damaschke ist damals Inhaber einer Großdruckerei in Büchen. Für das Wohltätigkeitsspiel kommt sogar Radiolegende Herbert Zimmermann, der drei Jahre zuvor das Wunder-von-Bern-Endspiel kommentiert hat („Aus! Aus! Aus ...").

Punktspiele finden in Büchen auch statt, der Büchen-Siebeneichener SV, kurz BSSV, spielt im Waldstadion. Das schulsportlich anmutende Sportzentrum mit Tartanlaufbahn aus den 1980er-Jahren hat eine Tribüne, die an eine Bahnsteigüberdachung erinnert – und die auch für Zuschauer des südlich gelegenen Kunstrasens Platz bietet.

„Besonders erfolgreich ist der BSSV seit dem Verbandsligaabstieg 2015 und der Verpflichtung von Trainer Gerd Dreller", sagt Fußballspartenleiter Stefan Renfert. „Wir arbeiten seitdem mit Videoanalysen und einem Fitnesstrainer." Der BSSV wird 2019 Verbandsliga-Süd-Meister und kann auch in der Landesliga bis zum Coronaabbruch 2020 auf den dritten Platz klettern.

Bereits 1988 fusioniert der SV Büchen mit dem nördlich gelegenen Nachbarverein SV Siebeneichen.

Siebeneichens Gründungsbestrebungen werden in der Nachkriegszeit allerdings basal gestört. Das Amt Büchen verkündet: „1948 beabsichtigte man in Siebeneichen einen Fußballverein zu gründen. Der fehlende Spielball verzögerte jedoch die Gründung. Sie konnte erst 1949 vollzogen werden, nachdem Bäckermeister Wilhelm Pohlmann den notwendigen Ball gestiftet hatte."

Nach der Fusion setzt man konsequent auf den Nachwuchs. Mit Ball.

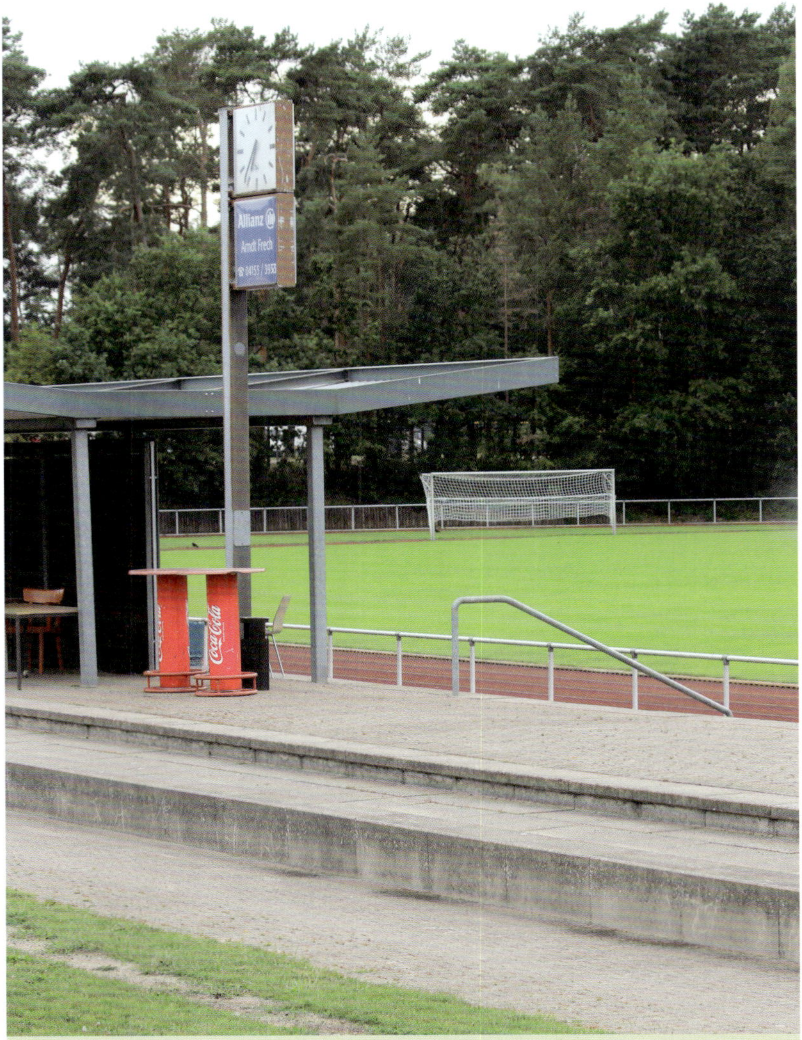

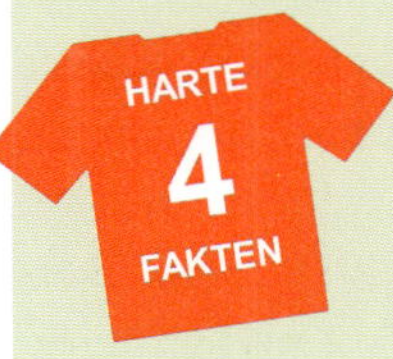

Adresse: Möllner Straße 61, 21514 Büchen

Verein: Büchen-Siebeneichener SV

Zuschauerkapazität: 2.500

Bonuswissen: Es gibt zwar einen allseits verzeichneten Albert-Damaschke-Weg, aber bisher kein Straßenschild.

Büdelsdorf 007

Eiderstadion

Dellings Heimat

„Ich war immer Büdelsdorfer", bekennt der in Rendsburg geborene Moderator Gerhard Delling 2020 in einem Podcastgespräch mit dem Hamburger Abendblatt. Dellings damaliger Jugend-Fußballtrainer vom Büdelsdorfer TSV (BTSV) schreibt für die Schleswig-Holsteinische Landeszeitung, so findet Delling den ersten Kontakt zum Sportjournalismus.

„Wir haben Gerhard Delling 2019 nach seiner letzten ARD-Sportschau ein BTSV-Trikot mit seinem Namen überreicht", sagt BTSV-Fußballobmann Rolf Bannas.

Fußballerische Höhepunkte sind für Büdelsdorf 1963 und 1967 der Gewinn des Landespokals. 1973 wird knapp die Aufstiegsrunde zur Regionalliga Nord verpasst. Immer wieder pendelt der Verein zwischen der höchsten und der zweithöchsten Amateurliga Schleswig-Holsteins. „Wir sind besonders stolz auf unsere Jugendarbeit", sagt Bannas. 1994 wird die A-Jugend Landesmeister.

Das Büdelsdorfer Eiderstadion ist ein städtisches Leichtathletikstadion mit größerer Tribüne. „Hier waren schon viele Bundesligamannschaften zu Gast", sagt Bannas. 2018 der Hamburger SV, 2010 Schalke 04, 2009 VfL Wolfsburg, 2006 sogar der FC Bayern München. Gespielt wird gegen den BTSV oder eine Jugendlandesauswahl.

In unmittelbarer Nähe zum Eiderstadion sollte ein weiterer Platz besichtigt werden. Auf den ersten Blick ist der „Sportplatz am Heisterort" leicht zu übersehen: Birken umrahmen eine Senke, die dann zum Platz hinabführt. Alles überwiegend naturbelassen, also zählt dieser Platz zu den charmanten Naturstadien. Hier hat früher die „FT Eider Büdelsdorf" gespielt. Ab den späten 1990ern gibt es einen Aufschwung; der Chef einer Reinigungsfirma investiert in den Verein. „Heisterort wird Meisterort" dichten lokale Journalisten. 2004 wechselt man dann ins benachbarte Eiderstadion, das mit der Größe und der Tartanbahn der Stimmung allerdings nicht guttut. Die Auflösung der ersten Männermannschaft erfolgt 2012; seit 2018 nimmt kein Team des Vereins mehr am Spielbetrieb teil. Der Sportplatz am Heisterort wird mittlerweile von den BTSV-Jugendmannschaften genutzt.

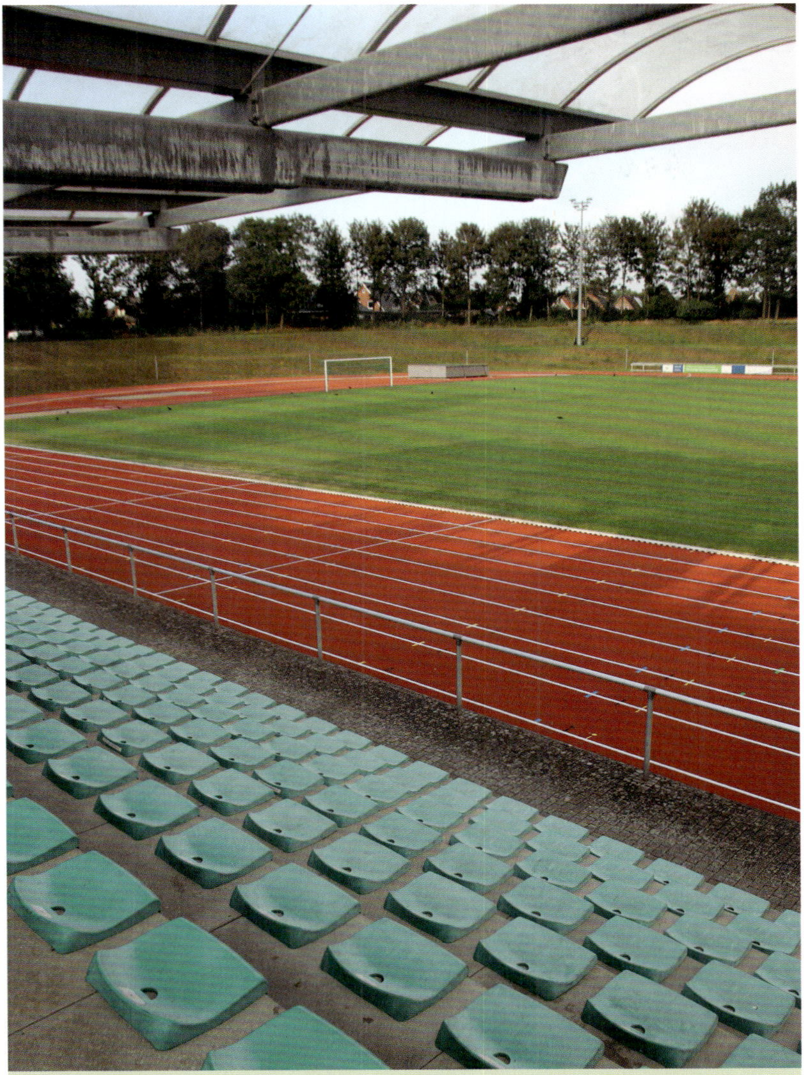

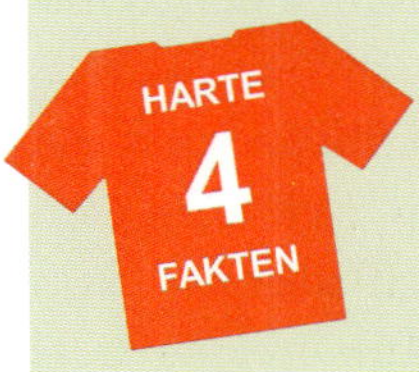

Adresse: Hermann-Ehlers-Platz 4, 24782 Büdelsdorf

Zuschauerkapazität: 6.500

Verein: Büdelsdorfer TSV

Bonuswissen: 1973 verliert der BTSV bei der Deutschen Amateurmeisterschaft erst im Halbfinale gegen den FC Kaiserslautern.

Damp 008

Ostseeklinik

Die Praxis von Beckenbauers Arzt

Jahrhundertspiel. WM-Halbfinale 1970, Aztekenstadion von Mexiko-Stadt. 65. Minute, Italien führt 1:0. Der Berliner Bernd Patzke passt auf Franz Beckenbauer. Beckenbauer dribbelt und steht allein am Strafraum vor Torwart Enrico Albertosi. „Ich holte zum Schuss aus und in dem Moment wurde mir schwarz vor Augen", erinnert sich Beckenbauer in seinen Memoiren. Am Strafraum wird Beckenbauer grob gefoult – und verletzt sich an der rechten Schulter schwer. Da das Auswechselkontingent erschöpft ist, muss Beckenbauer weiterspielen. Dass dies überhaupt möglich ist, verdankt er einem der besten Sportmediziner seiner Zeit: dem Mannschaftsarzt Hannes Schoberth (1922–1996).

An die Behandlung der Schulter erinnert ein Foto im Eingangsbereich der Ostseeklinik, denn diese wird 1973 von Professor Hannes Schoberth mitgegründet.

Bei dem Hochhaus-Großprojekt mit dem damaligen futuristischen Namen „Damp 2000", das ab den späten 1960er-Jahren auf einer grünen Wiese der Halbinsel Schwansen direkt an der Ostsee gebaut wird, ist eigentlich an eine Klinik nicht zu denken. Doch während der Bauphase des dritten Y-förmigen Hotelkomplexes schwenkt man um, da die geplanten 7.000 Betten nie ausgelastet zu sein scheinen. So gründet Schoberth die erste deutsche Klinik für Sportmedizin in Deutschland. Bis 1985 ist er Ärztlicher Direktor der Klinik.

Von 1954 bis 1966 hat Schoberth als Mannschaftsarzt den Bundesligisten 1. FC Nürnberg betreut. Dann von 1966 bis 1974 das Engagement beim DFB. Schoberth ist beim DFB während der Turniere immer wieder auch als Sportpsychologe gefragt, soll die Nationalmannschaft vom Konkurrenz- zum Teambewusstsein führen.

Im Jahrhundertspiel 1970 ertönt in der 65. Minute kein Elfmeterpfiff und Beckenbauer muss sich bis zur 120. Minute quälen. Sechs Tore fallen nach seiner Schulterverletzung im Aztekenstadion. Der Glücksfaden der deutschen Nationalmannschaft reißt zum Schluss, Beckenbauers improvisierte Armbandage nicht.

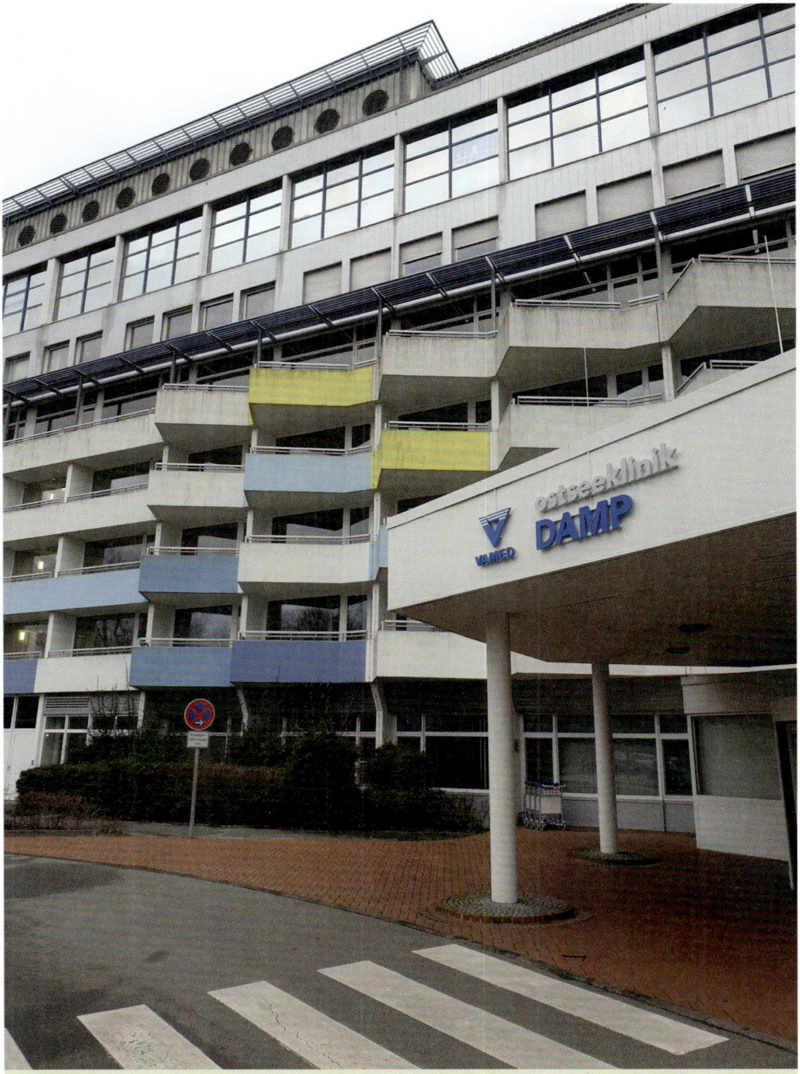

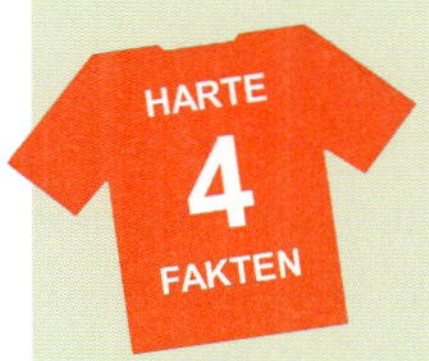

Adresse: Seute-Deern-Ring 20, 24351 Damp

Eröffnet: 1973

Bonuswissen I: Schoberth war auch Arzt der Handballnationalmannschaft

Bonuswissen II: 1972 ist Schoberth Betreuer des Wissenschaftsausschusses für die Olympischen Spiele.

Dassendorf 009

Stadion am Wendelweg

Für immer Nummer eins

Ist natürlich eine besondere Ehre, wenn Fans aus befreundeten Vereinen die Heimmannschaft unterstützen. Verwunderlich, wenn 200 Bundesliga-Supporter ausgerechnet ein Spiel gegen den Meiendorfer SV in der 3.000-Einwohner-Gemeinde Dassendorf lautstark mit anfeuern. Doch die Fans von Dynamo Dresden lassen sich das Ende November 2019 nicht nehmen, feiern gemeinsam das 3:0. Einen Tag zuvor unterstützten die Dresdner noch ihr Team im Hamburger Volkparkstadion.

Die Fanfreundschaft hat wenige Monate zuvor begonnen, als man im Pokalspiel aufeinandertrifft. Dassendorf hat Heimrecht, aber das Stadion am Wendelweg ist zu klein. Die schleswig-holsteinische Polizei konzentriert sich außerdem auf das Spiel auf der Lohmühle, wo der FC St. Pauli gegen den VfL spielt. Dassendorf kommt Dresden – im wahrsten Sinne des Wortes – entgegen und trägt sein „Heimspiel" in Zwickau aus. Sympathien aus Sachsen kann man da schon mal ernten.

Als der Fußballverein 1948 im benachbarten Brunstorf gegründet wird, man auf einer dortigen Koppel spielt, sind solche Dimensionen noch nicht zu erahnen. Der erste massive Aufschwung kommt 1994, als der Mäzen Günter Wunder, der im Kiestagebau tätig ist, für sieben Jahre einsteigt und mit seinem Nachnamen bei Sportjournalisten für Wortspiele sorgt. Erfolge kommen schnell: 1995 Meister der Bezirksliga, 1996 Meister der Landesliga, 1998 Meister der Verbandsliga, 2001 Hamburger Pokalsieger. Man spielt anschließend zum ersten Mal im DFB-Pokal gegen Unterhaching, allerdings im benachbarten Hamburg-Bergedorf.

2002 spielt der ehemalige Bundesligaspieler Marcus Marin im östlich von Hamburg gelegenen Herzogtum Lauenburg. Marin hat zuvor u.a. für Kaiserslauten, Stuttgarter Kickers und FC St. Pauli Tore geschossen.

2014 bis 2018 – mittlerweile ist Hotelier und Immobilien-Unternehmer Michael Funk Mäzen – wird die TuS Dassendorf durchgängig Hamburger Oberligameister, 2020 ebenso. Aber stets wird auf den Aufstieg verzichtet. Im Oktober 2020 kommt der 68-malige österreichische Nationalspieler Martin Harnik.

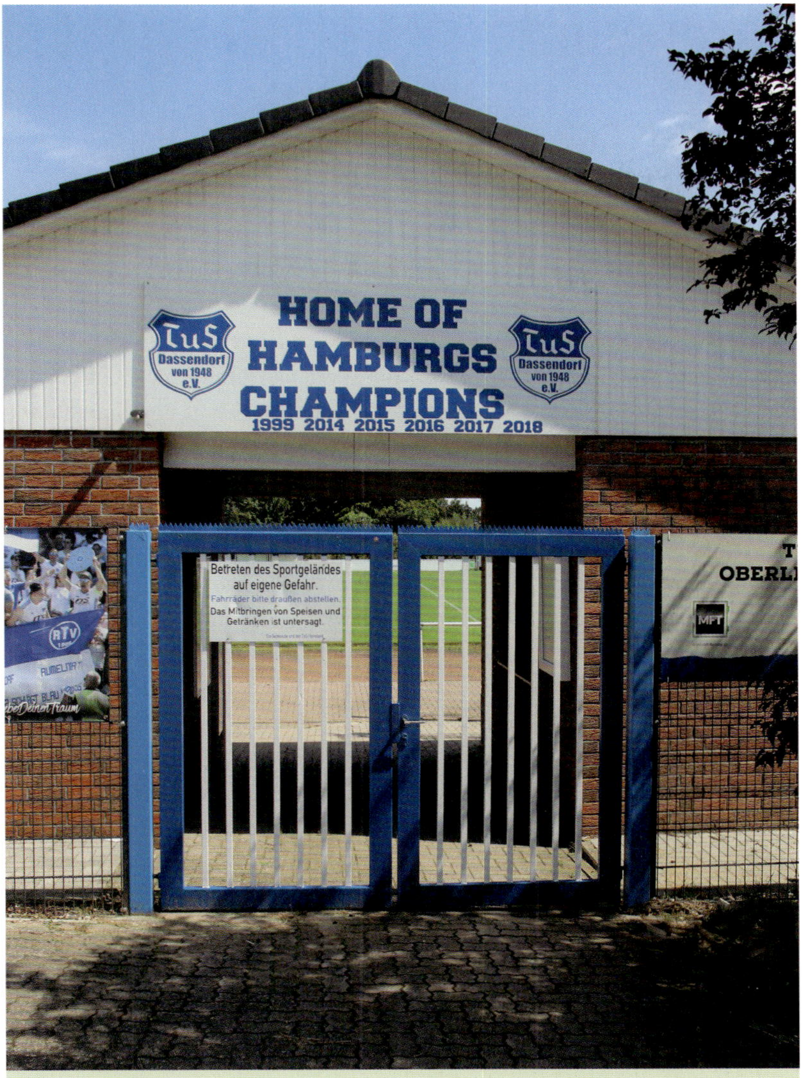

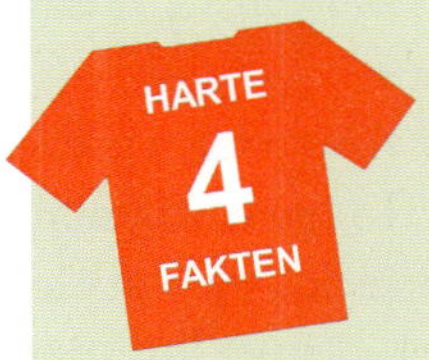

Adresse: Wendelweg, 21521 Dassendorf

Zuschauerkapazität: 2.500

Verein: TuS Dassendorf

Bonuswissen: Vom 28. 4. 1994 bis zum 18. 9. 1996 bleibt Dassendorf in 69 Spielen unbesiegt.

Stadtwerke-Arena/ Martin-Kruse-Platz

Für eine Handvoll Sprotten

„Ich spendiere allen ein Freigetränk!", mit diesen Worten macht sich Trainer Felix Magath im Sommer 2011 zum berühmtesten Stadionsprecher in Eckernförde. Die Mannschaft vom VfL Wolfsburg – zwei Jahre zuvor zum Deutschen Meister gekrönt – soll ein Freundschaftsspiel absolvieren, ist aber noch nicht da. Der Bus hat zuerst technische Probleme und dann ist Stau auf der A7. Magath ist schon mal vorgefahren. Deshalb das Freigetränkversprechen, was die Zuschauer am Martin-Kruse-Platz applaudierend annehmen.

„Hier war bis Anfang der 1950er-Jahre nichts", sagt Jörg Meyer, seit 2016 Vorsitzender des Eckernförder SV (ESV). „Das war landwirtschaftliche Fläche, weit außerhalb der Stadt." Mittlerweile sind der Martin-Kruse-Platz – benannt nach dem damaligen Landwirt – und der angrenzende Trainingsplatz komplett umbaut. Parkplatzprobleme, Anwohnerbeschwerden. „Die Stadtverwaltung hat uns keinen neuen Platz gegeben, stattdessen werden wir unsere Anlage und das Vereinsheim renovieren". Dafür gibt es für Meyer auch ein Ziel: „2023 feiern wir Hundertjähriges." Der ESV ist mittlerweile wieder reiner Fußballverein. „Nachwuchsprobleme haben wir nicht, 95 Prozent sind Eigengewächse." Sportgemeinschaften könne Meyer ausschließen.

„Wir haben in der Vergangenheit immer oben mitgespielt", schmunzelt Meyer, „nur nicht ganz oben, dazu fehlte uns immer das Geld." Von 1944 bis 1947 spielt der ESV sogar erstklassig. Aber die Spieler aus Ostpreußen können nicht gehalten werden und wechseln vor allem zum Itzehoer SV. Das gilt auch für Fritz Langner, der nach dem Krieg beim ESV als Spielertrainer die ersten Erfahrungen macht und später Trainer von Werder Bremen, Borussia Mönchengladbach und FC Schalke 04 wird.

„In der Folgezeit haben viele Spieler in den zahlreichen Räuchereien gearbeitet", erzählt Meyer. „Die Sprotten wurden damals nach Kiel geschickt und haben da ihre Bezeichnung bekommen." Bei Freundschaftsspielen werden die Gastmannschaften mit Kieler Sprotten beschenkt. „Dazu gab es unser legendäres Kakabellen-Bier", sagt Meyer. Immer eine nette Geste, diese Freigetränke.

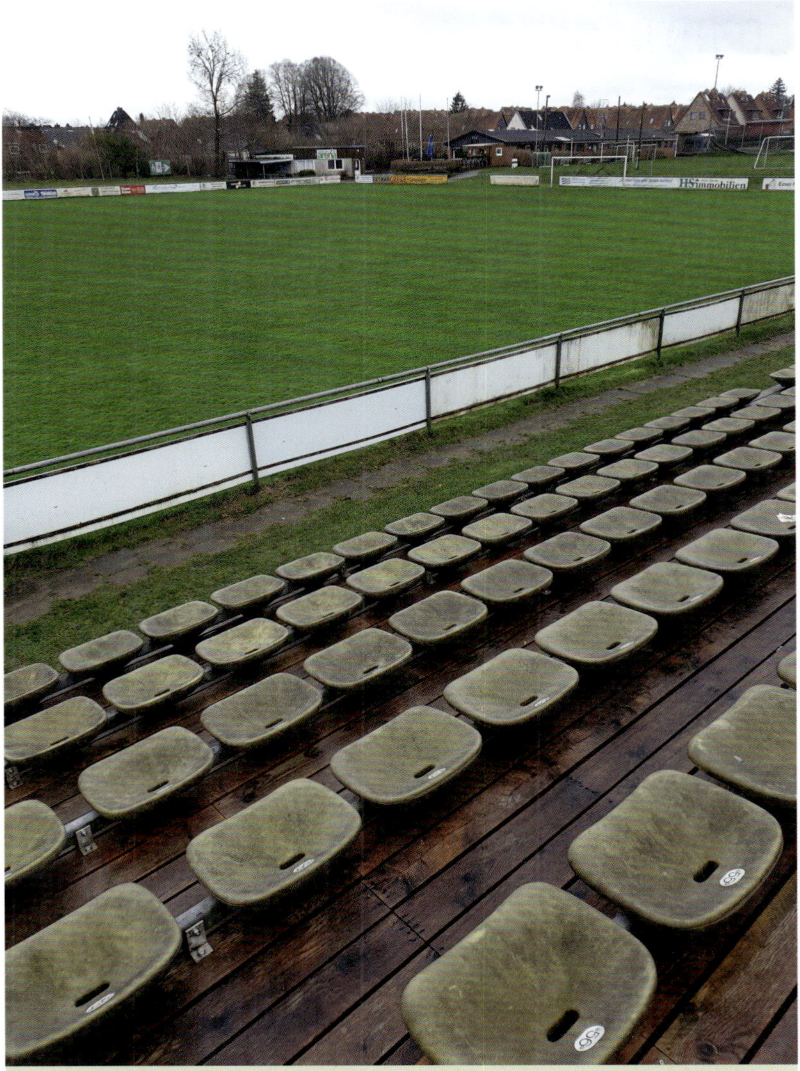

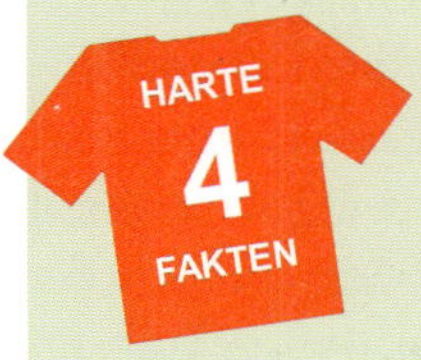

Adresse: Bystedtredder 68, 24340 Eckernförde

Zuschauerkapazität: 3.500

Verein: Eckernförder SV

Bonuswissen: 2011 gewinnt der VfL Wolfsburg 10:1, den ESV-Ehrentreffer erzielt Mittelfeldmann Arne Meggers.

Eichede 011

Ernst-Wagener-Stadion

Britische Fanfreundschaft

„Unsere Heimspiele sind wahre Volksfeste", sagt SV-Eichede-Fußballobmann Heino Keiper. Rund 800 Einwohner hat der Steinburger Ortsteil Eichede, rund 600 Mitglieder der reine Fußballverein. „Als wir im Sommer 2013 mit unserer Ligamannschaft erstmals in die Regionalliga Nord aufgestiegen sind, sorgten wir als kleinstes Viertligadorf der Bundesrepublik bundesweit für Schlagzeilen."

Zum Aufstieg wird das Ernst-Wagener-Stadion regionalligatauglich ausgebaut, inklusive separatem Gästeeingang. Allerdings hat man von der unüberdachten Tribüne weiterhin einen zaunlosen Spielfeldblick. „Wir bieten nur Sitzplätze an, die Gegengerade bleibt frei", sagt Keiper. 2016 gelingt, wieder für eine Saison, der erneute Sprung in die Regionalliga Nord.

Für das DFB-Pokalspiel 2017 gegen den 1. FC Kaiserslautern ist der Platz zu klein, das Spiel wird auf der Lübecker Lohmühle ausgetragen. Endstand: 4:0 für den vierfachen Deutschen Meister und zweimaligen Pokalsieger, der vom gebürtigen Reinbeker und vormaligen Nationalspieler Norbert Meier trainiert wird.

Die schönste Fanfreundschaftsgeschichte Schleswig-Holsteins beginnt im 44 Autokilometer entfernten Hamburg. Als zu einem Junggesellenabschied zehn britische Fans aus Leamington das Spiel der zweiten Mannschaft des FC St. Pauli gegen den SV Eichede 2014 im Hamburger Stadion Hoheluft besuchen, supporten sie den Steinburger Dorfverein lauthals. Zufälliger Grund: Der Leamington FC läuft – wie Eichede an diesem Auswärtsspieltag – in Schwarz-„Gold" auf. Schon in der Halbzeitpause kommt es zu freundschaftlichen Kontakten der Fangruppen. Regelmäßig besuchen und unterstützen sich anschließend Fans beider Vereine, es werden gemeinsame Flaggen und Freundschaftsbanner hergestellt. Über ihre Englandfahrten berichten beispielsweise Benjamin Krause und Jascha Reuter im Stadionmagazin „Kieker". „Das war das Beste, was uns im Amateurfußball passieren konnte", sagt Reuter, mittlerweile im Eichede-Vorstand. Sogar der Eicheder Schlachtruf „Kühe, Schweine, Eichede" wird von den englischen Fußballfreunden adaptiert: „Chicken, Sheeps, Leamington".

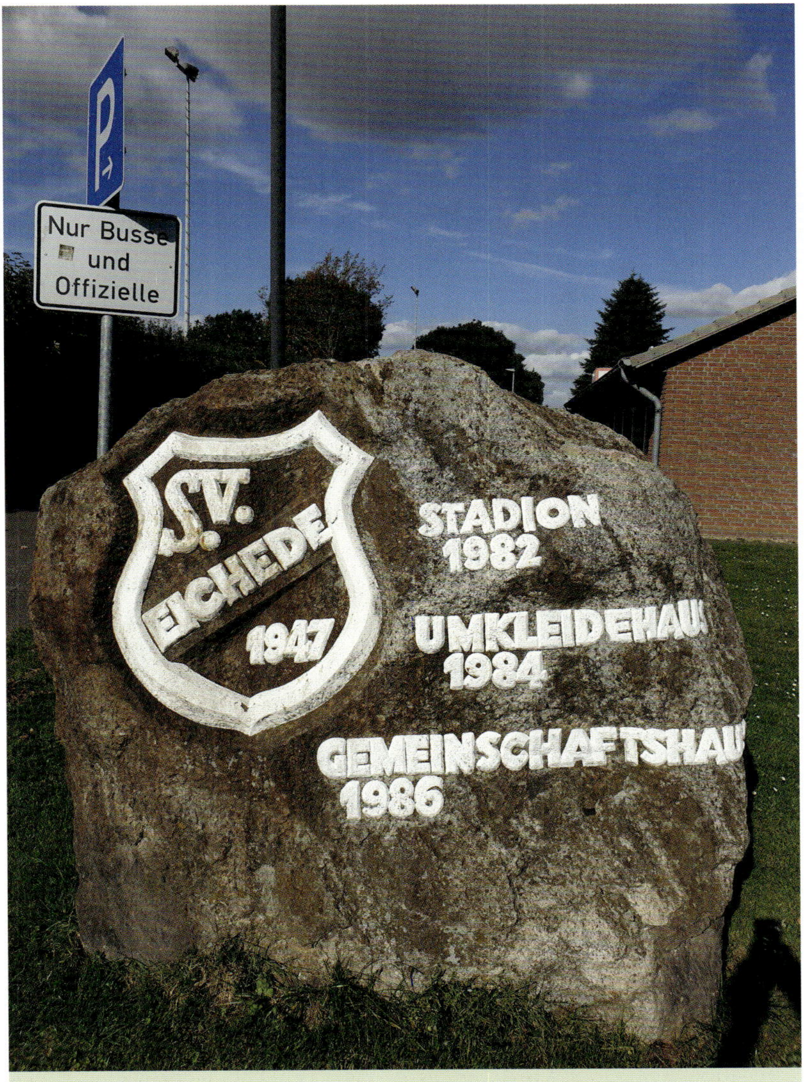

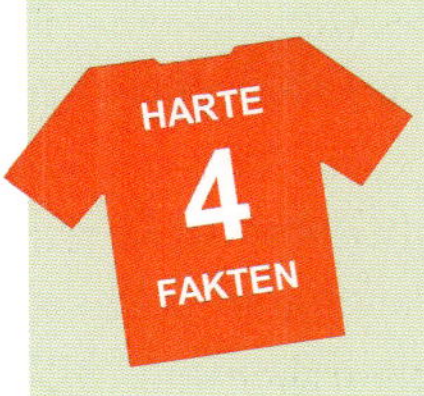

Adresse: Matthias-Claudius-Straße, 22964 Steinburg

Verein: SV Eichede von 1947

Zuschauer: 1.500

Bonuswissen: Die Ü40 bleibt ab Dezember 2012 bei Heimspielen auf dem Nebenplatz über fünf Jahre ungeschlagen.

Stadion Wilhelmshöhe

Idylle am Abstoß

Holsatia lebt! Was der Konkurrenzverein „Raspo" nicht geschafft hat, ist Holsatia geglückt: Trotz Fusion kann man den Traditionsnamen in die Zukunft führen. Seit 2005 bleibt Holsatia als Fußballabteilung mit dem eigenen Logo und Namen präsent. Als „Holsatia im Elmshorner MTV". „Der Verein ist Kult", sagt der Vorsitzende Detlef Meyer. So verkauft der Fan-Shop weiterhin Kaffeetassen mit dem Aufdruck: „Einer für Holsatia – und alle für Elmshorn."

Bereits 1907 wird der „FC Holsatia Elmshorn" gegründet; seit 1910 spielt der von Einheimischen liebevoll-märchenhaft „Holle" genannte Fußballclub auf der heutigen Wilhelmshöhe. „Der schöne Eingang mit dem Holsatia-Schild dürfte noch aus jener Zeit stammen", sagt Meyer. Die Stehtraversen neben der kleinen Tribüne wohl ebenfalls.

Östlich umgrenzen landwirtschaftliche Flächen das Stadion; der Fluss Krückau befindet sich nur eine Abstoßweite entfernt. Das industriegeprägte Elmshorn, die sechstgrößte Stadt Schleswig-Holsteins, wirkt hier ländlich.

Als Speckgürtelverein – bis zum Millerntor sind es nur 33 Straßenkilometer – wird von Anfang an in den Hamburger Amateurligen gespielt. Auch wenn Holsatia eine latinisierte Form von Holstein darstellt, die Vereinsfarben an die Landesflagge angepasst sind und das zackige Wappen das Holsteinische Nesselblatt zitiert.

1965 gelingt zum ersten Mal die Qualifikation für die Deutsche Amateurmeisterschaft. Die Holsaten unterliegen Rapide Wedding, bei dem Verein wird Niko Kovač zwanzig Jahre später das Fußballspielen lernen. 1966 verliert Holsatia gegen die Gelsenkirchener vom STV Horst-Emscher, die auch gleich den Titel holen.

1986 erreicht Holsatia das Hamburger Pokalfinale, verliert aber gegen den FC St. Pauli mit 0:5.

„Den Zusammenschluss 2005 hatten wir vor allem aus finanziellen Gründen gemacht", sagt Meyer. „Bereits vor über 100 Jahren gab es mit dem MTV Fusionsversuche." Für Holsatia hat sich der Zusammenschluss gelohnt: 2019 wird der Walter-Poser-Kunstrasenplatz neben der Wilhelmshöhe eröffnet.

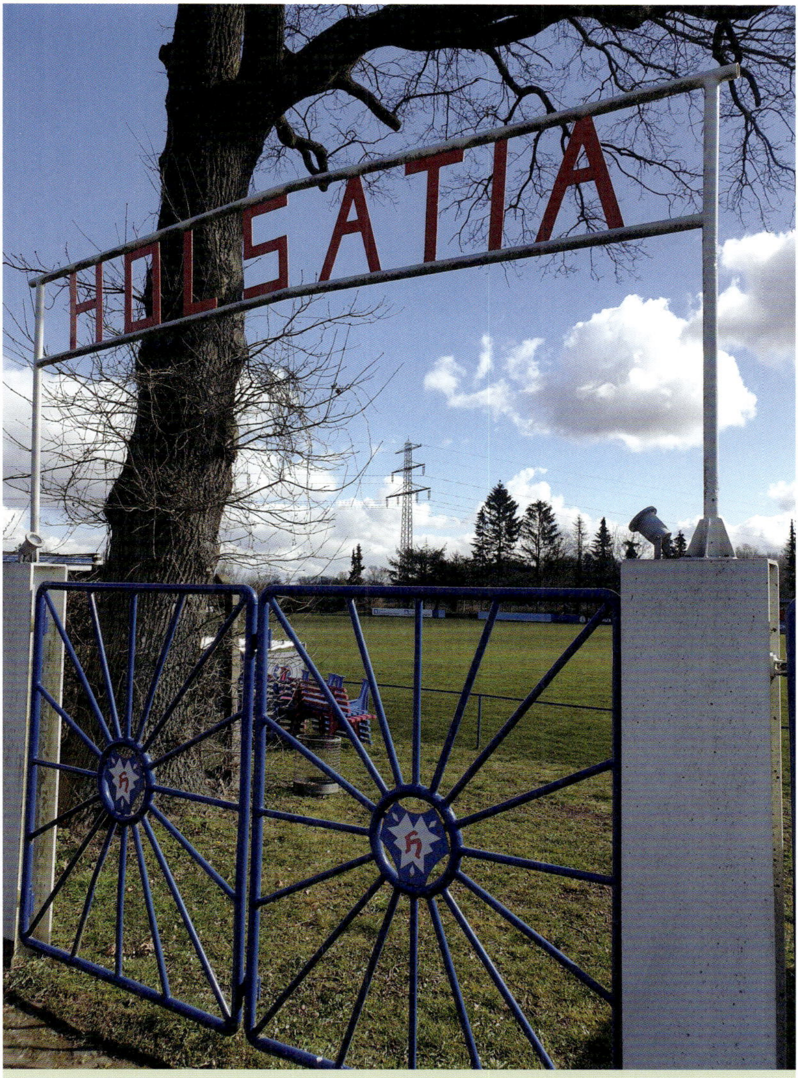

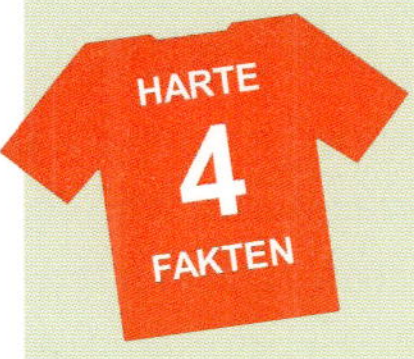

Adresse: Kaltenweide 238, 25335 Elmshorn

Verein: Holsatia im Elmshorner MTV

Erbaut: 1910

Bonuswissen: Seit 2019 bietet Holsatia auch „eFootball“, trainiert wird im Vereinsheim.

Stadion Wilhelmstraße

Rasierter Raspo

Fusionieren Fußballvereine, fällt das nicht immer leicht. Menschen müssen sich finden, Kompetenzen wirbeln durcheinander – und manchmal verschwinden liebgewonnene Traditionen. So auch im Sommer 2004, als der FC Elmshorn (FCE) entsteht. Ein turbulenter Zusammenschluss aus Fortuna Langelohe und der Fußballabteilung der FTSV Elmshorn, dem Rasensport „Raspo" Elmshorn.

„Raspo hatte glorreiche Zeiten, spielte oft in der Oberliga, war im Pokal erfolgreich", sagt Uwe Wölm, FCE-Vizepräsident und Sportlicher Leiter in Personalunion. Unter Trainer Eugen Igel wird Raspo 1991 Hamburger Vizemeister. „Das waren anschließend sehr bewegende Spiele in der Aufstiegsrunde zur Oberliga Nord", sagt Wölm. Man belegt allerdings nur den zweiten Platz hinter Kickers Emden. „Edelfan Otto Waalkes hat Emden beim Auswärtsspiel tatkräftig unterstützt", schmunzelt Wölm. Otto Waalkes skandiert als einer von 2.500 Zuschauern: „Bier und Korn für Elmshorn!". Es hilft, Elmshorn verliert 1:2. Raspo gewinnt 1993 den Hamburger Pokal und wird 1998 Hamburger Oberligameister.

Seit 1946 tritt man unter dem Namen Rasensport Elmshorn an, Vorläufervereine von Raspo finden sich in der frühen Phase der Weimarer Republik; eine erste Abspaltung aus dem Elmshorner MTV 1860 gibt es bereits 1890. „Die Raspo-Hochphase waren aber die 1950er und 1960er", sagt Wölm. Damals steigt Raspo drei Mal in die damals zweitklassige Amateurliga Hamburg auf.

Im Stadion zeugen freie Werbegestänge hinter dem Tor von besseren Zeiten. Eine Besonderheit ist die Anzeigetafel am Vereinsheim, die Ziffern werden nach jedem Tor mit einer Art Angelhaken verändert. „Das macht die Tochter von unserem Kassierer", sagt Wölm.

2013 wird der Verein Sieger der Hamburger Oberliga, bevor Serienmeister Dassendorf in den Folgejahren zuschlägt. Aus wirtschaftlichen Gründen verzichtet der FCE auf die Aufstiegsrunde zur Regionalliga Nord. „Danach brachen viele Spieler weg", so Wölm. Ende 2014 zieht sich der Vorjahresmeister aus dem Spielbetrieb zurück. „Damit haben wir viele überrascht."

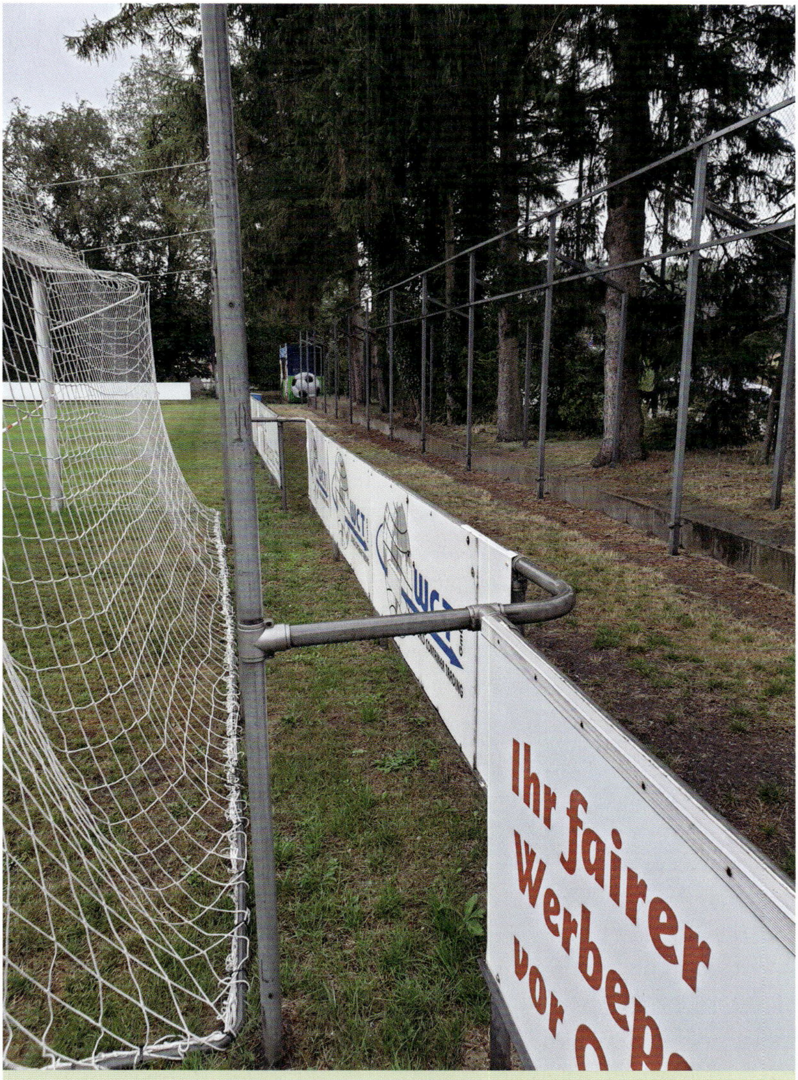

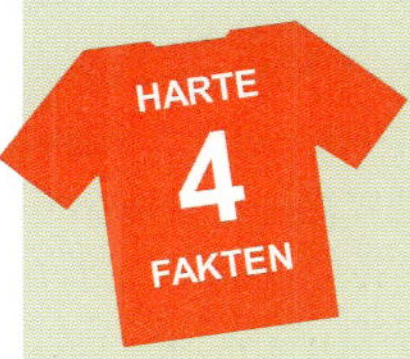

Adresse: Wilhelmstraße 21, 25336 Elmshorn

Zuschauerkapazität: 3.000

Verein: FC Elmshorn

Bonuswissen: Beim FC Elmshorn spielten vor ihrer Profi-Karriere unter anderem Collin Benjamin (später HSV) und Hanno Behrens (1. FC Nürnberg).

Eutin 014

Waldeck-Stadion

Schöne Tradition

Der schönste Fußweg Schleswig-Holsteins von einer Innenstadt zu einem Stadion: Von der malerischen Altstadt kann man am Schloss uferseitig flanieren, den 2016 neu gestalteten Seepark durchqueren und über die Bebensundbrücke zum Seescharwald gelangen. Binnen weniger Minuten erreicht man die Lichtung an den Waldeck-Fußballplätzen. Vier größere Fußballplätze finden sich hier; das Stadion mit Laufbahn heißt seit 2001 Fritz-Latendorf-Stadion. „Mit unserem ehemaligen Präsidenten Fritz Latendorf hatten wir einen guten Draht in die Politik", erinnert sich Ligamanager Edwin „Eddy" Schultz. 17 Jahre lang ist Fritz Latendorf ab 1971 stellvertretender CDU-Vorsitzender im Kieler Landtag, spielt Linksaußen bei Eutin 08.

1908 gründet sich der 1. Eutiner Fußballclub und wird in Schleswig-Holstein schnell eine stete Größe. Nach der ersten Hochphase der unmittelbaren Nachkriegszeit gibt es in den 1970ern einen erneuten Höhenflug, 1981 wird die Landesmeisterschaft gewonnen. Eddy Schultz, Jahrgang 1950, ist zu der Zeit Landesauswahltorhüter.

Weitere Highlights bescheren Sponsorentätigkeiten. Steffen Oppermann besitzt unter anderem einen Sicherheitsdienst in West-Berlin. Mit seiner Unterstützung werden 1987 Norbert Bebensee und Horst Feilzer angeheuert, beide spielten zuvor in der Bundesliga bei Blau-Weiß 90 Berlin. Peter Nogly wird 1989 Trainer. „Dass ich damals angeblich für Eutin 08 ein Angebot von Uerdingen abgelehnt hätte, ist aber Legende", sagt Peter Nogly – als Spieler 1977 Gewinner des Europapokals der Pokalsieger mit dem Hamburger SV. 1990 steigen sie in die Oberliga Nord auf. Hier spielt Eutin 08 unter anderem gegen den VfL Wolfsburg. Mit Rückzug des Sponsors geht es Anfang der 1990er wieder bergab.

Von 2012 bis 2018 unterstützt Autohausbesitzer Arend Knoop Eutin. 2017 wird man mit Trainer Hans-Friedrich Brunner Meister der Schleswig-Holstein-Liga und steigt in die Regionalliga Nord auf. Ein Jahr später folgt der Abstieg in die Oberliga.

Was Eddy Schultz weniger schön findet: „Ich wünsche mir vom Eutiner Publikum mehr Konstanz." Einige seien Schönwetterfans.

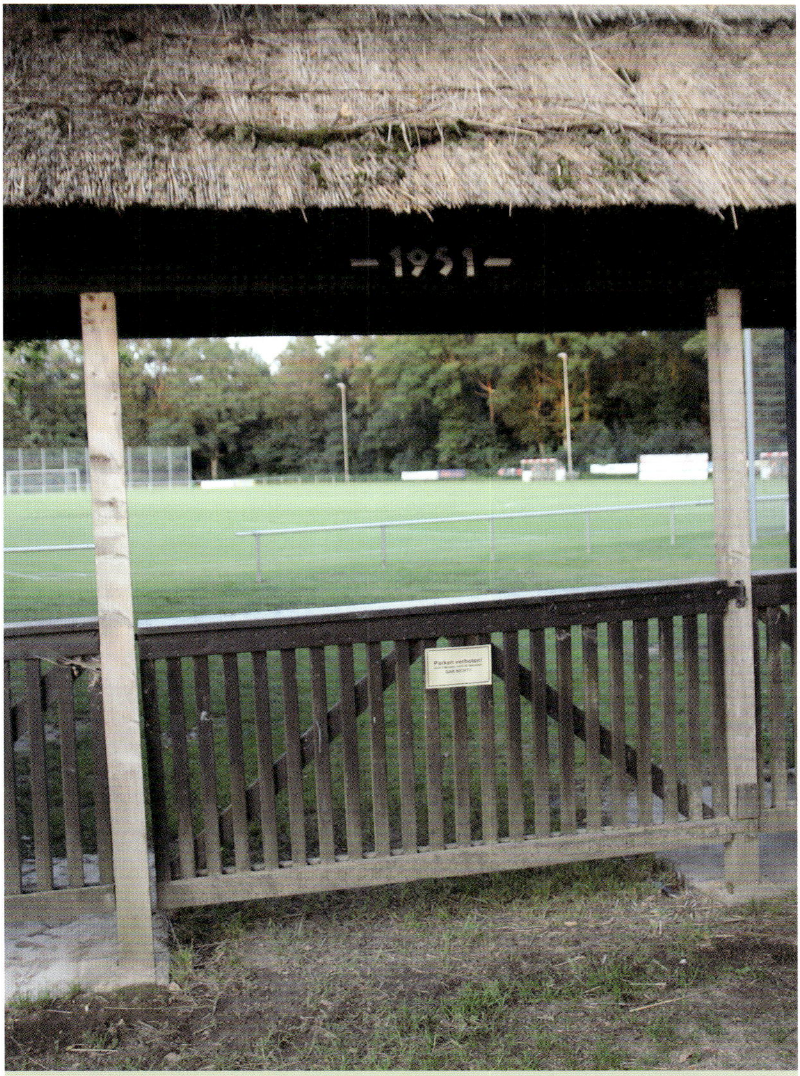

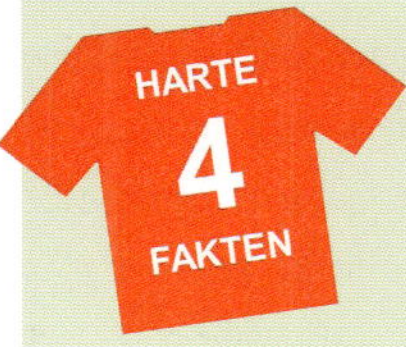

Adresse: Bebensundweg 5, 23701 Eutin

Zuschauerkapazität: 4.000 (Stadion)

Verein: Eutiner SV von 1908 (= Eutin 08)

Bonuswissen: Zuerst spielt der Verein auf dem Schulhof des heutigen Carl-Maria-von-Weber-Gymnasiums.

Fehmarn (Burg) 015

Hermann-Wisser-Stadion

Cup der guten Hoffnung

Internationale Fußballturniere sind in Schleswig-Holstein rar, auf Fehmarn aber nichts Besonderes: Seit 2004 wird der Fehmarn Cup für Junioren im Sommer ausgetragen. Gespielt wird in vier Altersklassen. 2019 erscheinen 55 Mannschaften, davon drei Teams aus Dänemark und sieben aus Ungarn.

„Schwedische Mannschaften kommen auch gern", sagt Ralf Albers, der zusammen mit Heinz Jürgen Fendt das Turnier organisiert. Nationale Teams sind aus dem ganzen Land dabei: VfL Kassel, 1. FC Lübars oder Leu Braunschweig. „Dabei machen wir keine Werbung", sagt Albers. Gespielt wird das Turnier unter anderem in den Orten Landkirchen oder Dänschendorf, die Finalspiele finden in Burg statt, im Hermann-Wisser-Stadion.

Auf dem Herrmann-Wisser-Platz laufen zu Beginn des Turniers die Mannschaften ein, Nationalhymnen erklingen. Ein eigener Fehmarn-Cup-Eid wird verkündet, der an Fairness und Frohsinn appelliert. Das Vereinslokal „Teestube", wo man auf Fotos aus dem Jahr 1946 Mannen der Insel in Untertrikotagen sehen kann, wird während des Cups zum Turnierbüro. Hier wird das Turnierheft erstellt. Die jungen Spieler übernachten in der Jugendherberge, im Schullandheim, auf dem Campingplatz, in der Turnhalle oder schlagen ihre Zelte direkt auf dem Rasen auf.

Ansonsten ist der städtische Platz mit den seitlichen Steinstehtraversen Heimstätte des SV Fehmarn. 2014 schließt sich die Fußballsparte mit dem FC Dänschendorf und der RSV Landkirchen zusammen und bildet die SG Insel Fehmarn. Auch die bereits 1992 gegründete Jugendsportgemeinschaft ist dabei. Nur der SV Westfehmarn aus Petersdorf macht nicht mit. Albers schüttelt schmunzelnd den Kopf: „Das ist Fehmarns gallisches Dorf; einfach ein eigener Menschenschlag da an unserer Westküste."

Der Fehmarn Cup hat ein eigenes Logo, das der Sohn von Organisator Heinz Jürgen Fendt konzipiert hat: ein blauer Inselumriss mit goldenem Sternenkranz. Aus der Mitte dieser Europa-Fehmarn-Flagge springt bananenflankig ein Fußball aus einem roten Punkt. Der rote Punkt könnte das Hermann-Wisser-Stadion symbolisieren.

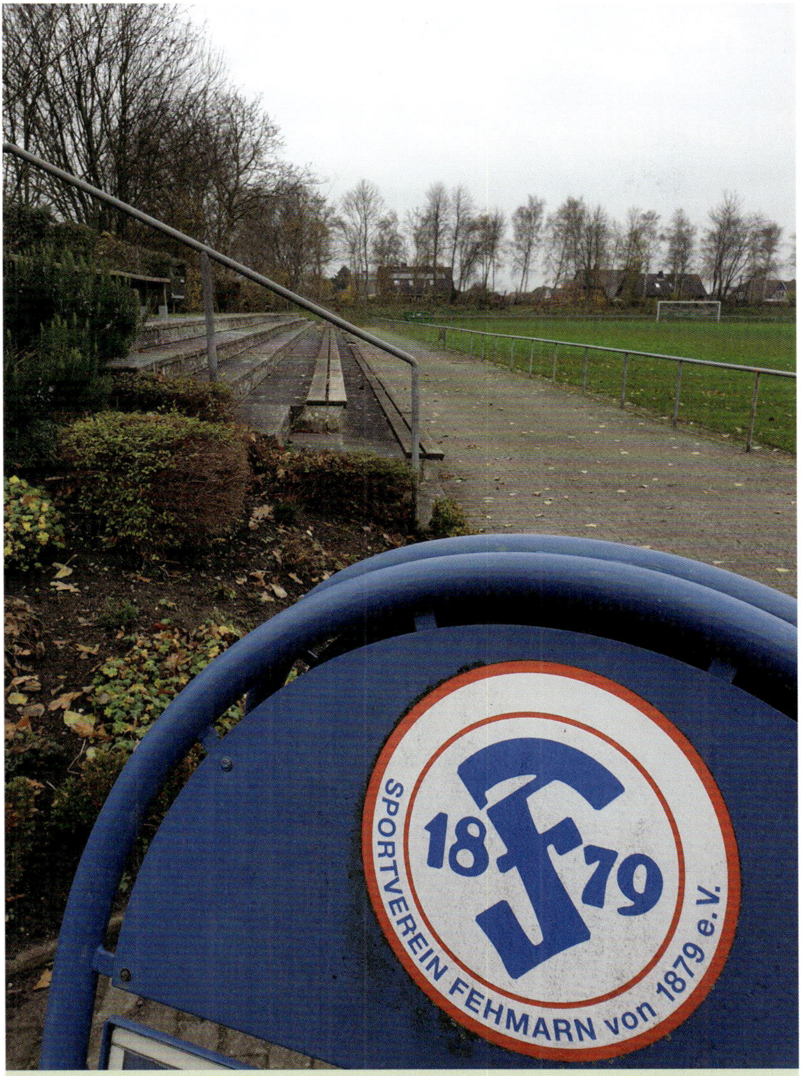

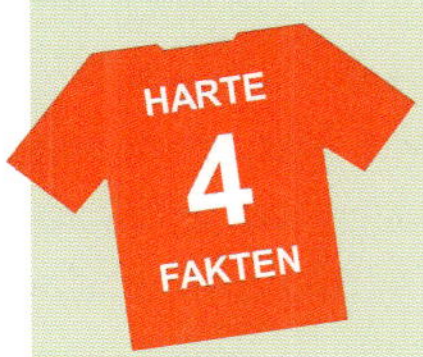

Adresse: Gahlendorfer Weg, 23769 Burg/Fehmarn

Verein: SV Fehmarn

Zuschauerkapazität: 2.500

Bonuswissen: Am Eingangsgedenkstein steht: „Hermann Wisser, Förderer des Sports in Burg auf Fehmarn."

Fehmarn (Dänschendorf) 016

Fußballplatz

Trainingslager mit dem Insel-Trappatoni

Fehmarn gehört von 1320 bis zum Deutsch-Dänischen Krieg unter Bismarck 1864 zu Dänemark. Daran erinnert der Ortsname Dänschendorf. Hier, im ruhigen Nordwesten der Insel, findet man eine alte, mit Reet gedeckte Mühle, die „Flinke Laura“ heißt. Flink und nicht gerade ohne Erfahrung – das trifft auch auf Willi Weidenstraß zu.

„Ich bin Europas ältester Trainer“, sagt Weidenstraß. Der DFB hat dieser Aussage zumindest bisher nicht widersprochen: Weidenstraß ist Jahrgang 1939. „Ältester Trainer neben Otto Rehhagel und Giovanni Trappatoni“, ergänzt Weidenstraß schmunzelnd. „Mit dem Unterschied, dass Rehhagel und Trappatoni keinen Verein haben.“

In Dänschendorf, Wohnort von Weidenstraß, trainiert er junge Fußballkinder in den Sommerferien. „Von meinem Haus brauche ich nur eine Minute bis zum Platz.“ Immer donnerstags startet dann „Willis kleine Fußballschule“. Dabei kommen auch stets Gasttrainer. Paul Schomann, Bundestrainer der deutschen Futsal-Nationalmannschaft, der zuvor auch die U-15- und die U-17-Fußballnationalmannschaft trainiert hat, kommt 2018. „Paul habe ich 1972 für meine Trainerscheinprüfung in Duisburg kennengelernt“.

Außerdem trainiert Weidenstraß zwei Mal in der Woche die B-Jugendfußballer Fehmarns im Ort Burg der Jugendsportgemeinschaft (JSG) Fehmarn. „Die Jugend liegt mir einfach am Herzen“. Dazu verwendet er Dutzende vielfarbig-handgemalte Pappzettel für den Trainingsablauf. „Mein analoges Trainings-Tablet!“

Weidenstraß – das hört man sofort – kommt eigentlich gar nicht aus Schleswig-Holstein. Der ehemalige Schlossermeister ist in Grevenbroich in Nordrhein-Westfalen geboren. „Mein Fan-Herz schlägt immer noch für Schalke 04“, bekennt der freundliche Mann.

Viele Medien berichten 2019 über seinen 80. Geburtstag. Darunter auch der Bremer Fußballenthusiast Arnd Zeigler für seine legendäre Fußballweltsendung. Das Motto von Fehmarns Sportler des Jahres 2020: „Man hört nicht auf mit Fußball, weil man alt wird. Sondern: Man wird alt, wenn man aufhört mit Fußball.“

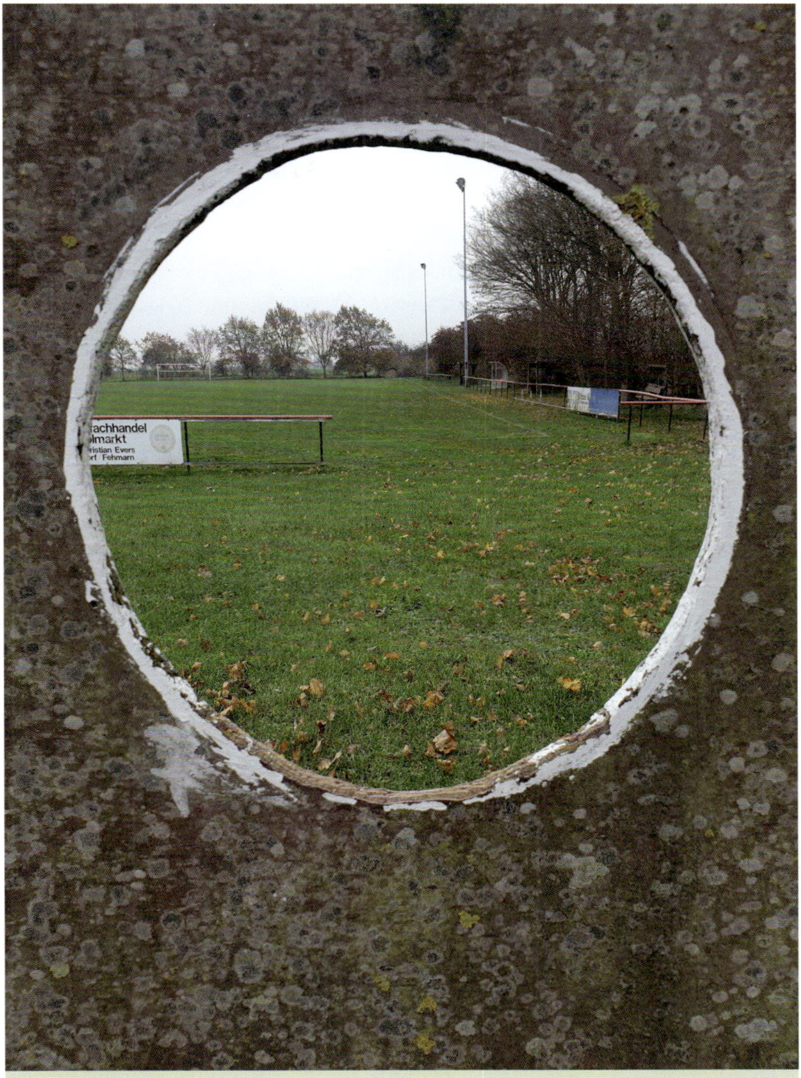

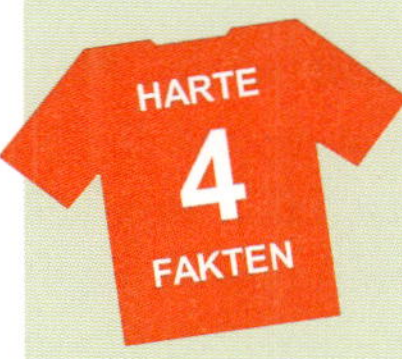

Verein: FC Dänschendorf

Erbaut: 1958/1.500 Zuschauer

Bonuswissen I: Die JSG ist ein Zusammenschluss der Nachwuchsspieler vom SV Fehmarn und RSV Landkirchen.

Bonuswissen II: Die SG Insel Fehmarn gibt es seit 2014.

Arena an der Eckenerstraße

Hafenblick mit Herz

„Das hier ist sicherlich das Stadion mit einer der spektakulärsten Aussichten in ganz Schleswig-Holstein", schwärmt Niels Jensen, seit 2018 Hausmeister an der Eckenerstraße. Zumindest, wenn man oberhalb des Platzes sitzt, auf den Kessel des Spielfeldes blickt und vor allem in den Wintermonaten einen unbelaubten Blick auf die Förde jenseits der nordöstlichen Eckfahne hat.

„Wir haben hier ein Prinzip der kurzen Wege mit unserer eigenen Fitnesshalle und der Geschäftsstelle", sagt Ingo Stössel, seit 2019 stellvertretender Vorsitzender des TSB-Gesamtvereins. „Trotz unserer breit aufgestellten Nachwuchsarbeit und vielen gewonnenen Juniorenlandesmeisterschaften sehen einige Jugendliche beim Rivalen SC Weiche Flensburg 08 langfristigere Perspektiven", beklagt allerdings Jan Hellström, der die 1. Herren bis 2020 trainiert hat. Doch das hätte auch anders verlaufen können. 2013 plant der TSB zusammen mit den damals eigenständigen Fußballabteilungen von Flensburg 08 und ETSV Weiche eine Fusion zum Flensburger Fußballgroßverein mit dem angedachten Namen FSV Flensburg. Aber die Pläne scheitern. „Es ist immer schwierig, wenn ein fast ausschließlich Fußball spielender Verein mit einem Mehrspartenverein fusionieren möchte", erläutert Hellström.

So ein Mehrspartenverein ist der TSB, der größte Sportverein Flensburgs. Überregionale Bekanntheit erlangt die Handballabteilung; als ausgegliederte Spielgemeinschaft mit dem Handewitter SV gewinnt der TSB 2014 als SG Flensburg-Handewitt die Champions League.

Der TSB ist einst selbst durch eine Fusion entstanden. „1973 gehen der ATSV Vorwärts und der Flensburger Turnerbund zusammen", erzählt Ehrenmitglied Sönke Voß.

2018 und 2019 erreicht der TSB die Vizemeisterschaft in der Fußball-Oberliga Schleswig-Holstein. Außerdem 2019 das Landespokalhalbfinale gegen den VfB Lübeck und den dritten Platz beim Hallenmasters Anfang 2020 in Kiel. Jan Hellström wird als „Schleswig-Holsteins Fußballtrainer des Jahres" nominiert. Bescheiden winkt er ab: „Für mich ist Herzlichkeit und das Zwischenmenschliche wichtiger als der Tabellenstand."

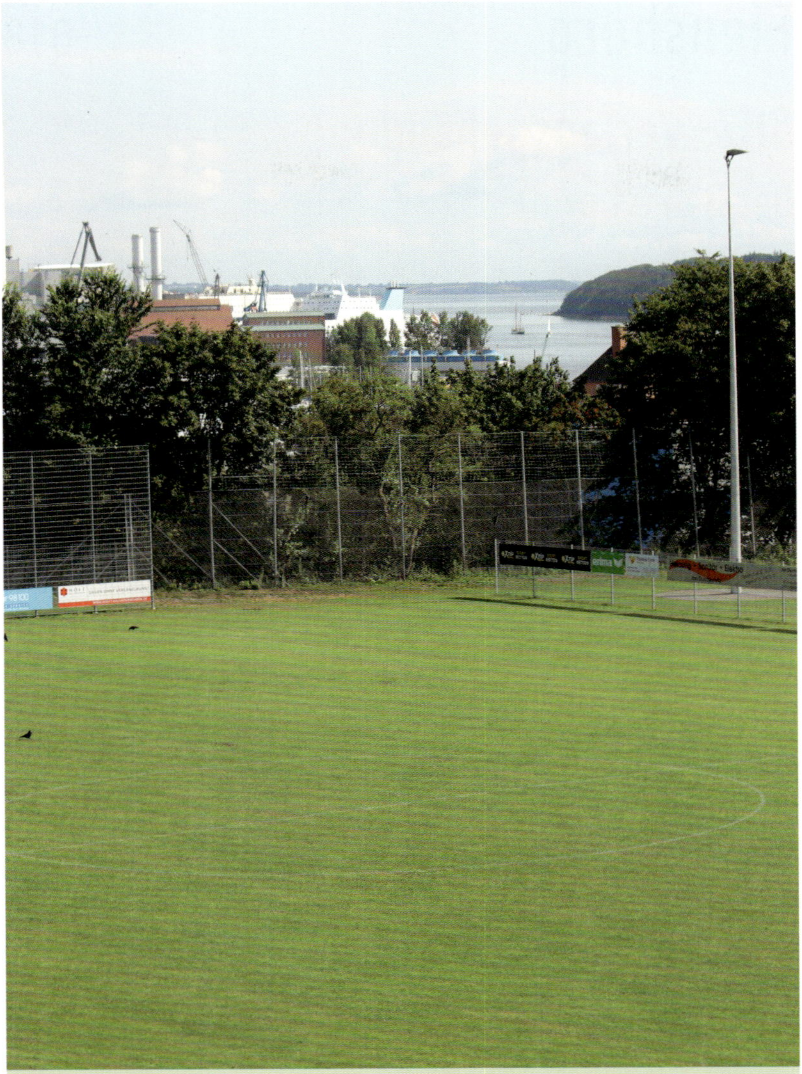

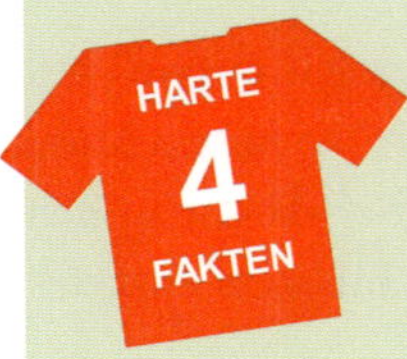

Adresse: Eckenerstraße 24, 24939 Flensburg

Zuschauerkapazität: 5.000

Verein: Turn- und Sportbund Flensburg von 1865

Bonuswissen: Auf dem ehemalig angrenzenden Kasernenhof hat ab 1908 ein „Flensburg 08“-Vorgängerverein trainiert.

SHZ-Verlagsgebäude

Der Ball ist print

„Mit Jürgen Klopp habe ich in Liverpool 2018 über ein Testspiel gesprochen", sagt Jürgen Muhl, stellvertretender Chefredakteur des Schleswig-Holsteinischen Zeitungsverlages (SHZ). Der SHZ ist der größte Verlag in Schleswig-Holstein. Entstanden 1987 als Fusion des Flensburger Zeitungsverlages mit der Rendsburger Zeitungsgruppe Möller. Anfang der 1990er kommen weitere Titel dazu, unter anderem das Pinneberger Tageblatt. Mit 22 regionalen Ausgaben deckt der Verlag das Gebiet von der dänischen Grenze bis zum Hamburger Speckgürtel ab.

Muhl ist seit 2005 auch verantwortlich für die Sportevents des Verlages; beispielsweise den „Fußballsommer", bei dem Spitzenteams aus aller Welt in den Norden kommen: „Dass ich im Mai 2006 den FC Bayern München nach Büdelsdorf holen konnte, war für uns ein Highlight." Im Eiderstadion spielt der frisch gekürte Deutsche Meister gegen die schleswig-holsteinische U21-Auswahl. Ehrenhaft verliert die norddeutsche Jugend mit 0:5; Torschützen sind Paolo Guerrero mit einem Hattrick, Roy Makaay und Hasan Salihamidžić.

In Muhls ehemaligem Wohnort Kropp spielen Teams wie Slavia Prag und der PSV Eindhoven, in Lübeck Lazio Rom und Juventus Turin, in Flensburg West Ham United. Muhl organisiert Trainingslager des VfL Wolfsburg, des Hamburger SV und von Hannover 96 in Glücksburg, St. Peter-Ording und auf Sylt. „Wir konnten die Vereine dazu gewinnen, im Rahmen ihrer Trainingslager Testspiele zu absolvieren", so Muhl. Entweder gegen schleswig-holsteinische Mannschaften, andere Bundesligisten oder dänische Spitzenteams. Der HSV spielt zum Beispiel in Flensburg gegen den dänischen Meister FC Midtjylland und Aalborg BK.

Bei den wöchentlich erscheinenden Fachblättern „Handballwoche", der größten europäischen Handballzeitschrift, und „Nord Sport" ist Jürgen Muhl Geschäftsführer. Eigentlich könnte er, Jahrgang 1952, schon längst in den Ruhestand gehen: „Sollte der FC Liverpool für Schleswig-Holstein zusagen, dann höre ich definitiv auf."

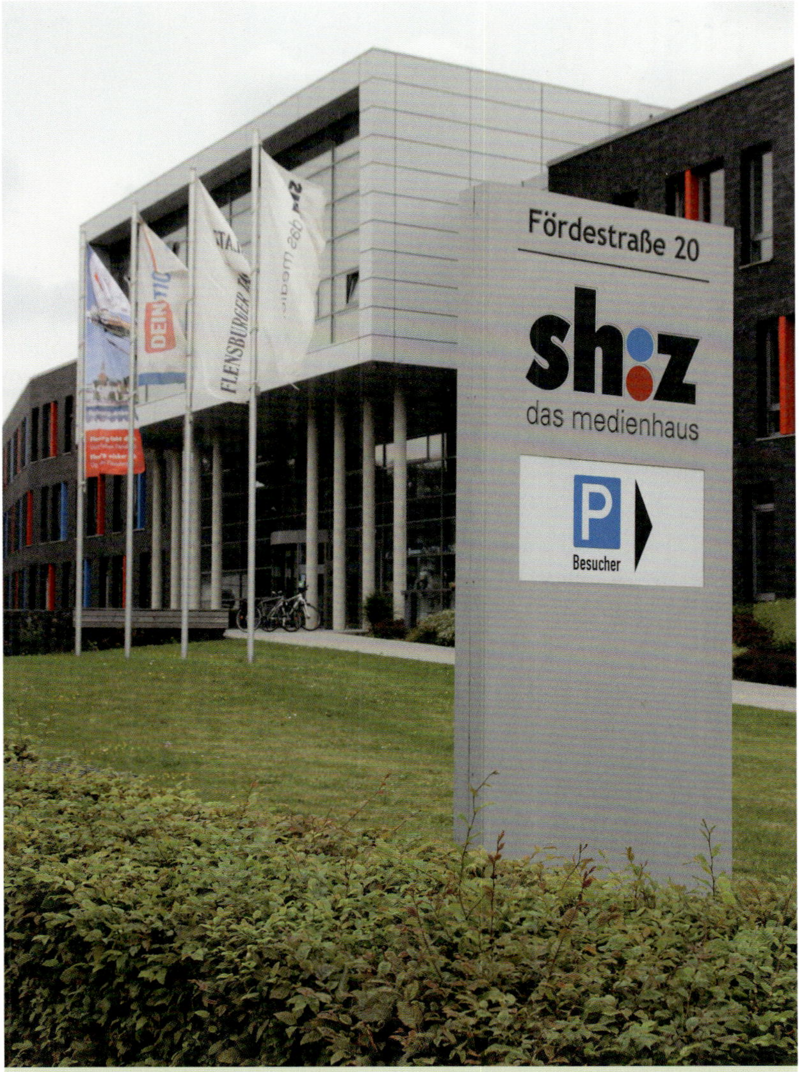

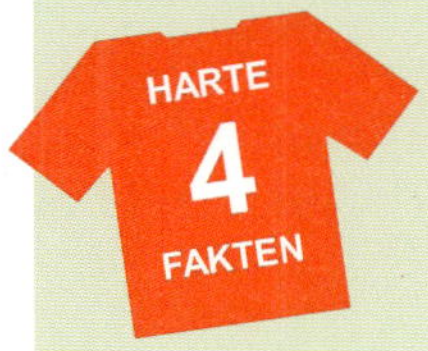

Adresse: Fördestraße 20, 24944 Flensburg

Erstausgabe Flensburger Tageblatt: 1865

SHZ-Verlag gegründet: 1987

Bonuswissen: Muhl redigierte bei der Rendsburger Landeszeitung einst die Texte des Schülers Gerhard Delling.

Flensburger Stadion

Großes im Norden

Ein Sommermärchen an der Förde soll es werden: Miroslav Klose spielt in Flensburg! Mit seinem neuen Verein Lazio Rom soll der frisch gebackene Weltmeister Anfang August 2014 im Flensburger Stadion ein Testspiel gegen den Hamburger SV absolvieren; sieben weitere WM-Akteure stehen im römischen Kader. Aber es gibt Schwierigkeiten mit dem Stadion. Eigentlich wären mindestens 10.000 Plätze im größten Stadion Flensburgs vorhanden. Sicherheitsaspekte überwiegen bei den Behörden dann aber. Keine Zäune, keine Wellenbrecher, keine Trennung der Fangruppen. Das Spiel zur Saisonvorbereitung wird kurzerhand in die Lübecker Lohmühle verlegt.

„Das war ein weiteres Armutszeugnis für den Fußball in unserer Stadt", sagt Tobias Preuß. Preuß gründet im Sommer 2018 die Initiative „Wir wollen ein Drittliga-taugliches Stadion" in Flensburg. Er wirbt zuerst in sozialen Netzwerken, dann plakatiert er Banner. „Wir benötigen ein neues Stadion mit über 10.000 Zuschauern, wo auch Sicherheitsspiele ausgetragen werden können", sagt Preuß, der mittlerweile im Marketing beim SC Weiche Flensburg 08 arbeitet. „Es wurde kurzzeitig überlegt, notfalls in Dänemark größere Spiele stattfinden zu lassen", sagt Preuß. Das jetzige Stadion sei jedenfalls zu marode und zu alt.

1927 wird das Stadion eingeweiht, Elemente expressionistischer Backsteinarchitektur erkennt man unter anderem an der Tribüne. Viele Jahrzehnte spielt hier Flensburg 08, Landespokalsieger 1957 sowie Landesmeister 1973 und 1974.

1981 findet 15 Jahre nach dem Wembley-Tor das WM-Revivalspiel zwischen Deutschland und England statt. 13.500 Zuschauer sehen dieses im ausverkauften Stadion mit Franz Beckenbauer, Uwe Seeler und den Brüdern Bobby und Jackie Charlton.

Bei Freundschaftsspielen kommen unter anderem FC Bayern München und Schalke 04 vorbei. 2013 findet das letzte größere Spiel statt: West Ham United gewinnt gegen den Hamburger SV mit 3:1.

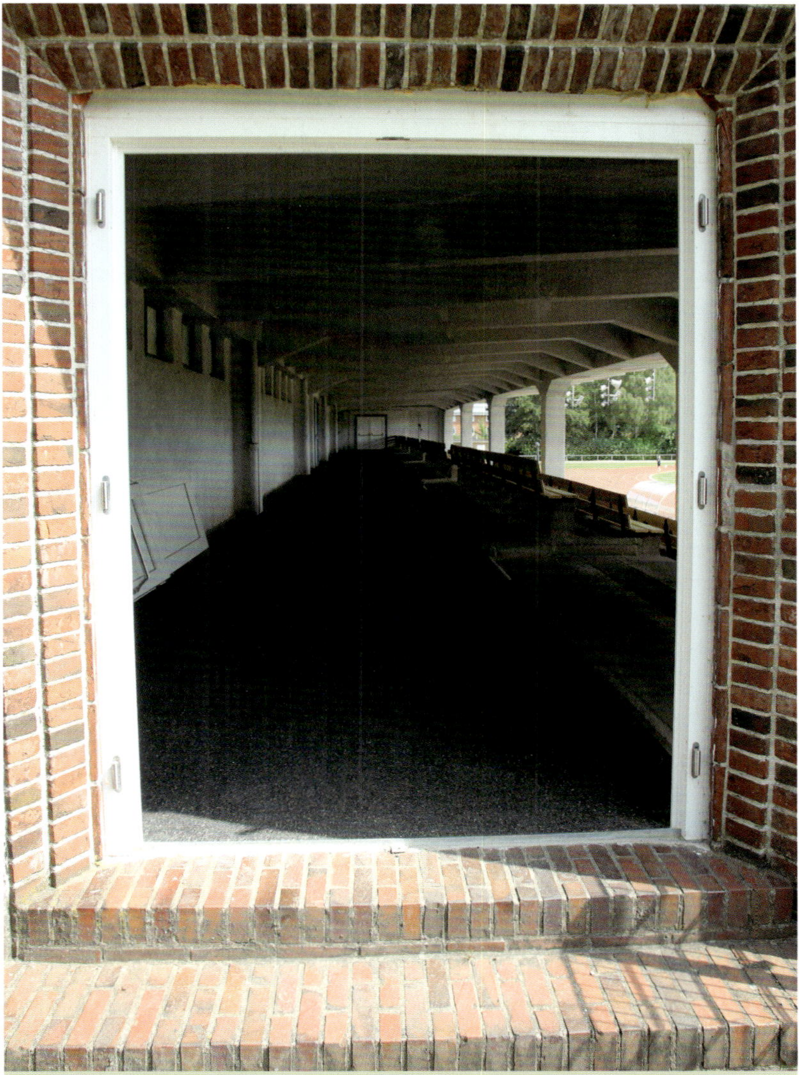

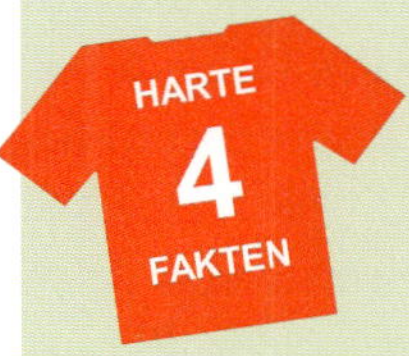

Adresse: Europastraße 13, 25941 Flensburg

Zuschauerkapazität: 11.000

Verein: SC Weiche Flensburg 08 II, zuvor Flensburg 08

Bonuswissen: Obwohl im Stadtteil Fruerlund befindlich, wird es auch „Stadion Flensburg-Mürwik“ genannt.

Flensburg 020

Idrætsparken

Dänische Mehrheit

„Wir sind fußballhistorisch in Deutschland etwas ganz Besonderes", sagt Dieter Lenz, Jahrgang 1944, vom Vorstand der Dansk Gymnastik Forening (DGF). Der Verein gehört zur dänischen Minderheit.

1920 wird im nördlichen Schleswig eine Volksabstimmung durchgeführt, eine der weniger bekannten Bedingungen des Versailler Vertrages. Nordschleswig tritt daraufhin an Dänemark ab; Flensburg spricht sich aber mehrheitlich für den Verbleib aus. Fortan lebt eine große Gruppe von Dänen im äußersten Norden Deutschlands, die ihre kulturelle und sportliche Tradition pflegt. So gründet sich 1923 der DGF, der im dänischen Verband Dansk Boldspil Union bleibt. Erst 1951 wechselt der DGF in den DFB, nach dem „Sportfrieden von Malente", der gleiche Rechte und Pflichten vorsieht.

Weitere dänische Fußballvereine gibt es im Norden des Landes: in Eckernförde den Egernførde Ungdomsforening, in Schleswig den Slesvig IF, in Tönning den IF Tønning. IF steht für Idrætsførening, also Sportverein. In Flensburg sind nach dem Zweiten Weltkrieg so viele dänische Fußballer aktiv, dass sich 1948 der IF Stjernen abspaltet. „Wir bilden mit Stjernen häufig eine Sportgemeinschaft und denken auch an eine Fusion", sagt Lenz.

„Bei uns können alle Dänisch sprechen", sagt Lenz und zeigt auf die Festschrift zum 95-jährigen Bestehen, mit Artikeln in beiden Sprachen. „60 Prozent unserer Jugendlichen gehen auf eine der dänischen Schulen", sagt Lenz, dessen Vater ebenfalls die dänische Schule besucht hat. „Einige unserer Mannschaften treten im dänischen Ligensystem an." Drei Rasenplätze stehen am Idrætsparken – übersetzt Sportpark – zur Verfügung.

Zum 75-jährigen Bestehen des Vereins gastiert 1998 Bröndby Kopenhagen. „Es hat nur geregnet, aber das macht uns nichts aus", sagt Lenz, der gern das dänische Modewort hyggelig – sinngemäß für gemütlich-locker – verwendet. „Hier duzen sich alle, wir sind nicht so verbissen, es gibt flache Hierarchien."

Auf die Frage, für wen Lenz die Daumen 1992 beim deutsch-dänischen Europameisterschaftsendspiel gedrückt hat, verlässt Lenz seinen Hygge-Duktus: „Eindeutig für Dänemark!".

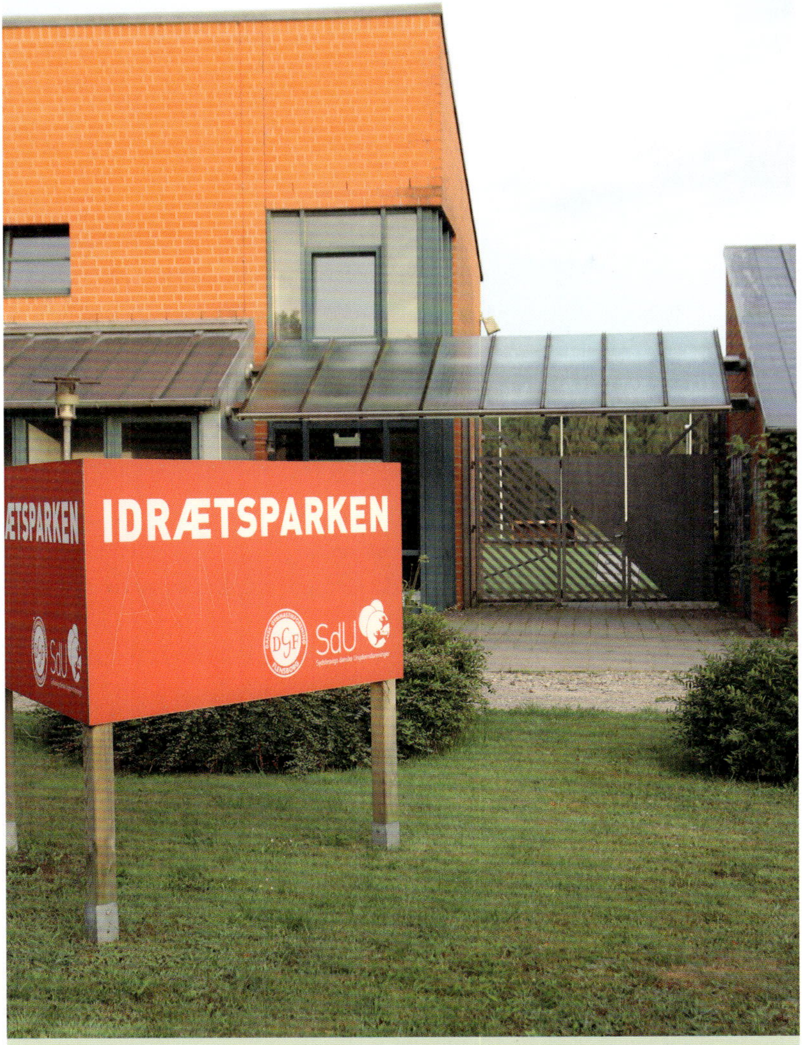

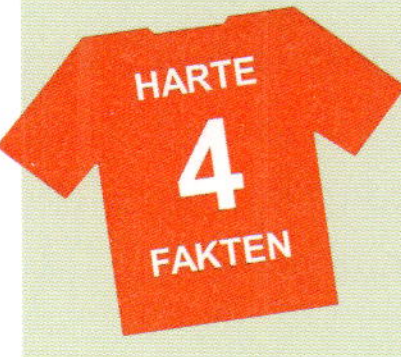

Adresse: Marienhölzungsweg 62, 24939 Flensburg

Verein: DGF Flensborg

Zuschauerkapazität: 3.000

Bonuswissen: Beim BeltCup spielen deutsche und dänische Fußballvereine im Sommer gegeneinander.

Flensburg 021

Manfred-Werner-Stadion

Weiche Fakten

„Eine Riesenüberraschung war das 2002“, erinnert sich der agile Mann mit dem Geburtsjahr 1934. „Bei der Mitgliederversammlung wird ein Vorhang zur Seite gezogen – und mein Name steht am Stadionschild“, sagt der Bundesverdienstkreuzträger Manfred Werner. Ein Verdienst für zahlreiche Tätigkeiten: 32 Jahre Vorsitzender, 64 Jahre Mitgliedschaft – und vor allem Visionär und Initiator des Stadionbaus. „Das hat mich berührt.“

Berührt werden im August 2018 die Flensburger Zuschauer im Manfred-Werner Stadion. Zum ersten Mal ist Weiche Flensburg im DFB-Pokal dabei und gewinnt als Viertligist gegen den Bundesligisten VfL Bochum unter Trainer Robin Dutt. Die Entscheidung für den nördlichsten Regionalligisten Deutschlands fällt in der 34. Minute: ein eleganter Lupfer mit dem Knie vom gebürtigen Kieler Kevin Schultz.

Wenige Monate zuvor hat Weiche gegen Energie Cottbus um den Aufstieg zur 3. Liga gespielt. Gemäß DFB-Auflagen muss das Spiel in Kiel stattfinden. Die zweite Runde im DFB-Pokal gegen Werder Bremen findet wiederum in Lübeck statt – das Flensburger Stadionproblem. Überhaupt dürfen im Manfred-Werner-Stadion nur 15 Spiele pro Saison ausgetragen werden: Parkplätze gibt es zu wenige, Anwohner fühlen sich gestört.

Das Manfred-Werner-Stadion grenzt unmittelbar an die Bahnstraße und nördlich an ein Bahngleisgebiet. Das steht in guter Tradition, 1930 ist bereits einer der Vorgängervereine „Eisenbahner Turn und Sportverein“ (ETSV) gegründet worden. Auch der Stadtteil „Weiche“ wird nach einer dortigen Eisenbahnabzweigung aus der Mitte des 19. Jahrhunderts benannt. 2017 fusioniert ETSV Weiche mit dem Traditionsverein Flensburg 08 zum heutigen SC Weiche Flensburg 08.

„Ohne Mäzen Harald Uhr würde Weiche nicht so gut dastehen“, sagt Hans-Ludwig Suhr, langjähriger Vereinsvorsitzender nach Manfred Werner. Trotz der Stadionerweiterungsprobleme sieht Suhr die Zukunft optimistisch: Seit Anfang 2020 steht auf dem Manfred-Werner-Stadion eine moderne Flutlichtanlage.

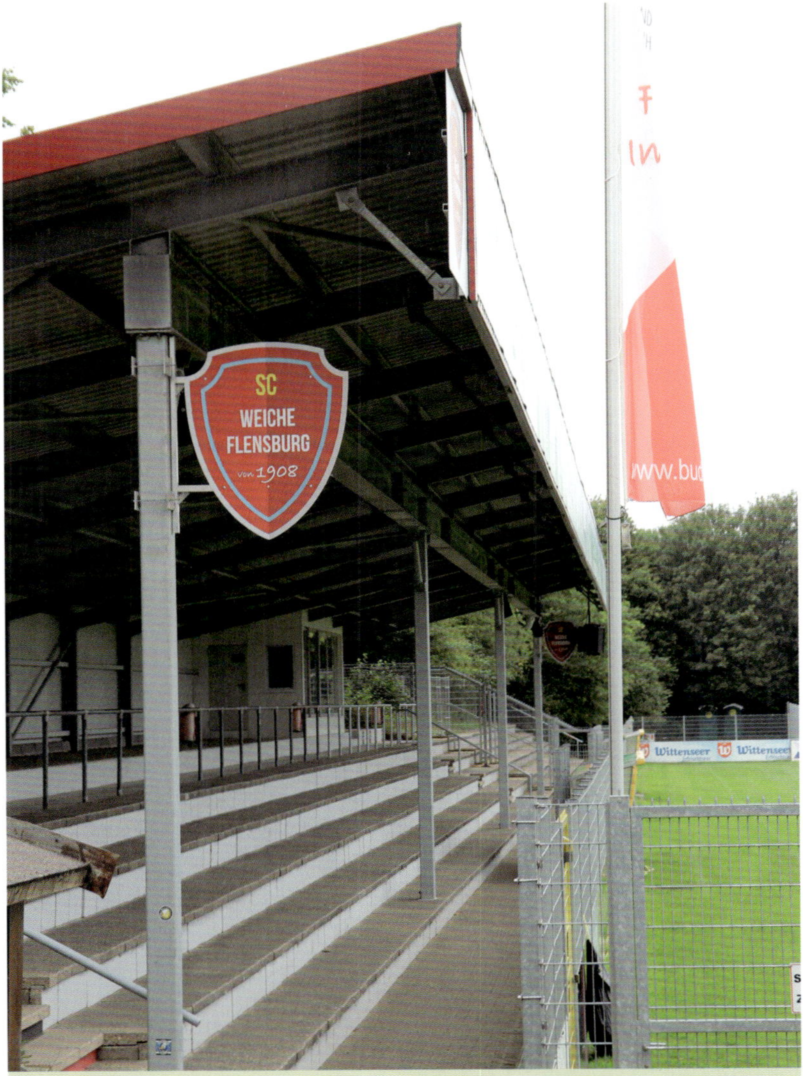

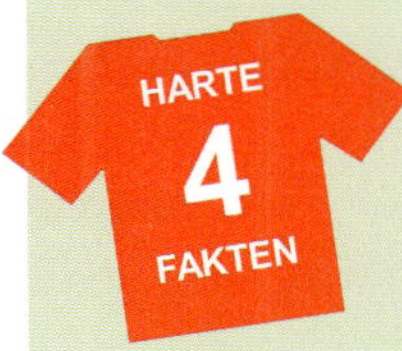

Adresse: Bredstedter Straße 2, 24941 Flensburg-Weiche

Zuschauerkapazität: 4.000, in der Regionalliga nur 2.500 zugelassen

Verein: SC Weiche Flensburg 08 (nur die Erste Herren)

Bonuswissen: TSV Weiche-West, einer der Vorgängervereine, wird „Wildwest“ genannt.

Sportplatz Großer Garten

Bruno Labbadia an der schönen Treene

Niederländische Backsteinbauten aus der Renaissancezeit bestimmen die Altstadt des 2.600-Einwohner-Ortes. Hinter der östlichen Verbindungsgracht zwischen den Flüssen Eider und Treene liegt nördlich der Fußballplatz „Großer Garten", unweit des Treene-Freibades.

1977 ist das große Jahr des FC Blau-Weiß Friedrichstadt. Der Verein steigt in die höchste Spielklasse Schleswig-Holsteins auf. „Die Spieler waren alles Friedrichstädter", sagt Uwe Thomsen, 1. Vorsitzender von Blau-Weiß Friedrichstadt. Der seit 2002 ehrenamtlich Tätige verfolgt die Spiele als Jugendlicher. „Bis zu 800 Zuschauer kamen damals in den Großen Garten."

Nach Anfangsjahren im steten Abstiegskampf beginnen die glorreichen 1980er. 1982 wird der FC Blau-Weiß Meister. 1984 wird der Verein Vizemeister, den jeweiligen Aufstieg zur damaligen Oberliga Nord schafft man aber nicht.

1986 gewinnen die Friedrichstädter den Verbandspokal; im Landespokalfinale setzt man sich im Elfmeterschießen gegen den Heider SV durch. Ende August wird Hassia Bingen aus Rheinland-Pfalz mit 1:0 im Großen Garten besiegt. Mit der Rekordkulisse von 2.200 Zuschauern auf Extratribünen findet am 25. Oktober ein leidenschaftlicher Pokalkampf gegen das damalige Zweitligaspitzenteam Darmstadt 98 statt. Unter dem offensiv spielenden Gäste-Trainer Eckhard Krautzun läuft unter anderem der gebürtige Darmstädter Bruno Labbadia auf. Knapp verliert Friedrichstadt mit 1:2.

In den späten 1980ern verändert sich das Gefüge der Mannschaft. „Kaum noch Friedrichstädter spielten", berichtet Thomsen. Die Spieler kommen teilweise aus Neumünster, Leck, Husum, Bredstedt. Aber auch das Interesse sinkt, lediglich 200 Zuschauer kommen pro Spiel in den Großen Garten. Dafür steigen die Schulden; 1993 zieht sich die Mannschaft aus der Verbandsliga zurück.

„Wir sind wieder familiärer geworden", sagt Fußballobmann Andreas Bruhn. Mit dem östlich liegenden Nachbarverein TSV Seeth/Drage geht man seit 2013 bei Mannschaftsmeldungen eine Spielgemeinschaft ein.

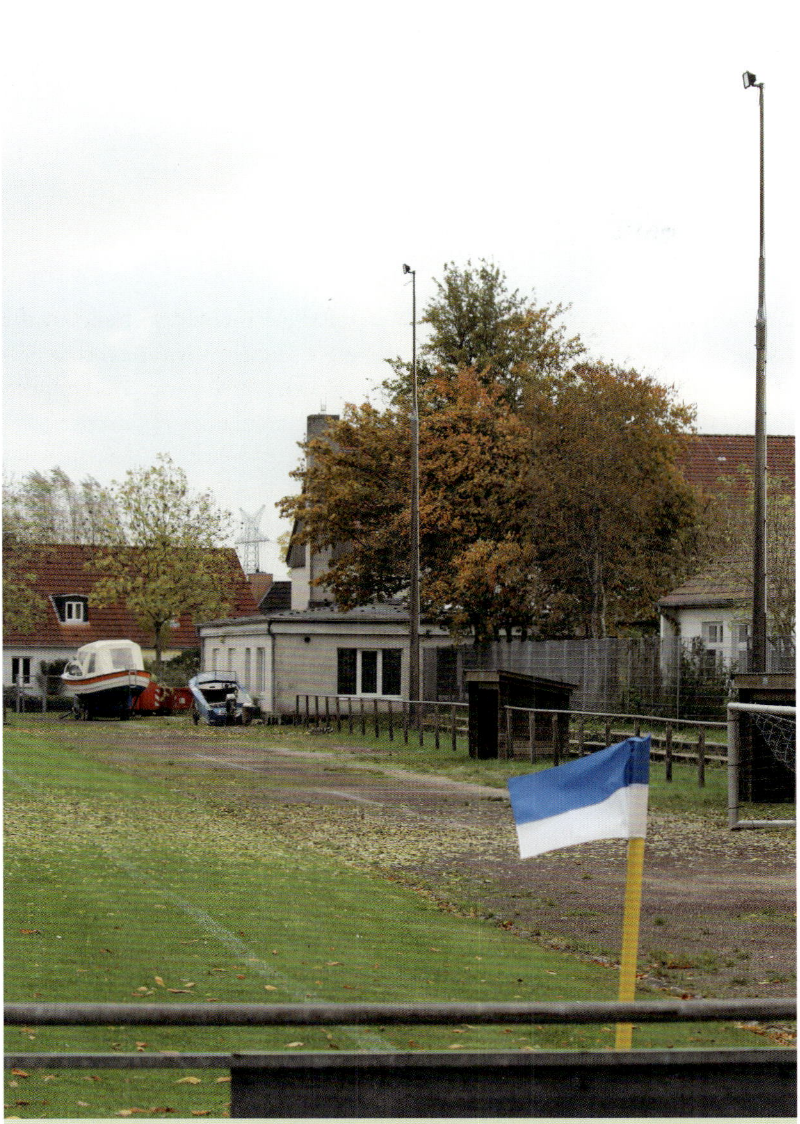

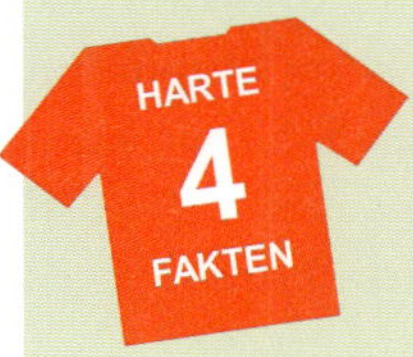

Adresse: Großer Garten 9, 25840 Friedrichstadt

Verein: FC Blau-Weiß Friedrichstadt

Zuschauerkapazität: 1.500

Bonuswissen: Der Flensburger Heiko Nickel wechselt von BW über Holstein Kiel 1982 zu Borussia Mönchengladbach.

Geesthacht 023

Sportplatz Silberberg

Zündende Spielideen

„Wir sind ein etwas anderer Verein", sagt Fußballabteilungsleiter Thomas Josteit. Seit 2017 engagiert sich der Düneberger SV beispielsweise für die Prävention sexualisierter Gewalt. „Alle Jugendtrainer müssen bei uns ein polizeiliches Führungszeugnis vorlegen und einen Ehrenkodex unterschreiben", sagt Josteit.

Aber auch weniger ernste Themen deckt der Verein ab. Bei der Aktion „Fanschal auf Weltreise" fotografieren sich Vereinsfreunde vor weltweiten Sehenswürdigkeiten – mit dem blaugelben SV-Schal. Die hölzerne Minitribüne, vereinsintern liebevoll „Carport" genannt, wird in Eigenregie vom „Bauteam" errichtet.

„Die Genetik des Vereins liegt in der Arbeiterschaft", verkündet auch die Homepage. Wenige Monate nach dem Ende des Ersten Weltkrieges gründet sich der Vorgängerverein, der „Freie Spiel- und Sportverein Besenhorst". Viele Gründungsmitglieder sind Arbeiter mit polnischen Wurzeln, stammen aus der Belegschaft der Dynamitfabrik.

Der Stockholmer Chemiker Alfred Nobel – der später reuevoll und durch Bertha von Suttner angeregt den Friedenspreis stiftet – gründet 1865 östlich von Geesthacht in Krümmel die erste Sprengstofffabrik außerhalb Schwedens, wo ihm wenige Jahre später die Erfindung des Dynamits gelingt. Auch in den Besenhorster Sandbergen entsteht ab 1876 eine Pulverfabrik.

„Dynamit-Fußballer wurden wir in den 1950er-Jahren genannt", sagt Josteit. 1957 gibt es gegen den punktgleichen Ahrensburger TSV am Saisonende ein Entscheidungsspiel um den Aufstieg in die Verbandsliga Hammonia. Gespielt wird im Hamburger Millerntorstadion. 12.000 Zuschauer (die Düneberger Chronik spricht von 15.000, Hardy Grüne von 17.000 Zuschauern) sehen ein 2:2. Im Wiederholungsspiel verliert Düneberg knapp: mit einem Gegentreffer in der 90. Minute. 1958 sichert sich der DSV die Meisterschaft und steigt in die höchste Amateurliga Hamburgs auf.

Nach langen Jahren der Mittelklassigkeit schaffen 2018 die Ersten Herren den Aufstieg in die Landesliga.

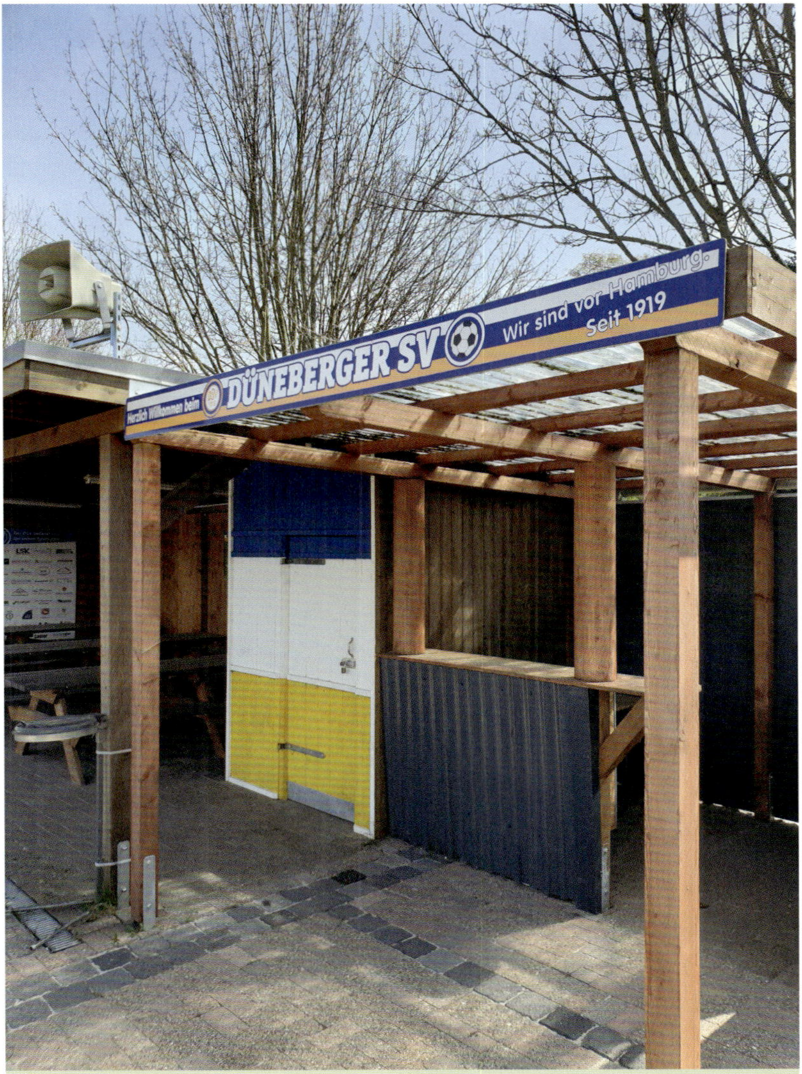

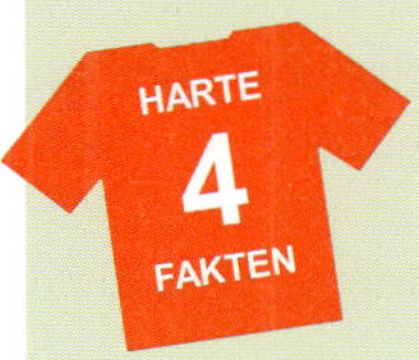

Adresse: Silberberg 11, 21502 Geesthacht

Verein: Düneberger SV 1919

Zuschauerkapazität: 2.500

Bonuswissen: Im Winter findet das DSV-Hallenturnier in der Sporthalle des Otto-Hahn-Gymnasiums statt.

Geesthacht 024

Zentrale Sportanlage

Stein des Anstoßes

An ihm kommt keiner vorbei: ein massiver Findling vor der Zentralen Sportanlage. Auf dem Stein steht „VFL Geesthach" – das „t" fehlt witterungsbedingt – 1885. Eine bronzene Plakette erinnert an Friedrich Ludwig Jahn.

„Ob der Turnvater Jahn wirklich in Geesthacht war, kann nicht mehr gesagt werden", meint Volker Tack, Vorsitzender des FSV Geesthacht. Der Klub geht 2007 aus einer Fusion der Fußballabteilung des VfL Geesthacht mit dem FC Geesthacht hervor.

„Wir wollten wieder erfolgreichen Fußball in Geesthacht haben", sagt Tack. Der VfL Geesthacht hat Anfang der 1980er-Jahre in Hamburgs höchster Spielklasse gespielt. 2013 trennt sich der FSV dann komplett vom Mutterverein.

Linkerhand vom Jahnstein befindet sich der 2018 eröffnete Kunstrasenplatz, rechterhand das Stadion. Das in den 1970er-Jahren errichtete Gebäude schmiegt sich raffiniert an den Elbhang. Auf dem Niveau des Findlings befinden sich die Umkleidekabinen. In Schleswig-Holstein ist es selten bergig, schon gar nicht in Elbnähe. Umso mehr erstaunt ist, wer die 27 Stufen des Treppenhauses der Tribüne hinaufsteigt, denn erst nach 27 Stufen befindet man sich rückseitig auf dem Niveau des Spielfeldes – und der eigentlichen Tribüne.

„Ein schönes kleines Amateurstadion haben wir", sagt Tack stolz. ‚Zentrale Sportanlage' sei eigentlich eine Untertreibung. „Bevor das Stadion gebaut wurde, mussten sich die Fußballer mitten in der Stadt umziehen und zehn Minuten zum Platz laufen", sagt Tack, der bis 2010 selbst aktiv gespielt hat und seit 2009 FSV-Vorsitzender ist.

Ebenfalls nett: Auf der älteren, aber immer noch aktiven FSV-Homepage findet sich eine Geesthachter Fußball-Fantypologie. Aufgelistet sind: der ängstlich-nörgelnde Mimimi-Fan, der Smartphone-Hypnotisierte, die ältere Generation der Fußballromantiker, der Hungrige, der weibliche Fan (Zitat: „Wer als Fußballfan solch ein Exemplar erwischt, hat richtig viel Glück und noch mehr Neider") oder die biertrinkende Saufschraube.

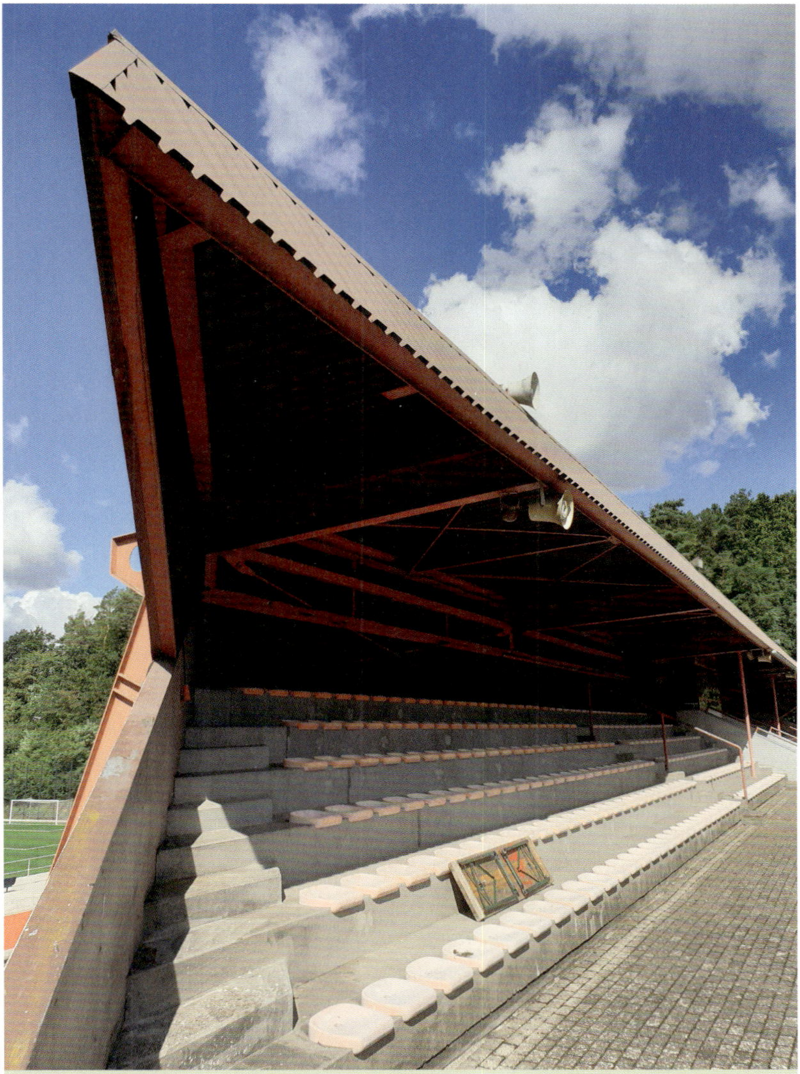

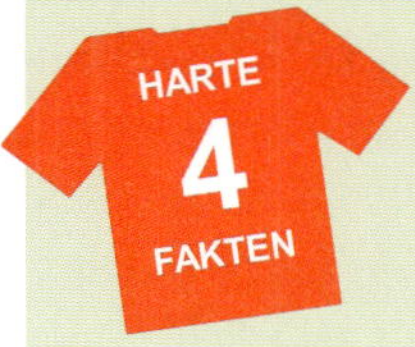

Adresse: Berliner Straße 62, 21502 Geesthacht

Zuschauerkapazität: 3.000

Verein: FSV Geesthacht 2007

Bonuswissen: 3.500 sehen mit Extratribünen 2010 den FSV beim 125-Jahre-VfL-Jubiläumsspiel gegen FC St. Pauli.

Gelting 025

Nospa-Arena/Sportanlage Wackerballig

Dieser Weg wird kein leichter sein

„In unserer Region haben es Fußballmannschaften nicht immer leicht", klagt Peter Lemke, Fußballobmann vom MTV Gelting 08. Mitgliederzahlen sinken, der Nachwuchs fehlt, Spielgemeinschaften werden immer unübersichtlicher. So spielt die Fußballabteilung des MTV Gelting in einer Spielgemeinschaft mit dem SV Kieholm und dem TSV Kappeln. „Dabei war Kappeln für viele aus Gelting früher immer Feindesland", sagt Lemke leicht melancholisch.

Seit 2009 nennt sich der Zusammenschluss Fußballspielgemeinschaft (FSG) Ostseeküste. „Wir wollen Begeisterung auslösen für ehrlichen, attraktiven und fairen Amateurfußball", heißt es in den FSG-Leitsätzen.

Trainiert wird auf den Sportanlagen der drei Vereine, die 1. Herren trägt ihre Heimspiele seit 2019 in Gelting aus. „Wobei wir in den Anfangsjahren aus Spielermangel gar keine Mannschaft stellen konnten", wirft Lemke ein. Der Platz liegt südlich des Naturschutzgebietes Geltinger Bucht, bis zur Ostsee nach Wackerballig sind es anderthalb Kilometer.

„Unser Vorbild war bei der FSG-Gründung die Spielgemeinschaft Angeln 02", sagt Lemke, der auch die Spielkoordination der FSG leitet. Aber Angeln 02 hat mittlerweile die erste Herrenmannschaft zurückgezogen; der Angelner Jugendbereich bildet mit Süderbrarup eine Spielgemeinschaft.

„Der Marinestützpunkt Olpenitz war für alle unsere Vereine aus der Region eine fußballerische Bereicherung", sagt Andrè Stochay, Vorsitzender vom FC Rabel, deren Frauenmannschaft auch auf dem Platz vom SV Kieholm trainiert. Von 1964 bis 2006 besteht an der Schleimündung der Bundeswehrstützpunkt. „Viele Fußballer, die im Port Olpenitz stationiert waren, kamen aus dem Ruhrgebiet, das waren ganz andere Naturen", unterstreicht Lemke. Auch der damals überregional bekannte Nachbar SV Kopperby – mit Torjäger Andreas „Amigo" Schmidt – bricht nach dem Marinewegfall ein und bekommt finanzielle Probleme.

2019 gibt es auf der Sportanlage in Gelting ein kleines Fest zum zehnjährigen Bestehen der FSG. „Trotz der Schwierigkeiten haben wir natürlich immer noch Freude am Spielen", sagt Lemke.

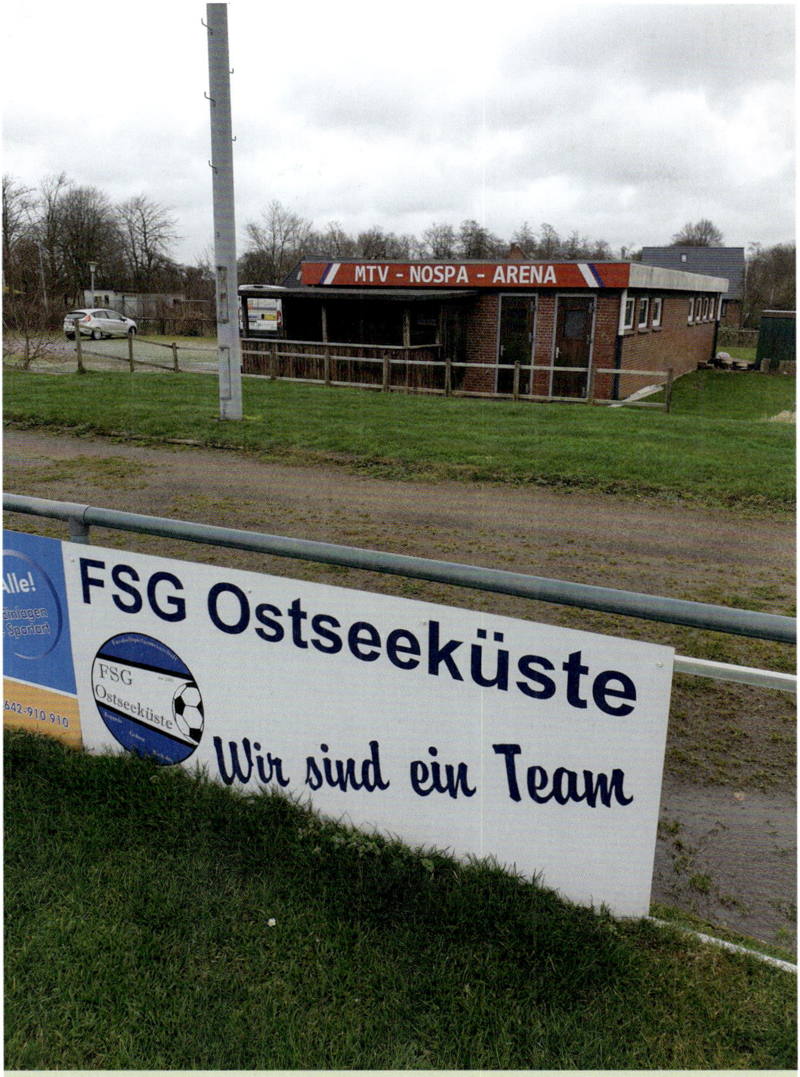

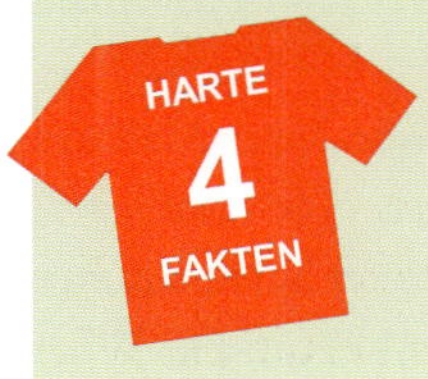

Adresse: Wackerballig 2, 24395 Gelting

Zuschauerkapazität: 1.000

Verein: MTV Gelting 08 als FSG Ostseeküste

Bonuswissen: Vom Parkplatz des Fußballplatzes sind es 500 Meter bis zum Gut Gelting, auch Schloss genannt.

Gedenktafel Klaus Stürmer

Uwe Seelers Zwilling

„Nur die Besten sterben jung“, steht auf der Rückseite der Gedenktafel auf dem Glinder Sportplatz. Hier auf dem Rasen neben Tafel und Gedenkstein hat eine Traumkarriere begonnen, die dann viel zu schnell endet. Der Stürmer Klaus Stürmer, geboren 1935, stirbt mit 35 Jahren.

Glinde, sieben Kilometer östlich von Hamburg, hat bis heute nur einen Mehrspartenverein: den TSV. Klaus Stürmer lernt hier das Fußballspiel. 1953 wechselt er von der Metropolregion in die Millionenstadt zum Eimsbütteler TV. Klaus Stürmer ist so begabt, dass er in den Kader der DFB-Jugendnationalmannschaft aufsteigt. Gleich bei den ersten Turnieren kommt es zur Freundschaft zwischen Stürmer und dem ein Jahr jüngeren Uwe Seeler. „Zwillinge“ werden die beiden Stürmer auf und neben dem Platz genannt. Kurze Zeit später wechselt Stürmer zum Hamburger SV.

Das HSV-Debüt der „Zwillinge“ erfolgt im August 1954, zum Start der Oberliga Nord stehen die Freunde Seeler und Stürmer in der Startelf.

„Klaus Stürmer spielt in der halbrechten Position mit der Nummer acht“, erklärt der Fernseh-Kommentator des Fußballendspiels der Deutschen Meisterschaft 1958 gegen den FC Schalke 04. Unermüdlicher Einsatz und technische Brillanz zeichnen ihn auch hier aus, wenngleich Schalke vor 81.000 Zuschauern im Niedersachsenstadion in Hannover mit 3:0 gewinnt.

1960 klappt es besser. Am 25. Juni spielt der Hamburger SV vor 71.000 Zuschauern im Frankfurter Waldstadion gegen den 1. FC Köln. „Stürmer auf Dörfel“, heißt es in der 80. Minute. Stürmer bereitet das 2:1 vor, der HSV gewinnt mit zwei Seeler-Toren 3:2 und wird Deutscher Meister.

Auch im folgenden Europapokal überzeugt Stürmer. Der HSV siegt gegen Bern und Burnley, muss sich erst im dritten Entscheidungsspiel im Halbfinale gegen Barcelona mit 0:1 beugen.

Während Freund Seeler 1961 das legendäre Angebot von Inter Mailand ablehnt, greift Stürmer beim FC Zürich zu. Dort wird er 1963 und 1966 Schweizer Meister, 1966 auch Pokalsieger. Ab 1967 ist Stürmer Spielertrainer beim FC Grenchen im Kanton Solothurn; 1967 wechselt er zum FC Winterthur. Am 1.7.1971 verstirbt Stürmer an seiner Krebserkrankung

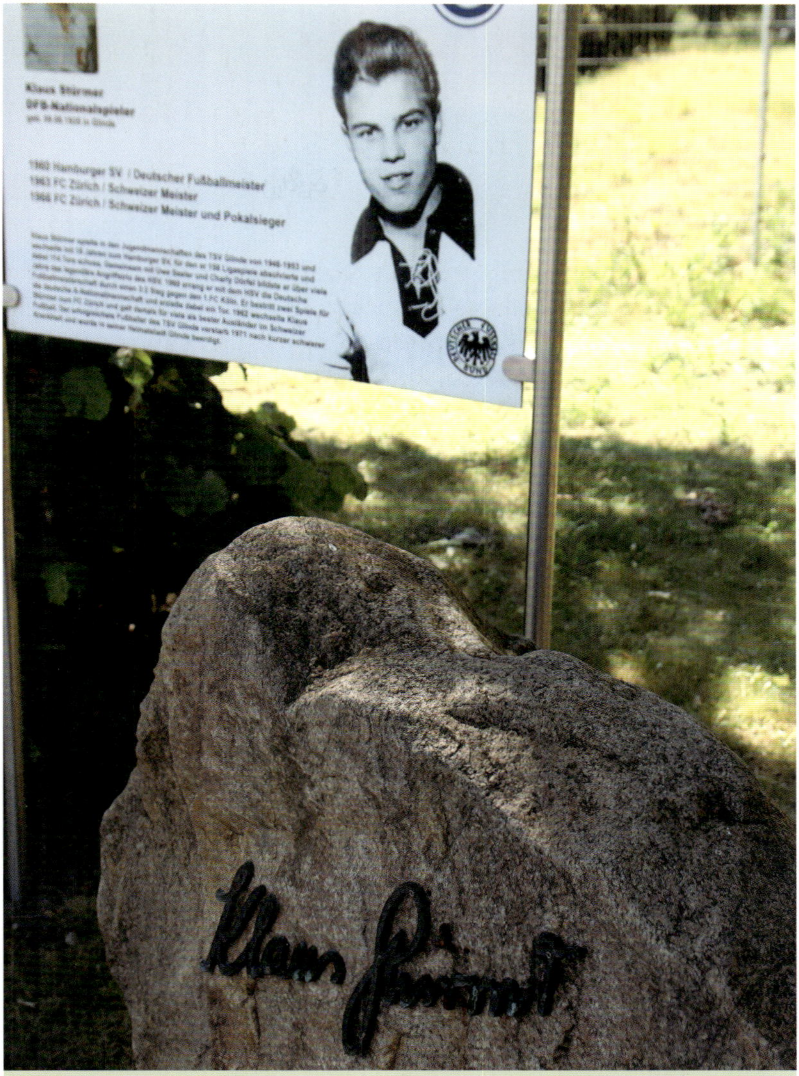

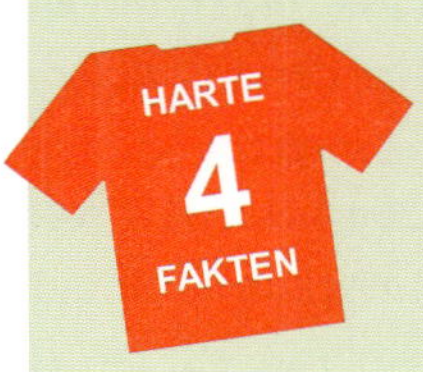

Adresse: Am Sportplatz 98A, 21509 Glinde

Verein: TSV Glinde

Tafel enthüllt: 2014

Bonuswissen: Von 1954 bis 1961 erzielt Stürmer 114 Tore für den Hamburger SV.

Glücksburg 027

Strandhotel

Wo der HSV baden geht

„Ich hoffe, Glücksburg ist ein gutes Omen für die Saison", sagt Lewis Holtby vom Hamburger SV. Der offensive Mittelfeldmann blinzelt in einem Strandkorb vor dem Luxus-Hotel entspannt in die Sonne. Glücksburg, nördlichste Stadt Deutschlands, Juni 2018. Wellen der Flensburger Förde schlagen mählich an den Strand.

Der Hamburger SV, Gründungsmitglied der Bundesliga, ist nach 55 Jahren erstmals abgestiegen, das erste Trainingslager als Zweitliganeuling steht an. Schon am selben Nachmittag werden die Profis intensiv in der Förde neben der Seebrücke planschen. Vom Hoteleingang kommend beginnt die Seebrücke wenige Schritte jenseits eines kleinen Rasenovals.

„Viele Bundesligamannschaften haben bei uns übernachtet, einige mehrfach", erinnert sich Markus Schiller, der bis 2019 langjähriger Strandhotel-Chef ist. Der VfL Wolfsburg, Schalke 04 oder West Ham United residieren im 1872 erbauten Vier-Sterne-Hotel. Der in West-Berlin geborene Schiller, der seit 2020 ein Hotel in Kappeln leitet, blickt zurück: „Stets unproblematisch waren die Besuche der Fußballstars."

Der Besuch 2018 endet für den Hamburger SV schneller als geplant. Trainiert werden soll in der elf Kilometer westlich gelegenen Marineschule Mürwik in Flensburg. Dort sei der Rasen zu schlecht, verkündet Cheftrainer Christian Titz. Es gebe mehrere trockene Spurrillen, das zweite Spielfeld sei wellig, die Verletzungsgefahr zu hoch. „Abbruch in Glücksburg nach 21 Stunden", schreibt die Bild-Zeitung über das „Desaster" vom HSV-Trainingslager.

Mit Unverständnis reagieren die Organisatoren. Die ausgetrocknete Rasenstelle sei „klitzeklein". Drei Jahre zuvor sei der HSV unter Mirko Slomka mit den Trainingsbedingungen vor Ort weitaus zufriedener gewesen.

Glücksburg scheint dem HSV 2018 also kein Glück zu bringen. Der ehemalige Bundesliga-Dinosaurier trennt sich bereits im Oktober 2018 von Christian Titz und landet am Saisonende unter Trainer Hannes Wolf auf einem enttäuschenden vierten Nichtaufstiegsplatz. Nach fünf Jahren in Hamburg verlässt auch Lewis Holtby den Verein.

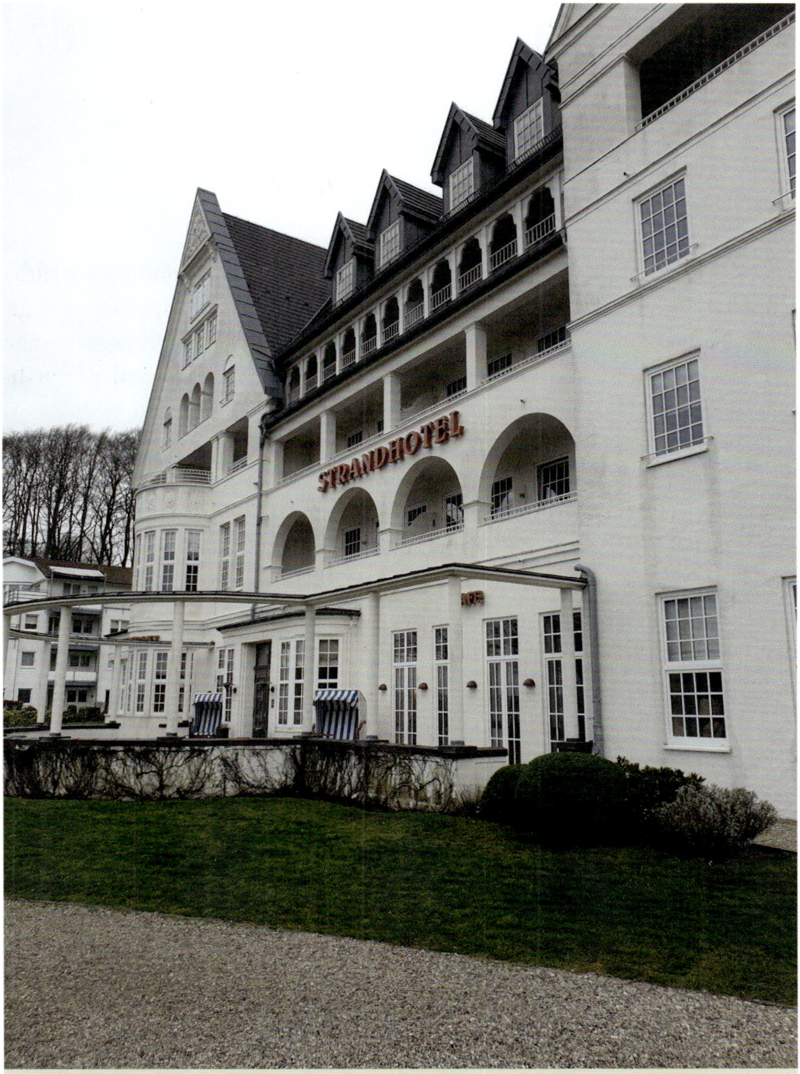

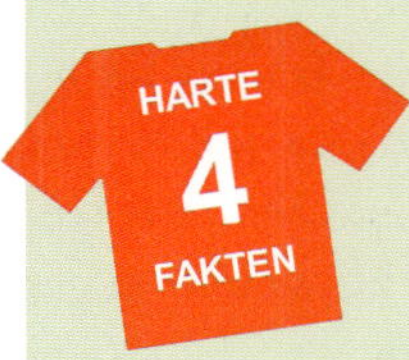

Adresse: Kirstenstraße 6, 24960 Glücksburg

Erbaut: 1872

Zimmer: 33

Bonuswissen: Der TSV Glücksburg 09 spielt in der Schwennau-Arena; Heiko Petersen hat hier begonnen.

Sportanlage an der Königskoppel

Von Düsseldorf zur Fortuna

Die Horizontlinie begrenzt hinter der Tribüne der Deich. Dahinter beginnt die Elbe, die hier schon dreieinhalb Kilometer breit ist. Zur Landseite ist vom Fußballplatz der rot-weiße Leuchtturm zu sehen. Die Sportanlage an der Königskoppel ist naturnah-idyllisch, von der Nebenwiese grüßen Schafe.

„Maulwürfe, Wühlmäuse – Tiere fühlen sich bei uns einfach wohl“, lacht Katrin Kuhlmann, Leiterin der ETSV-Geschäftsstelle. „Der Dreck der Wildgänse im Frühling macht immer eine Menge Arbeit“, sagt Platzwart Maik Schilling.

Glücklich, wer hier spielen darf. Die barbusige Glücksgöttin Fortuna prägt auch das Logo der Stadt. Der König von Dänemark und Norwegen, Christian IV., errichtet hier 1617 einen Konkurrenzhafen zu Hamburg mit den Worten: „Dat schall glücken und dat mutt glücken, und denn schall se ok Glückstadt heten!“

Glück hat der Fußballverein mit dem Zuzug namhafter Spieler. Durch die 1938 eröffnete Marinekaserne kommen Fußballer aus dem gesamten Reichsgebiet an die Unterelbe. Abwehrspieler Paul Janes aus Nordrhein-Westfalen, der zuvor 1933 mit Fortuna Düsseldorf Deutscher Meister wird, kommt zur nördlichen Fortuna, die damals noch Sportvereinigung Fortuna heißt. Zusammen mit Richard Dörfel, Herbert Panse und Alfred Kelbassa spielt Glückstadt bis 1941 in der erstklassigen Gauliga Nordmark.

Diese fußballerisch erfolgreichste Zeit gehört der Vergangenheit an. „Immerhin spielte 2013 Michael Rummenigge in einem Freundschaftsspiel für einen karitativen Zweck für unseren Verein“, sagt der Vorsitzende Oliver Puls. Kennengelernt haben sie sich bei der Rummenigge-Fußballschule des Puls-Sohnes im Sylt-Stadion auf Westerland.

Seit 2011 hat der Platz an der Königskoppel eine kleine Tribüne für 80 Zuschauer. „Die Tribüne war meine Idee, meine Arbeit und – zusammen mit Handwerkern aus der Altliga – auch meine Ausführung“, sagt Uwe Thomsen, bis 2016 amtierender Fußballvorsitzender. „Der Wind weht immer von der Elbe, leider auch der Regen“, seufzt der 1944 geborene Thomsen. „Ich wollte mir damals auch meinen fußballerischen Ruheplatz erbauen.“

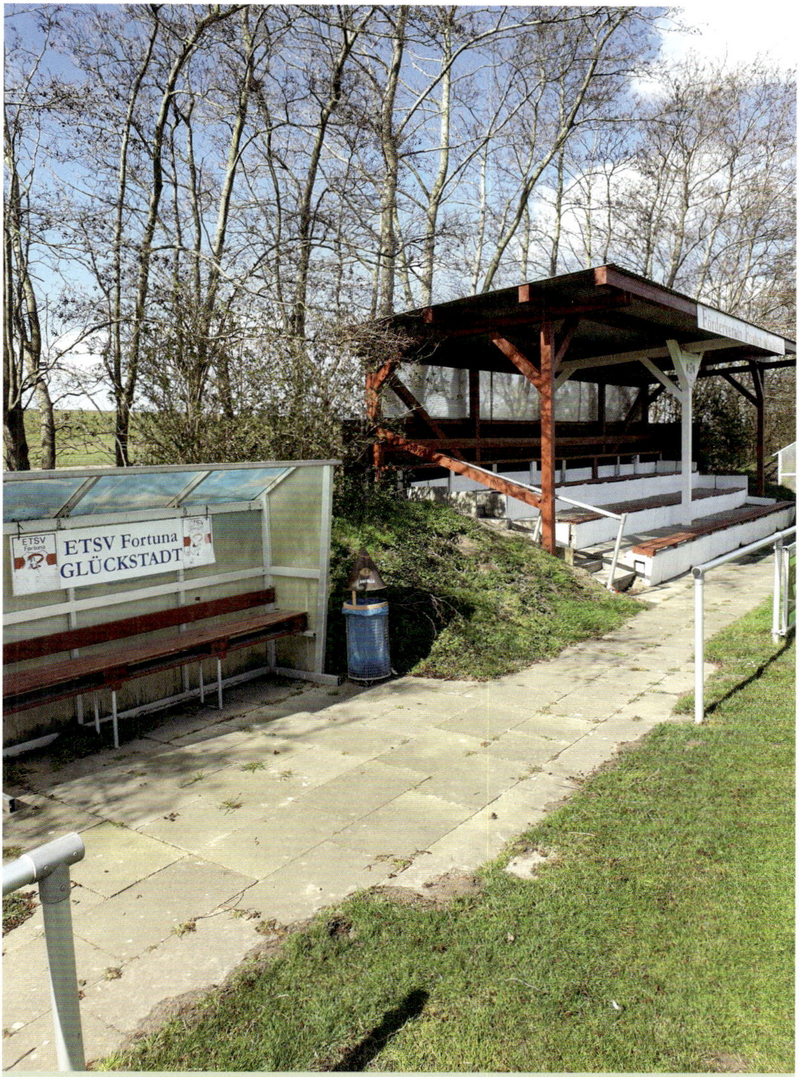

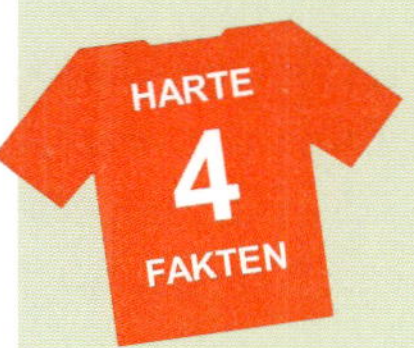

Adresse: Molenkiekergang 2, 25348 Glückstadt

Verein: Eisenbahner-TSV Fortuna Glückstadt 1860

Zuschauerkapazität: 1.600

Bonuswissen: Der Kunstrasenplatz schaffte es auf das Cover des Kalenders „Fußballheimat 2021".

Glückstadt 029

Willi-Holdorf-Platz

Bundesligatrainer mit Olympiamedaille

Kaum jemand kennt die Blomesche Wildnis. Aber jeder Sportbegeisterte kennt den 1940 in der Gemeinde der Blomeschen Wildnis – nördlich von Glückstadt – geborenen Willi Holdorf. Für die Jüngeren: Holdorf gewinnt 1964 bei den Olympischen Spielen in Tokio die erste deutsche Goldmedaille im Zehnkampf. „Das ist aber schon wirklich lange her", sagt Willi Holdorf bescheiden.

Vor der Leichtathletikkarriere spielt Willi Holdorf bei Fortuna Glückstadt Fußball. „Es gab ja damals nicht so viele Freizeitmöglichkeiten wie heute. Also trat ich bei Fortuna ein", sagt Willi Holdorf. „Schon als Fußballer im Alter von zehn, zwölf Jahren besaß Willi Holdorf zwei gleichwertig geschätzte Eigenschaften: Er war relativ kompakt, obwohl er seine endgültige Größe von 1,82 Meter noch lange nicht erreicht hatte, und er war schnell", schreibt Knut Teske in seinem Buch über den Jungen aus der Blomeschen Wildnis. Zur Leichtathletik ist Holdorf zufällig gekommen. „Bin einfach mal vor dem Fußballtraining aus Spaß mit den Leichtathleten am Fortuna-Platz mitgerannt", sagt Holdorf. „Einfach mal 100 Meter gerannt, das ging ganz gut".

Ganz gut ist auch seine Zeit für die 100-Meter-Strecke in Tokio: 10,7 Sekunden. Bereits wenige Wochen nach dem olympischen Sieg wird sein Fortuna-Platz in Glückstadt ihm zu Ehren mit einem großen Festumzug umbenannt.

Nach dem Triumph in Tokio – er ist 24 Jahre alt – macht Holdorf seinen Fußball-Trainerschein an der Sporthochschule Köln. Er arbeitet als Vertreter für eine deutsche Sportartikelfirma – wie Uwe Seeler, der bald ein enger Freund wird. Nachdem er sehr erfolgreich als Leichtathletiktrainer gearbeitet hat, wird er für eine Saison Fußballtrainer. Und zwar gleich in der 1. Bundesliga: 1974 trainiert er den SC Fortuna Köln, der allerdings absteigen muss.

In den 1990er-Jahren fördert Holdorf den Verein TuS Felde, der viermal hintereinander aufsteigt. In der Nähe von Felde wohnt Holdorf, der mittlerweile zwar mehr an Handball interessiert ist, „aber den Kieler Vereinen weiterhin die Daumen drückt."

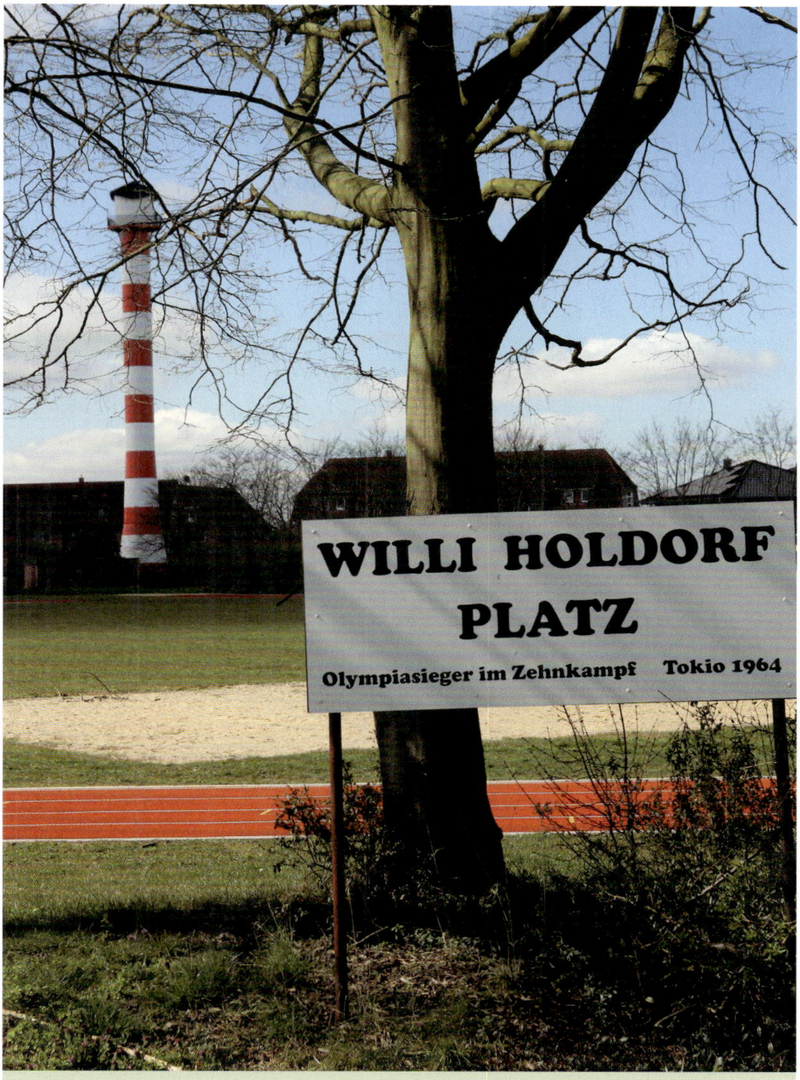

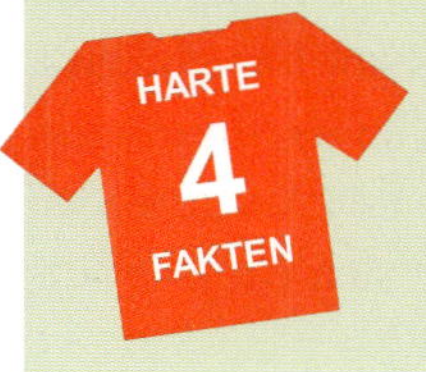

Adresse: Jahnstraße, 25348 Glückstadt

Erbaut: 1953 als Fortuna-Platz, umbenannt 1964

Sanierungen: 1974 und 2018

Bonuswissen: In den 1970er-Jahren wurde Holdorf Vizeeuropameister und Weltmeisterschaftsvierter im Zweierbob.

Halstenbek 030

Jacob-Thode-Platz

Ohne Holland ham' wir kein' Komfort

„Eigentlich stehen wir mit Halstenbek-Rellingen in sportlicher Konkurrenz", sagt Andreas Lätsch, erster Vorsitzender vom SV Rugenbergen, aus dem zehn Autominuten entfernten Bönningstedt. „Aber menschlich mögen wir uns." So kommt es, dass Lätsch ein achtköpfiges Helferteam vom SV Halstenbek-Rellingen (HR) und SV Rugenbergen organisiert, um 2015 gemeinsam in die Niederlande zu reisen. Ziel der Reise ist die niederländische Stadt Almelo. Der Erstligist Heracles Almelo renoviert sein Polman Stadion – und verschenkt rund 230 alte VIP-Lounge-Sitze.

„Zum Almelo-Manager Nico-Jan Hoogma haben wir einen sehr guten Kontakt", sagt Lätsch. Der niederländische Abwehrspieler Hoogma, Jahrgang 1968, spielt von 1998 bis 2004 beim Hamburger SV. Hoogma und Lätsch sind zu der Zeit in Kaltenkirchen Nachbarn und freunden sich an. 110 rote VIP-Lounge-Sitze mit gepolsterter Arm- und Rückenlehne stehen fortan im Sportzentrum Bönningstedt, 120 Sitze am Jacob-Thode-Platz.

Auch sportlich bewegt sich HR in der Komfortzone. Der langjährige Bundesligaspieler Vahid Hashemian hat hier 2012 seine erste Trainerstation. Hashemian unterstützt in gleichberechtigter Funktion den ehemaligen HSV-Spieler Thomas Bliemeister, der von 2009 bis 2017 HR coacht.

Einen Höhepunkt stellt die regionale Pokalsaison 2004/2005 dar. Türk-Birlikspor Pinneberg, Eintracht Norderstedt, Sporting Clube de Hamburg, SC Pinneberg und USC Paloma werden besiegt. Im Halbfinale gewinnt HR sensationell gegen die zweite Mannschaft des Hamburger SV mit 3:0. Erst Regionalligist FC St. Pauli, gegen ASV Bergedorf glücklich im Elfmeterschießen weitergekommen, schlägt im Finale HR knapp mit 2:1.

1910 gründet der aus dem preußischen Altona stammende Gustav Tüchsen den Turn- und Spielverein Halstenbek. Zuerst wird am Osterbrooksweg gespielt. Mit dem drei Jahre später gegründeten Rellinger Sportverein schließt man sich 1920 zusammen, Vorsitz hat Jacob Thode. 1929 geht man kurzfristig mit dem FC Pinneberg zusammen und nennt sich ein Jahr lang Sportclub Schauenburg. Seitdem sind die Vereinsfarben Blau-Weiß-Rot.

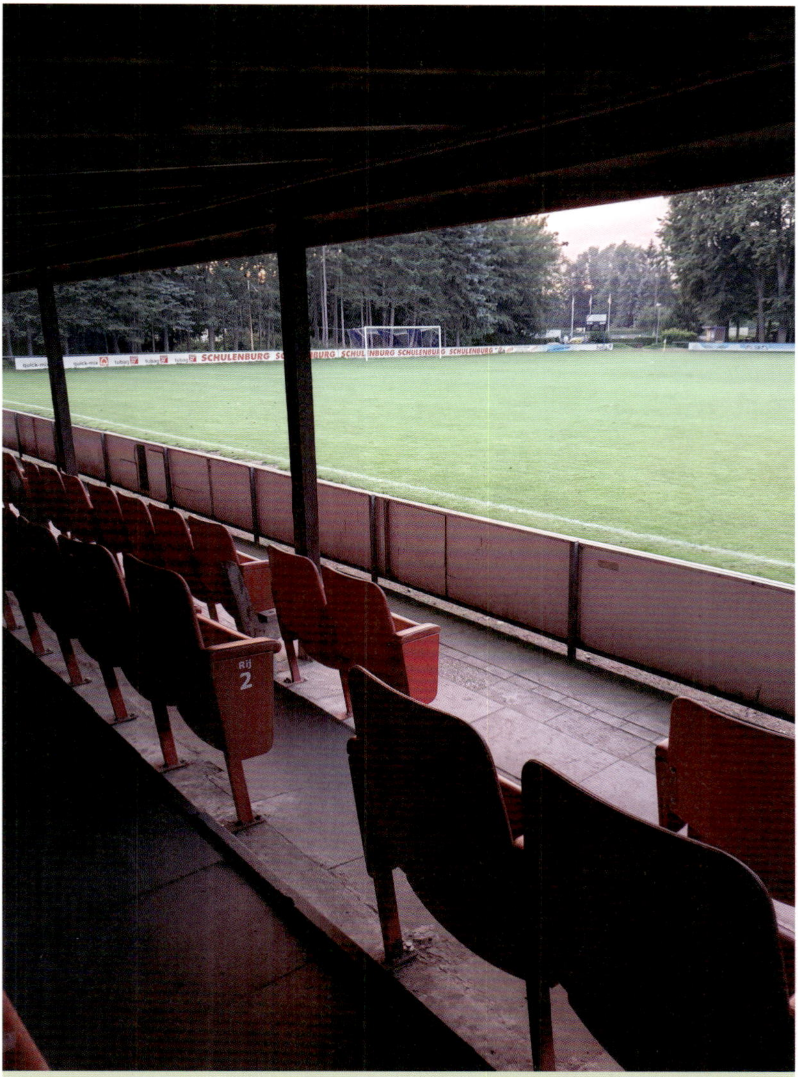

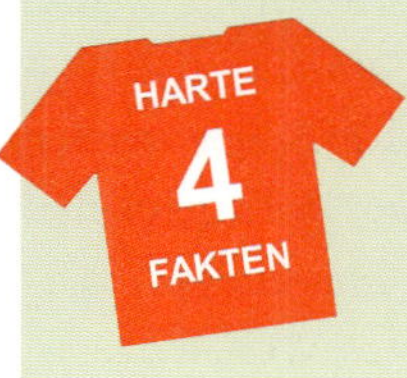

Adresse: Lütten Hall 1, 25469 Halstenbek

Verein: Spielvereinigung Halstenbek-Rellingen

Zuschauerkapazität: 2.000

Bonuswissen: Son Heung-yun, Bruder von Tottenham-Hotspur-Star Son Heung-min, spielt 2013 bei HR.

Heide 031

Stadion an der Meldorfer Straße

Diverse Medaillen in Dithmarschen

Ein Fußball-Weltmeister besiegelt die Niederlage. Wunder-von-Bern-Spieler Werner Liebrich schießt 1961 im DFB-Pokalspiel ein Tor gegen den „kleinen" HSV. Pech für Heide, dass der damals schon 34-Jährige Liebrich einen Lauf hat und es mit Kaiserslautern bis in das Pokalfinale schafft.

Die Saison 1960/61 gehört zu den Glanzzeiten des Heider SV. Man spielt in der damals erstklassigen Oberliga und empfängt unter anderem Werder Bremen oder St. Pauli. Vier Jahre zuvor spielt der Klub ebenfalls in der höchsten Liga und ist noch erfolgreicher. Heide bezwingt 1956 Hannover 96, den Deutschen Meister von 1954. 12.000 Zuschauer sehen 1957 den Sieg über den „großen" HSV. Uwe Seeler erinnert sich später: „In Heide war es immer unangenehm zu spielen".

Gerade bei Heimspielen ist Heide eine Macht. Das schöne Stadion liegt mitten in der Stadt. Eingeweiht 1950, nachdem der Vorgängerplatz Tivoli zu klein geworden ist. Direkt im Rücken der Tribüne liegt die Keimzelle des Heider SV, 1925 spaltet man sich vom MTV Heide ab.

Vier Mal steht der HSV im DFB-Pokal. 1982 ertrotzt man gegen 1860 München ein 1:1 in Heide. Im Tor der Münchner steht der junge Gerald Hillringhaus, der später zum FC Bayern München wechselt. Erst im Rückspiel an der Grünwalder Straße verliert Heide knapp mit 1:2, wobei die Mannen aus Dithmarschen einen Elfmeter vergeben.

Heide ist eine der erfolgreichsten Mannschaften des schleswig-holsteinischen Fußballs, ganz oben rangiert der SV in der ewigen Tabelle. Zwei Mal wird man Landespokal-Sieger; sieben Mal Schleswig-Holstein-Meister. Zuerst 1956, zuletzt 1983. An diese Erfolge erinnert die Vereinsgaststätte mit vielen Schwarz-Weiß-Fotografien, besonders aus den heroischen 1950er- und frühen 1960er-Jahren.

Mittlerweile sind andere Zeiten angebrochen. Regionalere Spiele werden wichtiger: das „Dithmarscher Derby" gegen TuRa Meldorf beispielsweise. Man misst sich auch wieder mit dem Hamburger SV, aber nun in der Regionalliga gegen die U23.

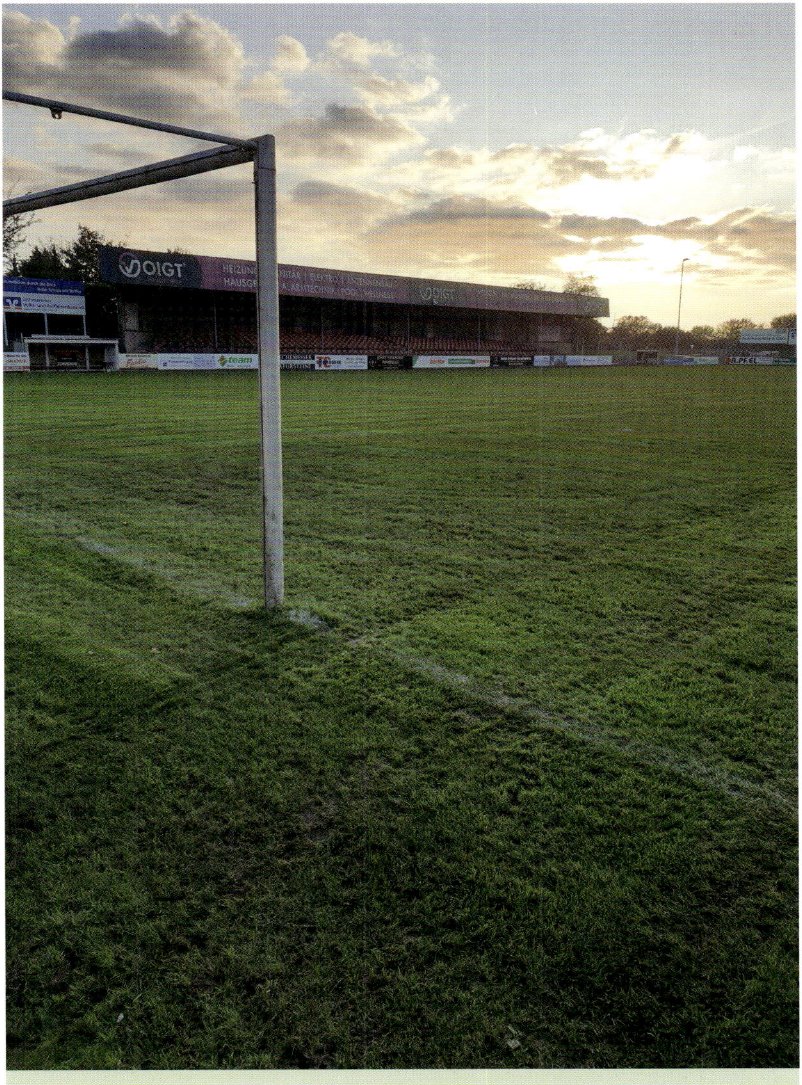

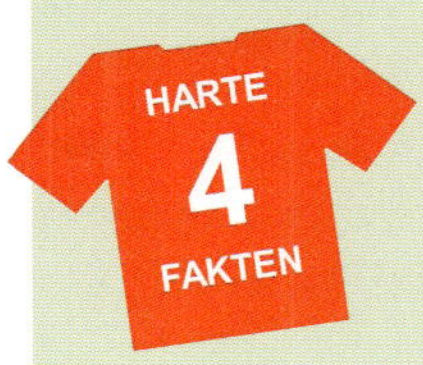

Adresse: Meldorfer Straße 38, 25746 Heide

Verein: Heider SV

Zuschauerkapazität: 11.000

Bonuswissen: 1954 wird der Oberligaaufstieg gegen VfL Wolfsburg verpasst. Ein Tor gegen Heide schießt Heider.

Willi-Gerdau-Gedenktafel

Meldorfer Straße statt Volksparkstadion

Helmut Rahn steht neben ihm auf dem Platz. Auch Horst Szymaniak, Hans Tilkowski, Erich Juskowiak sind Teil seiner Elf. Sepp Herberger coacht an der Seitenlinie. Es ist der große Tag für Willi Gerdau. 22. Mai 1957: An diesem Mittwochabend füllen 8000 Besucher das Stuttgarter Neckarstadion. Die Deutsche Nationalmannschaft – amtierender Weltmeister – spielt gegen die schottische Auswahl in einem Freundschaftsspiel.

Es ist eine Überraschung, dass Sepp Herberger den Dithmarscher Mittelläufer aufstellt. Willi Gerdau wird mit diesem Spiel der erste Nationalspieler Schleswig-Holsteins seit 1931. Und der 22. Mai 1957 bleibt der Tag, an dem der bisher letzte Nationalspieler aus einem schleswig-holsteinischen Verein angetreten ist.

„Das Stadion an der Meldorfer Straße könnte man ruhig nach ihm benennen", sagt Wolfgang Ehlers, Sportredakteur bei der Dithmarscher Landeszeitung. Nach Gerdaus Tod 2011 hat Ehlers einen Artikel dazu verfasst. „Die Leserbriefe und Reaktionen im Internet waren eindeutig: Ein Willi-Gerdau-Stadion wünschen sich viele in Dithmarschen."

Willi, den alle „Ille" nennen, ist so etwas wie der Uwe Seeler Schleswig-Holsteins: erfolgreich, bescheiden, heimatverbunden – und vereinstreu. Angebote von Hannover 96, Hamburger SV, Holstein Kiel und Heracles Almelo aus den Niederlanden lehnt er ab. Seine Frau möchte nicht umziehen; Willi Gerdau hat als gelernter Buchhalter bei einem Mineralölkonzern in Hemmingstedt einen sicheren Arbeitsplatz.

„Hätte es damals die Bundesliga schon gegeben, dann hätte er es sich wahrscheinlich anders überlegt", sagst Wolfgang Ehlers, selbst jahrelang Torwart – beispielsweise beim Pokalspiel 1982 in München – und Trainer beim Heider SV.

Erst als der Mineralölkonzern die Stelle nach Hamburg verlegt, zieht Gerdau mit seiner Familie nach Uetersen. Einige Mannschaften trainiert er anschließend, unter anderem Raspo Elmshorn und den TSV Uetersen.

Statt der Stadionumbenennung wird 2012 eine Gedenktafel am Kabinentrakt im Heider Stadion angebracht.

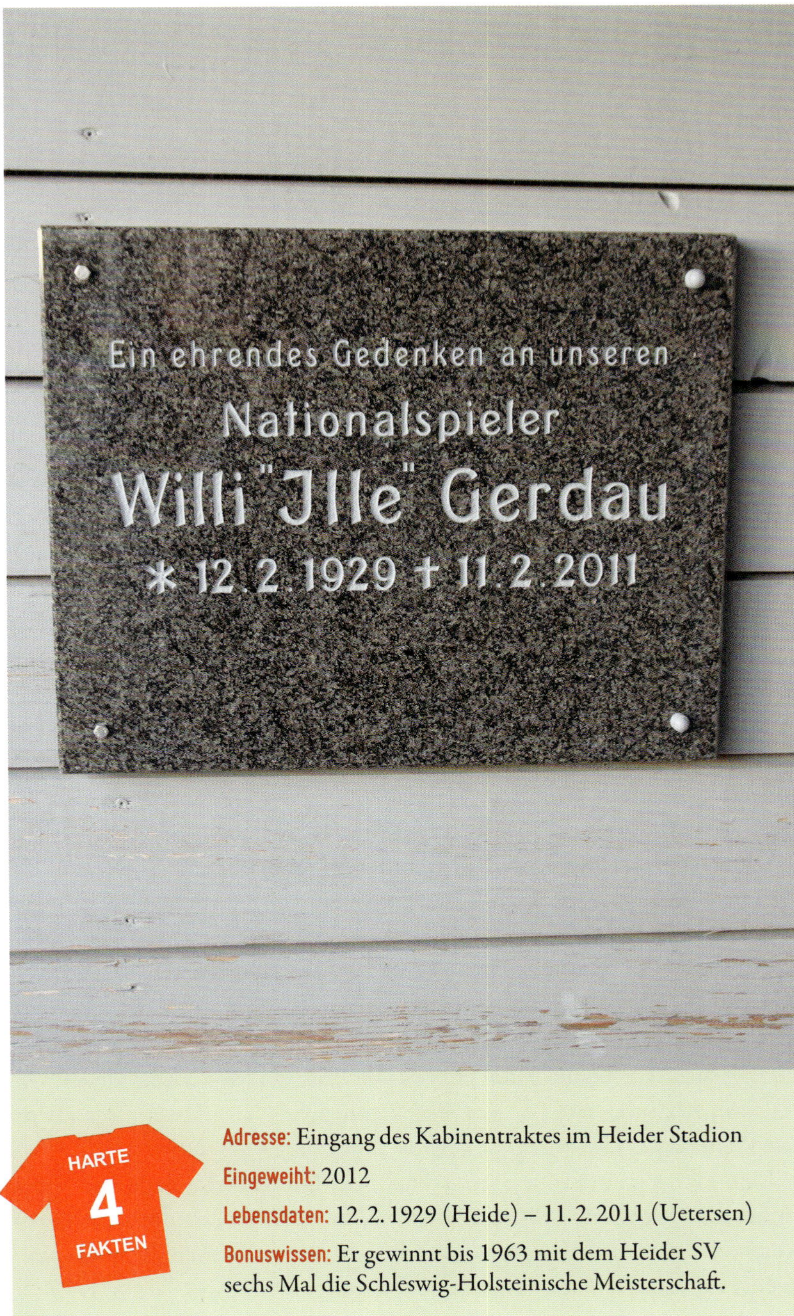

Adresse: Eingang des Kabinentraktes im Heider Stadion

Eingeweiht: 2012

Lebensdaten: 12. 2. 1929 (Heide) – 11. 2. 2011 (Uetersen)

Bonuswissen: Er gewinnt bis 1963 mit dem Heider SV sechs Mal die Schleswig-Holsteinische Meisterschaft.

Fußballplatz Nordostgelände

Nah am Wasser gebaut

Der Kreis Pinneberg hat schöne naturnahe Plätze, beispielsweise das Deichstadion in Hetlingen. 131 Kilometer nordwestlich davon entfernt liegt – auch sehr schön – der Fußballkunstrasenplatz auf Deutschlands einziger Hochseeinsel. Ganz im Norden, malerisch gelegen zwischen dem imposanten westlichen Felsmassiv und der Jugendherberge. Nur 50 Meter südlich des Nordstrandes.

„Im Meer landete bisher noch kein Ball", schmunzelt der langjährige Fußballabteilungsleiter Stefan Pfeifer. Wie alle Fußballvereine des Kreises Pinneberg spielt der VfL Fosite Helgoland im Hamburger Fußball-Verband. „Im Pokal hatten wir früher nur Heimspiele", sagt Pfeifer. Früher, das waren die 1970er- und 1980er-Jahre, Helgolands fußballerische Glanzzeiten. „Früher konnten wir sieben Teams stellen, seit 2017 gibt es aber keine Männermannschaft mehr", sagt Pfeifer. Nur im Kinderbereich werde trainiert.

„Wer nach der Schule wegzieht, der bleibt auch dort." So auch Pfeifers Tochter. Gebürtige Helgoländer sterben sowieso aus, seit 2004 erblicken Helgoländer Kinder auf dem Festland das Licht der Welt. „Meine Tochter ist die vorletzte Helgoländerin", sagt Pfeifer, 1963 auf Helgoland geboren.

„Wir hatten noch eine altersübergreifende Seniorenmannschaft, aber die hat sich aufgelöst." Viele Jahre zuvor finden einige Freundschaftsspiele statt. „Da hatten wir 80 Prozent der Spiele gewonnen", sagt Pfeifer stolz. „Wir wissen, wie wir mit dem Wind umgehen." Obwohl die massiven Klippen vor Westwind schützen. Pfeifer nennt einen weiteren Grund für die damalige Heimstärke: „Einige Gegenspieler tranken bereits während der Überfahrt ein Bierchen." Gegen die Alten Herren von Borussia Mönchengladbach verliert man 2010 aber mit 2:4. „Das Plakat vom Spiel habe ich noch irgendwo", sagt Pfeifer.

Kein Plakat gibt es vom ersten Auftritt der Düsseldorfer Band Die Toten Hosen auf Helgoland. 1986 erhalten die Musiker keine Erlaubnis, um in der Nordseehalle zu spielen. Campino & Co. fahren trotzdem auf die Insel – und spielen auf dem Platz mit Fans ein Fußballturnier.

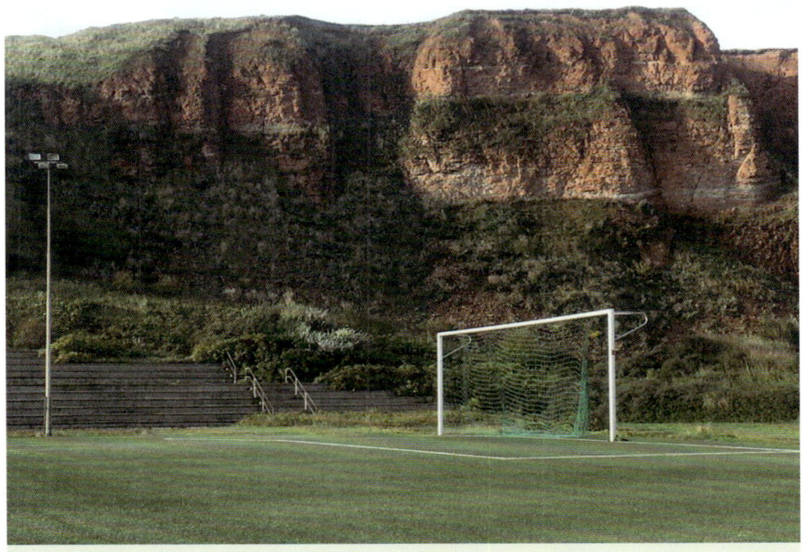

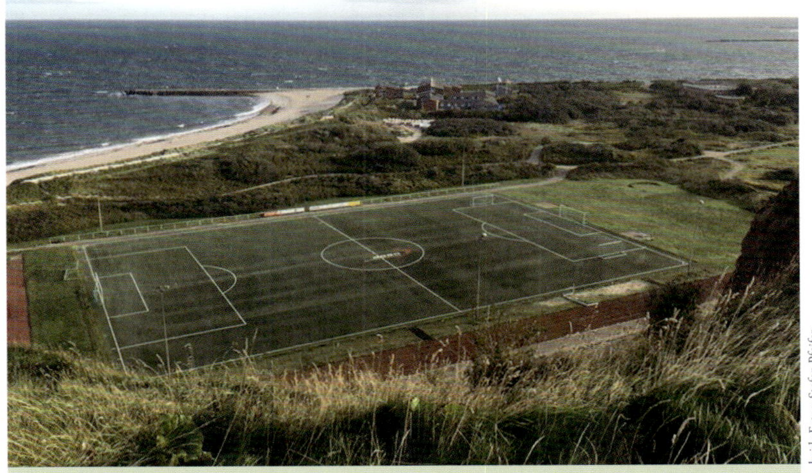

beide Fotos: Stefan Pfeifer

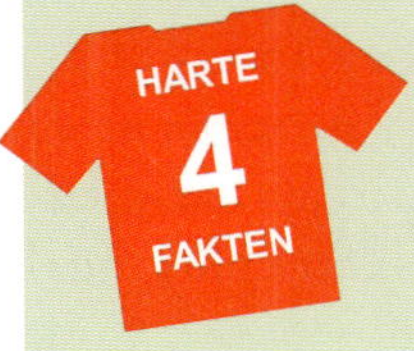

Adresse: Klippenrandweg, 27498 Helgoland

Zuschauerzahl: 2.000

Verein: VfL Fosite Helgoland von 1893

Bonuswissen: Der nordfriesisch-mythologische Begriff „Fosite“ steht für einen Rechts- und Gesetzesgott.

Henstedt-Ulzburg 034

Sportanlage Schäferkampsweg (Alsterquelle)

Franz Beckenbauer in Rhen

Seit 2013 pendeln sie zwischen 2. Bundesliga und 3. Liga – die Fußballerinnen vom SV Henstedt-Ulzburg (SVHU). Auch im DFB-Pokal sind sie sehr erfolgreich: 2013 bis 2015 erreichen sie die erste Runde, 2016 bis 2018 die zweite Runde. „Der Aufstieg unserer Frauen in die 2. Bundesliga war 2015 eine emotionale Zeit für den Verein", sagt Sandra Hülbert, kommissarische Fußballabteilungsleiterin. Drei Jahre halten sie sich in der zweithöchsten Spielklasse. 2020 belegen sie den ersten Platz in der Regionalliga Nord, könnten wieder in die Bundesliga zurückkehren.

„Das war uns aber zu teuer", sagt Dieter Rautenstengel, seit 2019 Ansprechpartner für den Frauenfußball. „Unsere erfolgreichen Frauenmannschaften haben eine große Strahlkraft für den Nachwuchs, so werden junge Spielerinnen auf uns aufmerksam."

Den SVHU gibt es erst seit 2009. Als Gesamtverein bildet er einen der größten Vereine Schleswig-Holsteins. „Die Vereinigung lief nicht immer unproblematisch", sagt Hülbert. Alte Rivalitäten zwischen den drei Vereinen brechen immer wieder auf. So trennt sich 2018 ein Teil der Fußballsparte wieder und bildet den FC Ulzburg, der seit 2020 eine Spielgemeinschaft mit TuS Alveslohe bildet.

Von den 2009 fusionierten Stammvereinen MTV Henstedt von 1901 und FC Union Ulzburg von 1920 ist der SV Henstedt-Rhen mit seinem Gründungsjahr 1963 das jüngste Mitglied. Und das erfolgreichste. Im März 1982 besucht im Rahmen einer Marketingkampagne sogar Franz Beckenbauer für zwei Trainingsstunden den Verein. Am Rande berichtet er über die Zeit beim FC Bayern München, dem Hamburger SV und Cosmos New York.

Im Ortsteil Rhen entspringt die Alsterquelle, ein Vorgängerverein nennt sich VfR Alsterquelle. Die Band Swutscher hat dem Ortsteil ein Lied gewidmet: „Rhener Romantik nur mit dir/Vielleicht bleibe ich für immer hier." Das gilt aber nicht für die Rhener Fußballplätze am Schäferkampsweg, wo die Frauenmannschaften spielen. Hier werden bald Wohnungen gebaut.

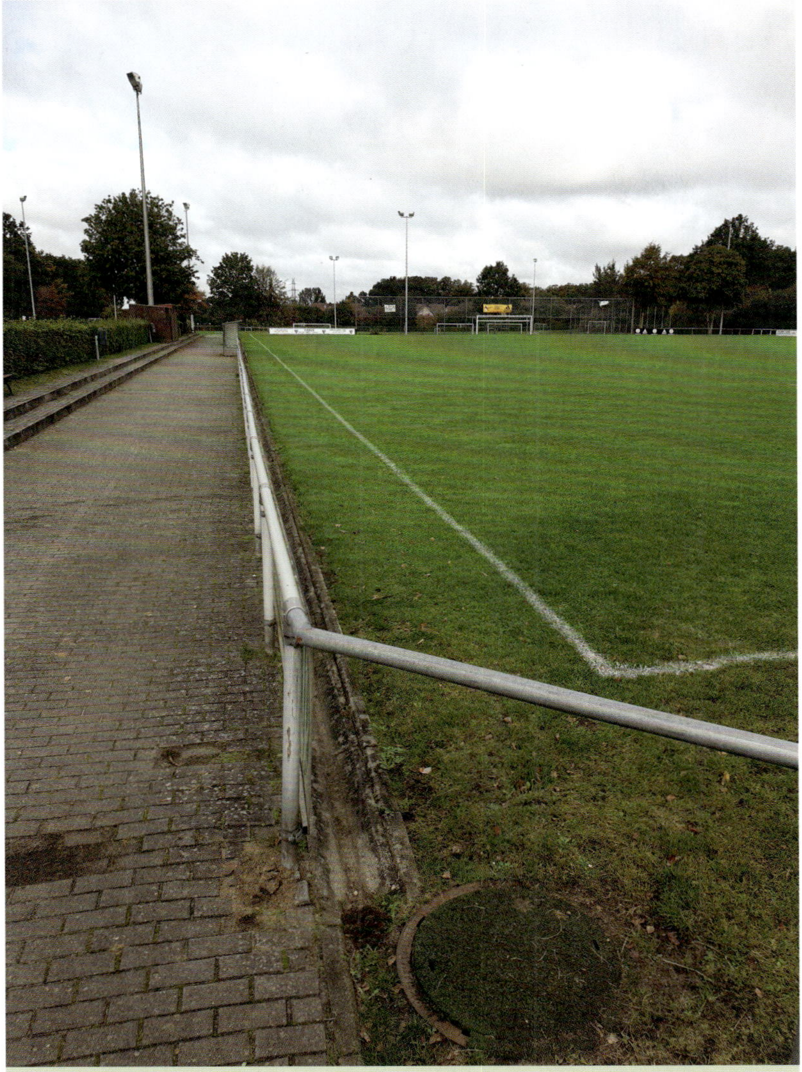

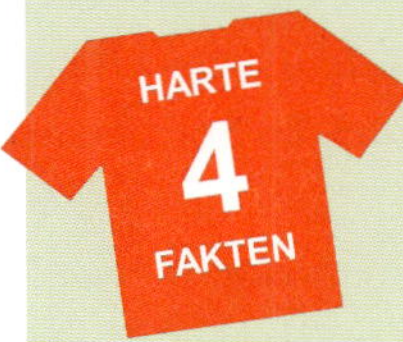

Adresse: Schäferkampsweg 32, 24558 Henstedt-Ulzburg

Verein: SV Henstedt-Ulzburg 2009 (Frauen)

Zuschauerkapazität: 1.500

Bonuswissen: 2005 spielt Angelique Kerber im Henstedter Tennisclub Alsterquelle in der 2. Liga.

Hohenlockstedt 035

Städtische Sportanlage

Die bunte LoLa

„Wir sind kein Kneipenverein – obwohl wir in unserem selbstgebauten Sportheim auch einen Sparclub für unsere älteren Mitglieder haben", stellt Timo Böge gleich mal klar. Böge ist seit 2009 Vorsitzender beim 1948 gegründeten 1. FC LoLa.

LoLa steht nicht für einen feschen Vornamen, sondern für „Lockstedter Lager"; so heißt Hohenlockstedt bis 1956. „Unter anderem ein großes pharmazeutisches Unternehmen aus unserem Ort wollte die Umbenennung", erzählt Böge, „die Anschrift ‚Lager' erschien nicht exportförderlich."

1927 bildet sich die Gemeinde Lockstedter Lager; bereits seit 1872 existiert hier ein Truppenübungsplatz der Preußischen Armee. In der Zeit der Weimarer Republik sammeln sich in der Soldatenstadt auf dem Truppenübungsplatz rechtsextreme Gruppen; das Lager gilt als Keimzelle der schleswig-holsteinischen SA.

Während des Ersten Weltkrieges werden im Lockstedter Lager ab 1915 finnische Kriegsfreiwillige ausgebildet und auf den Unabhängigkeitskrieg gegen Russland vorbereitet, der Kriegsgegner der Deutschen soll so geschwächt werden. „Die hier ausgebildeten rund 2.000 Soldaten haben in der finnischen Armee einen großen Anteil an der Selbständigkeit 1917", sagt Böge.

Regelmäßig besuchen deshalb Hohenlockstedt finnische Delegationen und legen Kränze am finnischen Jägerdenkmal ab. So kommt es auch, dass gegen die finnische „Freundschaftsgemeinde" Lapua gelegentlich Fußball gespielt wird.

„Die finnischen Spieler sind robust und betreiben im Winter Eishockey, das merkt man ihrer Spielweise an", sagt Böge, der in den 1990er-Jahren selbst in der Landesliga defensives Mittelfeld gespielt hat. Von 1991 bis 1996 spielt der LoLa in der Landesliga, der fußballerische Höhepunkt neben der Oberligazeit Mitte der 1950er Jahre. In der Nachkriegszeit beleben das Spiel beim 1. FC LoLa viele oberschlesische Heimatvertriebene.

„Wir sind heute auch dankbar für die Flüchtlinge, die uns weniger Nachwuchssorgen bescheren", sagt Böge. „Aus einer irakischen Familie spielen alle fünf Kinder bei LoLa."

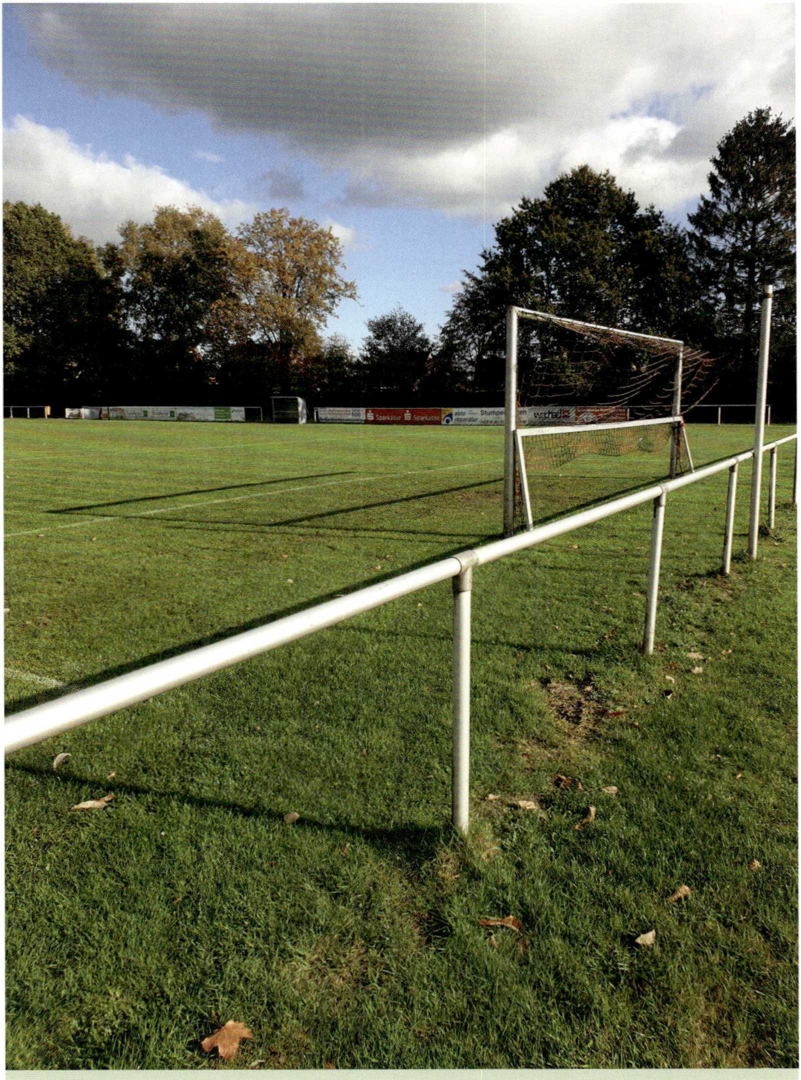

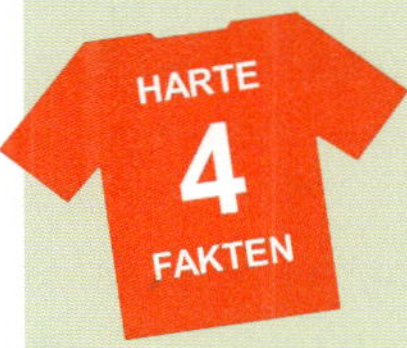

Adresse: Finnische Allee 20, 25551 Hohenlockstedt

Zuschauerkapazität: 800

Verein: 1. FC Lockstedter Lager von 1948

Bonuswissen: Das finnische Denkmal befindet sich direkt gegenüber dem Platz und heißt „jääkärimuistomerkki".

Hoisdorf 036

Sportzentrum Waldstraße

Ruhe nach dem Sturm

Nur München hat Hoisdorf im DFB-Pokal gestoppt. Zunächst besiegt 1988 der SHFV-Pokalsieger und Landesmeister TuS Hoisdorf in der ersten Pokal-Runde RW Oberhausen mit 3:0, dann kommt der FC Bayern München. Der Spielort wird an die Lübecker Lohmühle verlegt.

„Mit 15 Bussen sind unsere Fans nach Lübeck gefahren", sagt TuS-Gründungsmitglied Dorle Krause, Jahrgang 1946. „Hoisdorf war praktisch leer; die Polizei hat hier währenddessen die Zufahrtswege kontrolliert, damit niemand einbricht." Jupp Heynckes' Bayern besiegen Hoisdorf; allerdings nur 4:0.

Ein Jahr später wird im Pokal der FSV Salmrohr 3:1 bezwungen, dann scheitert man auf eigenem Platz wieder gegen Münchener: 1860 München siegt 2:0. Vor 3.600 Zuschauern, bei 3.600 Einwohnern in der Gesamtgemeinde.

Auch im Liga-Alltag produziert Hoisdorf in den folgenden Jahren bundesweite Schlagzeilen. Illustre Spieler werden verpflichtet, Anfang der 1990er kommt Anthony Christian, der Torwart der Fußballnationalmannschaft von Antigua und Barbuda. Peter Nogly führt 1998 Hoisdorf als Trainer zur Vizemeisterschaft der Oberliga Hamburg/Schleswig-Holstein. Fußballhistoriker Hardy Grüne erkennt rückblickend im TuS Hoisdorf den Prototyp für „hochgejazzte Dorfclubs" wie die TSG 1899 Hoffenheim.

„Jetzt erinnert kaum etwas an diese wilde Zeit", sagt Fußball-Spartenleiter Bernd Bertram. Als um die Jahrtausendwende der Sponsor der örtlichen Auto-Dichtungswerke sein Engagement Richtung VfB Lübeck verlegt, wird es ruhig. Am gut gepflegten Rasenplatz verwittern die Steintribünen.

Aber der fehlende Ruhm hat auch Vorteile. „Früher kam kaum ein Spieler der Ersten Herren aus Hoisdorf, jetzt hingegen fast alle", sagt Dorle Krause. „An den Heimspieltagen herrschte hier früher das Chaos, in zahlreichen Einfahrten parkten die Autos." Jetzt wird – ohne Großsponsor – in die Jugendarbeit investiert.

Dafür macht Hoisdorf mittlerweile fußballerisch nur noch überregional Schlagzeilen, wenn Franz Beckenbauer oder Peter Nogly wieder auf dem Platz stehen – auf dem örtlichen Golfplatz.

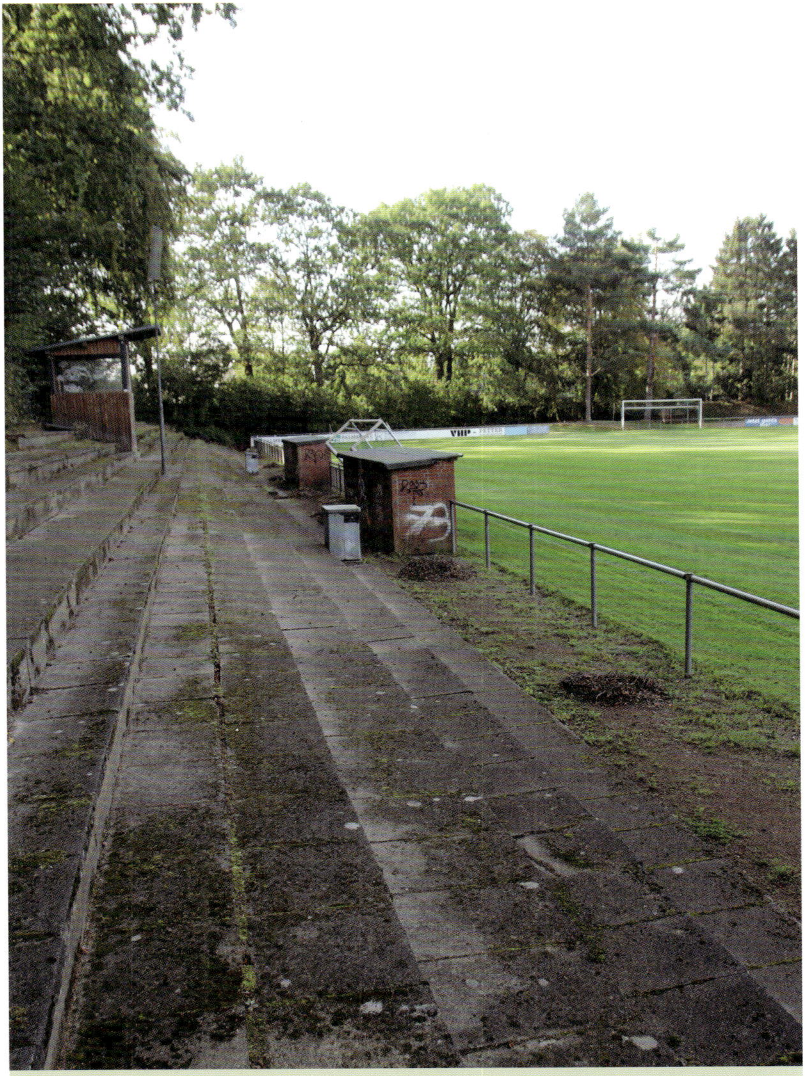

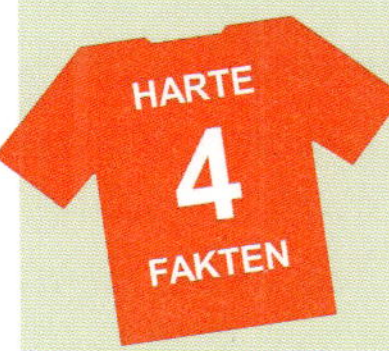

Adresse: Oetjendorfer Landstraße 21, 22955 Hoisdorf

Zuschauerkapazität: 3.600

Verein: TuS Hoisdorf

Bonuswissen: Der Nationaltorwart Anthony Christian kassierte in fünf Spielen zwölf Tore.

Friesenstadion, A-Platz

Zwischen Seepuma und Krabbenbrötchen

„Husumer SV – Die Macht von der Au", der Schlachtruf des gleichnamigen Fanclubs wird ab den frühen Nullerjahren in der gesamten Oberliga Hamburg/Schleswig-Holstein bekannt. Bis 2004 spielt dort die Husumer Sportvereinigung. 2001 gewinnt die Husumer SV die Landesmeisterschaft, der bisher größte Erfolg der jungen Vereinsgeschichte.

Erst seit 1994 gibt es den Husumer SV, ein Zusammenschluss von „Husum 18" und „Frisia Husum". Die beiden Vorgängervereine spielen bis dahin nebeneinander im Friesenstadion. Links vom Eingang Husum 18, rechts Frisia. Mit der Vereinigung entscheidet man sich als A-Platz für den linken, den Husum-18-Platz – und behält 1918 als offizielles Gründungsdatum bei.

„Auch das Erreichen des Landespokalfinales 2018 in unserem Jubiläumsjahr war ein enormer Erfolg", sagt Fabio de Nicolo, kommissarischer Vorsitzender. Gegen Weiche Flensburg verliert Husum im Finale auswärts im Manfred-Werner-Stadion mit 0:3. „Aber rund 500 Husumer Fans kamen mit", so de Nicolo. Mit Trommler, „Forza-Husum"-Transparenten und dem zweiten Fanclub, den friedlichen „Husum Hools".

Im Verein übernimmt de Nicolo verschiedene Funktionen. Der hauptberufliche Lehrer ist Ligamanager, Jugend-Trainer, Schiedsrichter, Marketingentwickler. Da es im Clubheim keinen Pächter gibt, hilft er auch im gastronomischen Bereich aus.

„Wir haben die größte Kinder- und Jugendabteilung in Nordfriesland", sagt de Nicolo. Trotzdem nehmen die Mitgliederzahlen ab. Deshalb wird mit drei anderen umliegenden Vereinen bereits über Kooperationen gesprochen: mit dem benachbarten Rödemisser SV, TSV Rantrum und TSV Hattstedt.

De Nicolos Vorgänger ist Dieter „Schorsch" Schleger, Jahrgang 1944. Schleger schafft es, die Sponsoren zu bewegen, jeweils eine Husumer SV-Mannschaft mit einheitlichen Trikots auszustatten. Von den Herren bis zur G-Jugend tragen mittlerweile alle Husumer die Farben der Schleswig-Holsteinischen Trikolore: rote Stutzen, blaue Hosen und weiße Hemden. So werben auf den Trikots ein örtliches Fischfachgeschäft, „Radklaus", „Döner-Treff am Hafen" oder die „Husumer Krabben Brötchen".

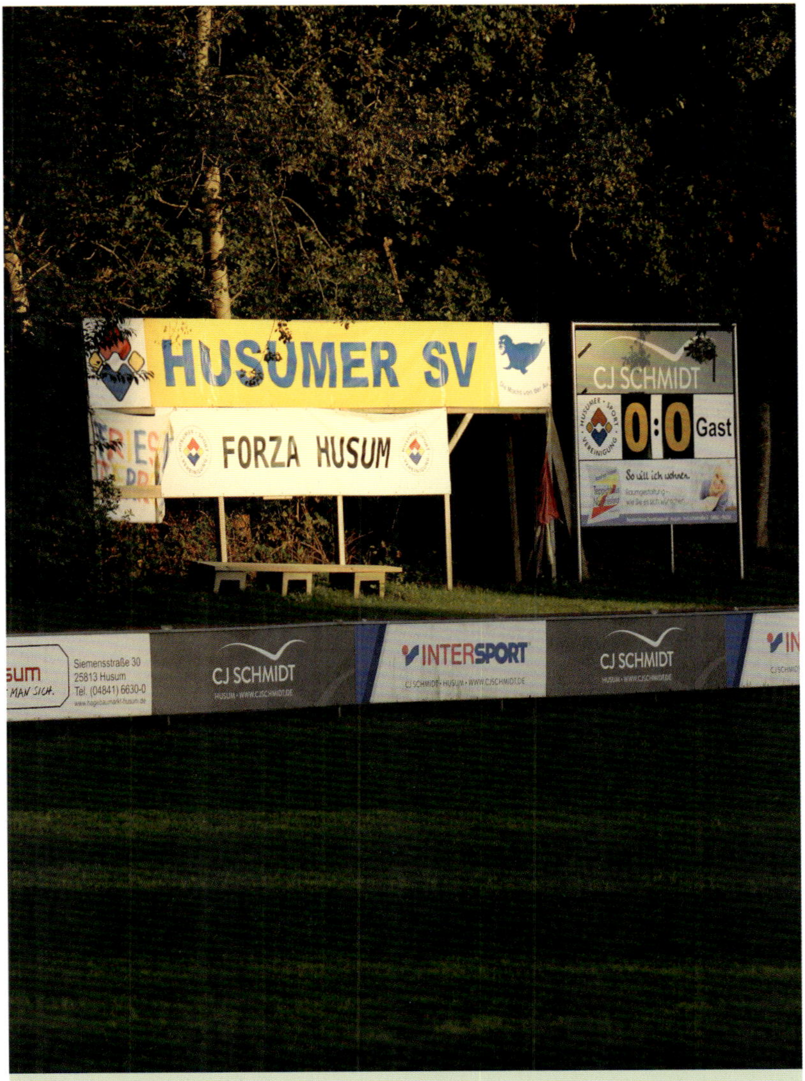

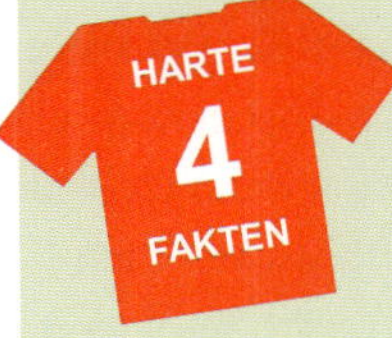

Adresse: Am Hasselberg 30, 25813 Husum (linkes Stadion)

Zuschauerkapazität: 4.500

Verein: Husumer SV, ehemals Husum 18

Bonuswissen: Das Macht-von-der-Au-Maskottchen „Friesi“ ist ein seltenes Tier: ein Seepuma.

Husum

Friesenstadion, B-Platz

Arbeiterunderdogplatz

30.000 Zuschauer bei einem Fußballspiel ist in Schleswig-Holstein eine sensationelle Größe. Husum 18 spielt im Juni 1952 vor dieser Zuschauerkulisse im Kieler Holstein-Stadion sogar um die Landesmeisterschaft – mit der A-Jugend. Na gut, die erstaunliche Zuschauerzahl kommt deshalb zustande, weil nach diesem Spiel das Amateurländerspiel Deutschland gegen die Schweiz ansteht. Husum 18 gewinnt übrigens 6:5 nach Verlängerung gegen TSV Heiligenhafen.

26 Tage nach dem Ende des Ersten Weltkrieges wird der „Husumer Fußballverein von 1918" gegründet. Bereits sieben Jahre später fühlen sich einige „Husum 18"-Spieler benachteiligt und gründen einen eigenen Verein: Frisia Husum. Im östlichen Teil des Husumer Schlossgartens – offiziell „Schloss vor Husum" genannt – wird zunächst gespielt.

„Frisia war im Gegensatz zu Husum 18 eher der Underdog und dem Arbeitermilieu verbunden", sagt der jetzige Husumer SV-Geschäftsführer Björn Gabriel. So tritt 1936 Frisia dem Verband der Eisenbahnsportvereine bei, bevor der Verein gleichschaltungsgemäß verboten und erst nach dem Zweiten Weltkrieg wieder neu belebt wird. 1959 bis 1965 spielt die 1. Herren von Frisia erfolgreicher als der Husum-18-Mutterverein, zeitweise kickt Frisia in der zweitklassigen Amateurliga. 1960 holt Frisia den Landespokal, was Husum 18 nicht vergönnt ist.

„In den Derbys gegen Husum 18 steckte Feuer", sagt Gabriel, Jahrgang 1977. Björn Gabriel spielt vor der Fusion 1994 schon als Achtjähriger bei Frisia, er wird durch seinen bei Frisia spielenden Vater und Frisia-Funktionär Sönke fußballerisch sozialisiert. Eine spielerische Rivalität hält sich auch nach der Fusion.

„Gefrotzelt wird immer noch im Gesamtverein", sagt Gabriel. „Beispielsweise, weil man sich für den direkt angrenzenden Husum-18-Ground als A-Platz nach der Fusion entscheidet." Der B-Platz hat mittlerweile an alter Attraktivität eingebüßt. Die überdachte Zuschauertribüne ist aus Sicherheitsgründen von der Stadt entfernt worden. Lediglich ein paar Stehtraversen zeugen von dem Traditionsort.

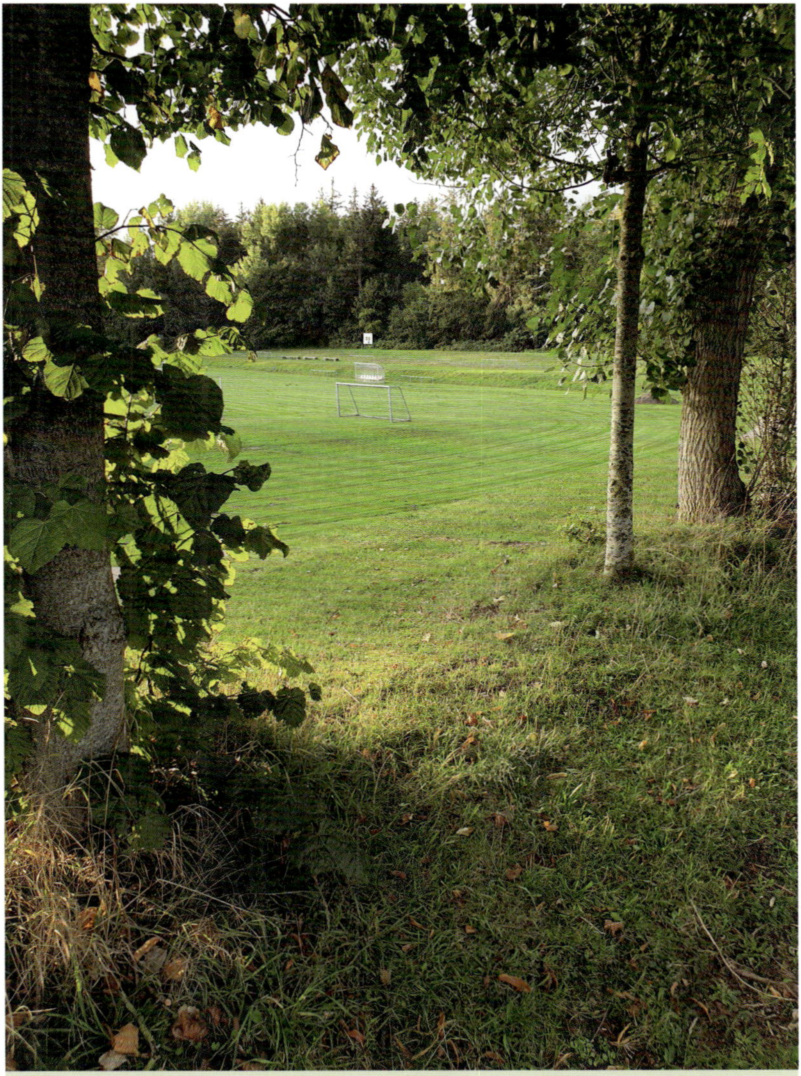

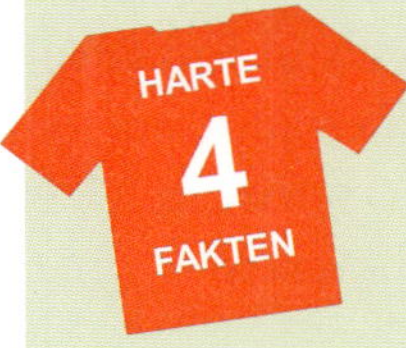

Adresse: Am Hasselberg 32, 25813 Husum (rechtes Stadion)

Zuschauerzahl: 3.000

Vereine: Husumer SV, ehemals Frisia Husum

Bonuswissen: Blau-Gelb ist die Frisia-Farbe. Deshalb hat die Husumer Sportvereinigung im Logo gelbe Quadrate.

Itzehoe 039

Städtisches Stadion

Schleswig-Holsteins Olympiastadion

„Hier haben wir gern gespielt“, sagt Selcuc Kilic, letzter Vorsitzender des mittlerweile aufgelösten Vereins Türkspor. Türkspor Itzehoe hat bis 2017 eine Strahlkraft über den Kreis Steinburg hinaus: Hier lässt der schillernde Mittelstürmer Émerson seine Karriere ausklingen. Der Brasilianer startet in Deutschland Anfang der 1990er-Jahre beim Hamburger SV. Nach 17 weiteren Stationen – unter anderem in Italien, Japan, China, Katar und der Ukraine – landet er in Itzehoe.

„Mittlerweile ist das Stadion ganz schön marode geworden“, sagt Kilic. Neben der großzügigen Tribüne mit den gelben und blauen Plastikschalensitzen sind die unüberdachten Holzbänke teilweise morsch. Einige Holzbankreihen sind gesperrt oder komplett abgebaut. Aber das „Itzehoer Stadion am Brunnenstieg“, auch Städtisches Stadion genannt, ist eine beeindruckende Arena. Gegenüber der Tribüne begrenzt ein Wall mit sechs hohen, erdverfüllten Stufen das Oval, seitlich unterbrochen von einer Art Marathontor.

„Das hat hier schon was von einem schleswig-holsteinischen Olympiastadion“, sagt Gerd Freiwald, Vorsitzender des Sport-Clubs Itzehoe (SCI). Auch am Backstein-Kassenhäuschen dekorieren – allerdings etwas auseinandergezogen – olympische Ringe den Stadion-Schriftzug. Dieses Flair veranlasst 2008 ein Kamerateam dazu, Nachtaufnahmen für den Kinofilm „Berlin 36“ über die jüdische Hochspringerin Gretel Bergmann im Stadion zu drehen.

Zu kreischender Euphorie führt in den Folgejahren kein fußballerisches Ereignis. „Dafür trat hier die Band Tokio Hotel auf, als einziges Tour-Konzert 2006 in Schleswig-Holstein“, sagt Bernd Krohn, SCI-Fußball-Abteilungsleiter. Skurril ist, dass der FC Sylt 2012 hier seine letzten Heimspiele ausgetragen hat, 135 Kilometer Luftlinie von Wenningstedt entfernt.

Erst seit 2015 gibt es die Fußballabteilung vom SCI. Stolz ist Krohn auf den Kunstrasen, der Anfang 2019 eingeweiht wurde. Bei einem Sommercamp 2019 trainieren 48 Jugendmannschaften. Krohn ist zufrieden: „Wir wollen Itzehoe fußballerisch wieder überregional bekannt machen.“

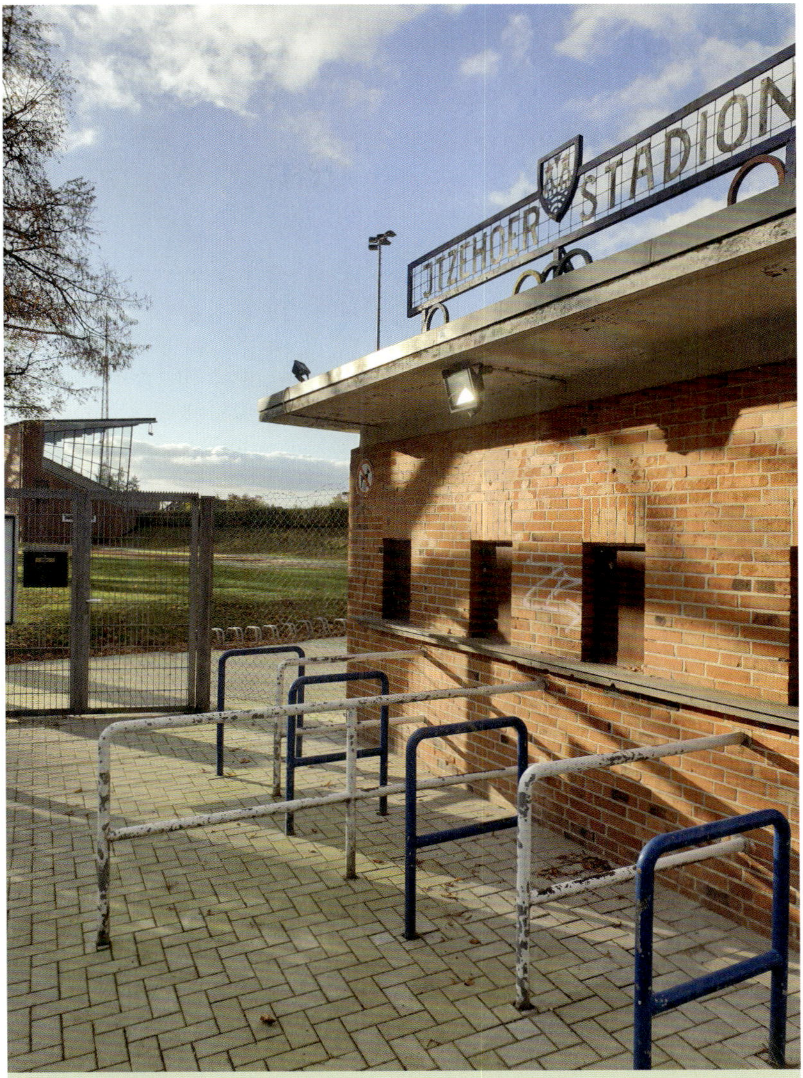

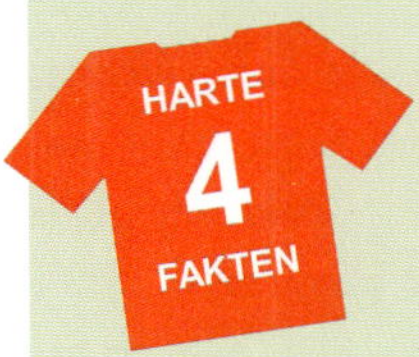

Adresse: Brunnenstieg, 25524 Itzehoe

Zuschauer: 12.000, 800 überdacht

Verein: SV Itzehoe, zuvor auch Türkspor Itzehoe

Bonuswissen: Itzehoe wird von der Hamburger Hip-Hop-Band Beginner in ihrem Hit „Ahnma“ von 2016 erwähnt.

Stadion am Lehmwohld

Bedrohtes Traditionsidyll

9.000 Zuschauer im Lehmwohld-Stadion! Am 5. November 1950 empfängt der Itzehoer SV (ISV) den Hamburger SV, noch in der gleichen Saison folgt unter anderem Werder Bremen in der damals höchsten Spielklasse.

Auch wenn die Station „Oberliga Nord" nur eine Saison lang währt, der ISV hat gerade seine Blütezeit. Nach dem Zweiten Weltkrieg kommen vor allem aus Ostpreußen bekannte Fußballer. Sieben Spieler – unter anderem der spätere Bundesliga-Coach Kurt Baluses – machen sich bis zur Flucht 1945 beim Ostpreußengauligarekordmeister VfB Königsberg einen Namen.

„Auch ohne die Königsberger haben wir später aber mehrfach an die Tür zur Oberliga geklopft", sagt Jürgen Jürgensen, jahrzehntelang im ISV-Vorstand. „Wir zählen als achtmalige Landesmeister und viermalige Landespokalsieger stets zu den Spitzenclubs im hohen Norden."

Vor Einführung der 2. Bundesliga gehört der ISV in den 1960/70er-Jahren auch der Regionalliga Nord an, damals zweithöchste Spielklasse. 1976 hält man in der ersten DFB-Pokalrunde vor 8.000 Zuschauern fast 40 Minuten lang ein 0:0 gegen das Weisweiler-Spitzenteam vom 1. FC Köln um Weltmeister Wolfgang Overath (Endstand 0:7).

Erste Finanzsorgen zeigen sich Anfang der 1980er-Jahre. Der ISV verliert mit der Schließung der Druckerei Gruner + Jahr einen wichtigen Sponsor. Vergeblich ist auch der kurzzeitige Versuch, durch Verkauf des Stadionnamens die Vereinskasse aufzubessern.

Ab 2010 ist der ISV in Fusion mit Türkspor Itzehoe als FC Itzehoe für ein paar Jahre auf Aufstiegskurs. „Man hatte aber übersehen, dass eine Spielgemeinschaft nicht aufsteigen durfte", sagt Jürgensen. 2018 folgt die ISV-Insolvenz. Im gleichen Jahr gründet sich der Nachfolgeverein „Itzehoer SV 2.0". „Wir wollen weiterhin im Lehmwohld-Stadion spielen", sagt deren Vorsitzender Uwe Heilenkötter. Aber der städtische Pachtvertrag läuft 2024 aus. „Wir argumentieren auch mit dem Denkmalschutz", sagt Heilenkötter. „Das reine Fußballstadion ist wirklich ein Schmuckstück", sagt Jürgensen. „Aber gegen den Bedarf der Stadt an Baugrundstücken dürfte es kaum Chancen für den Erhalt geben."

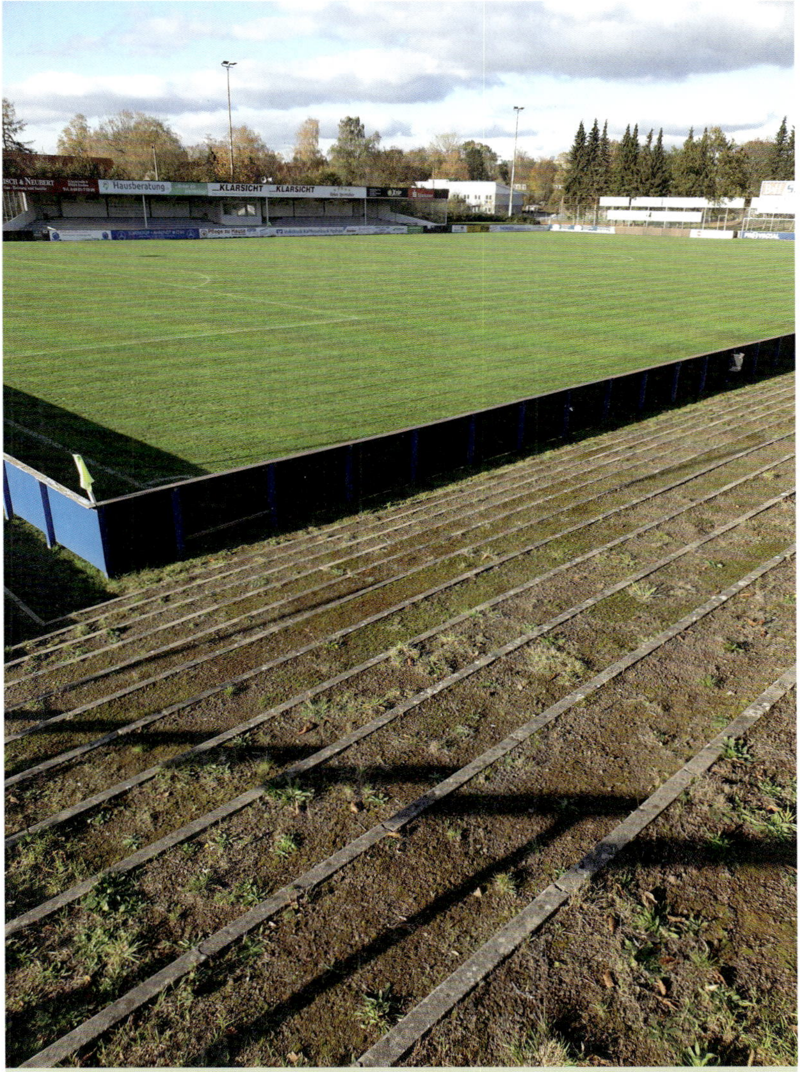

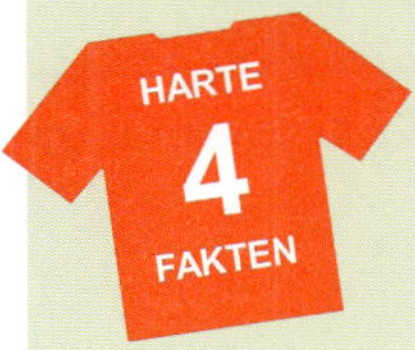

Adresse: Lehmwohldstr. 21, 25524 Itzehoe

Zuschauerkapazität: 12.000

Verein: ISV 2.0, zuvor: Itzehoer SV 09

Bonuswissen: Das Stadion existiert seit 1932, die Tribüne wird 1975 erbaut.

Kappeln 041

Sportplatz Hindenburgstraße

Dornen mit Chancen

Den größten Erfolg der Fußballvereinsgeschichte erleben rund 1.300 Zuschauer 300 Autokilometer südlich der Schlei-Region: Im traditionsreichen Stadion am Bischofsholer Damm tritt der TSV Kappeln gegen Arminia Hannover im DFB-Pokal an. Der TSV Kappeln verliert am 30. August 1981 mit 1:6. Zur Ehrenrettung: Viele Gegenspieler gehen später zu Hannover 96 und steigen 1985 in die Erste Bundesliga auf.

Kappeln liegt in malerischer Umgebung. Von 1986 bis 2012 werden hier Außenaufnahmen für die ZDF-Vorabendserie „Der Landarzt" gedreht. Der ebenfalls beschauliche Platz in Altstadtnähe liegt eingerahmt zwischen dem Backsteingebäude der Gemeinschaftsschule mit dem markanten Uhrenturm und der Bundestraße 199.

„Die Straße ist für uns wie ein Schaufenster", sagt TSV-Fußballobmann Michael Chmielnik, „oft werden wir nach den Spielen angesprochen". Aber es ist fußballerisch in Kappeln etwas ruhiger geworden. Das Vereinsheim öffnet mittlerweile nur unregelmäßig, Sitzplätze sind nicht mehr vorhanden.

„Bis in die 1990er-Jahre hatten wir hier noch Tribünen", sagt Chmielnik und zeigt auf die bewachsene dornige Böschung der Südseite. Die Stadt hat die Tribünen abgebaut. 1988 bis 1991 spielt der TSV in der Verbandsliga. „Bis zu 800 Zuschauer hatten wir hier, das ist heutzutage auch durch die Profikonkurrenz undenkbar", sagt Chmielnik.

Auf dem Hindenburgsportplatz findet in den späten Nullerjahren drei Mal der „Nordcup" statt, ein Jugendfußballturnier. 2009 kommen Jugendmannschaften unter anderem von Borussia Mönchengladbach, Arminia Bielefeld, Tennis Borussia Berlin, Holstein Kiel oder vom HSV.

2005 bildet der Verein zwischenzeitlich eine Spielgemeinschaft mit SV Kopperby. Seit 2009 spielt Kappeln als „Fußballspielgemeinschaft Ostseeküste", die erste Herrenmannschaft kickt seit 2019 bei Punktspielen vor allem in Gelting.

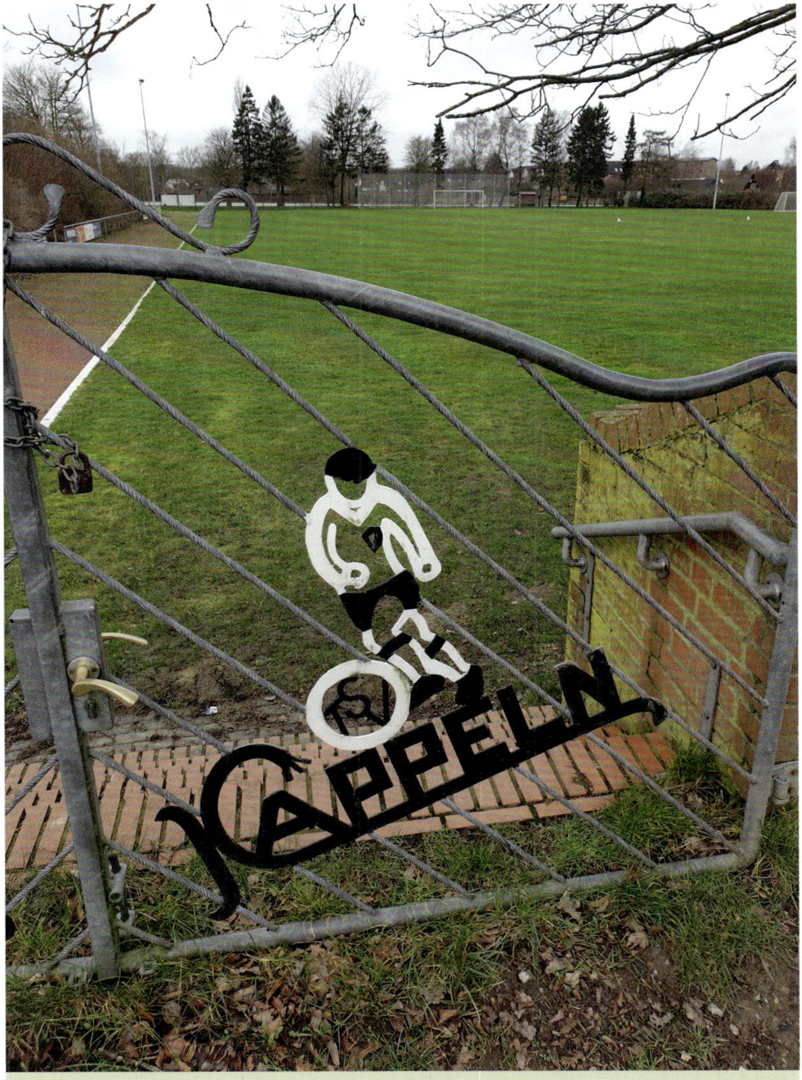

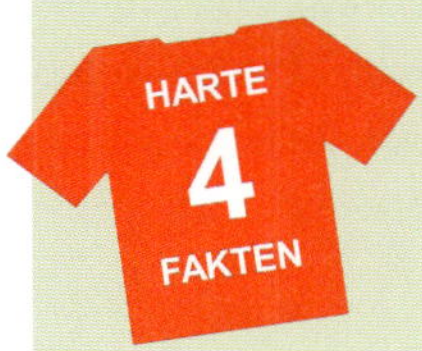

Adresse: Hindenburgstraße 3, 24376 Kappeln

Verein: TSV Kappeln/FSG Ostseeküste

Zuschauerkapazität: 1.000

Bonuswissen: „Landarzt gegen Fußball“ heißt es 2012, als das ZDF während der EM zeitgleich die Serie zeigt.

Arbeitsgericht

Kleine Klatsche

Als Spieler: dreimaliger DDR-Meister, nach seiner Flucht 1988 mit Bayer Leverkusen UEFA-Cup-Sieger, 1993 und 1994 Türkischer Meister mit Galatasaray. Als Trainer: zehn Jahre bei Hertha BSC und 1860 München. Es ist eine Überraschung, als Götz Ende 2008 als Trainer mit einem Fünf-Jahres-Vertrag zum viertklassigen Holstein Kiel wechselt.

Die Überraschung wird zum kalkulierten Erfolg: Holstein Kiel wird in der Saison 2008/2009 Regionalligameister und steigt in die 3. Liga auf. Doch in der 3. Liga ist für Falko Götz bereits im September 2009 Schluss: Er wird fristlos entlassen. Ohne Abmahnung und ohne Abfindung. Der Grund: Nach einer Niederlage gegen Eintracht Braunschweig am dritten Spieltag soll der Trainer dem Spieler Marco Stier mit der Hand gegen die Stirn geschlagen haben. Allerdings hat das Spiel sechs Wochen zuvor stattgefunden.

Falko Götz klagt gegen die Kündigung; 16 Monate später wird dieser Fall beim Arbeitsgericht Kiel in Saal 15 verhandelt. „Herr Götz hat mich angeschrien: ‚Du mit deinem Egoismus, muss man dir das erst aus deinem Schädel hämmern?‘ Dann hat er mir drei Mal ganz doll gegen die Stirn geschlagen“, behauptet Marco Stier. „Ein Klaps“, entgegnet Götz. Fünf weitere Holstein-Spieler stützen den Vorwurf von Marco Stier, ihre Sätze wirken allerdings „wie vor dem Spiegel einstudiert“, so die FAZ. Doch Richterin Sabine Göldner-Dahmke verkündet: „Die Tätlichkeit besitzt die Qualität einer Körperverletzung. Es kann nicht sein, dass ein Vorgesetzter, ein Fußball-Lehrer, solch ein Fehlverhalten an den Tag legt.“ Götz’ Klage wird abgewiesen.

Im September 2010 kommt es im Landesarbeitsgericht zur zweiten Instanz. Jetzt muss sich der Spieler Stier Kritik der Richterin Sylke Otten-Ewer gefallen lassen. „Stier hatte keine Verletzung, er war nicht krank, nicht beim Arzt, er trainierte am nächsten Tag und beschwerte sich nicht“. Ein Schlagen mit dem Handballen gegen die Stirn könne nicht „wie eine Ohrfeige gewertet“ werden, sondern auch „als Geste des Nachdruckverleihens“. Es kommt zu einem Vergleich.

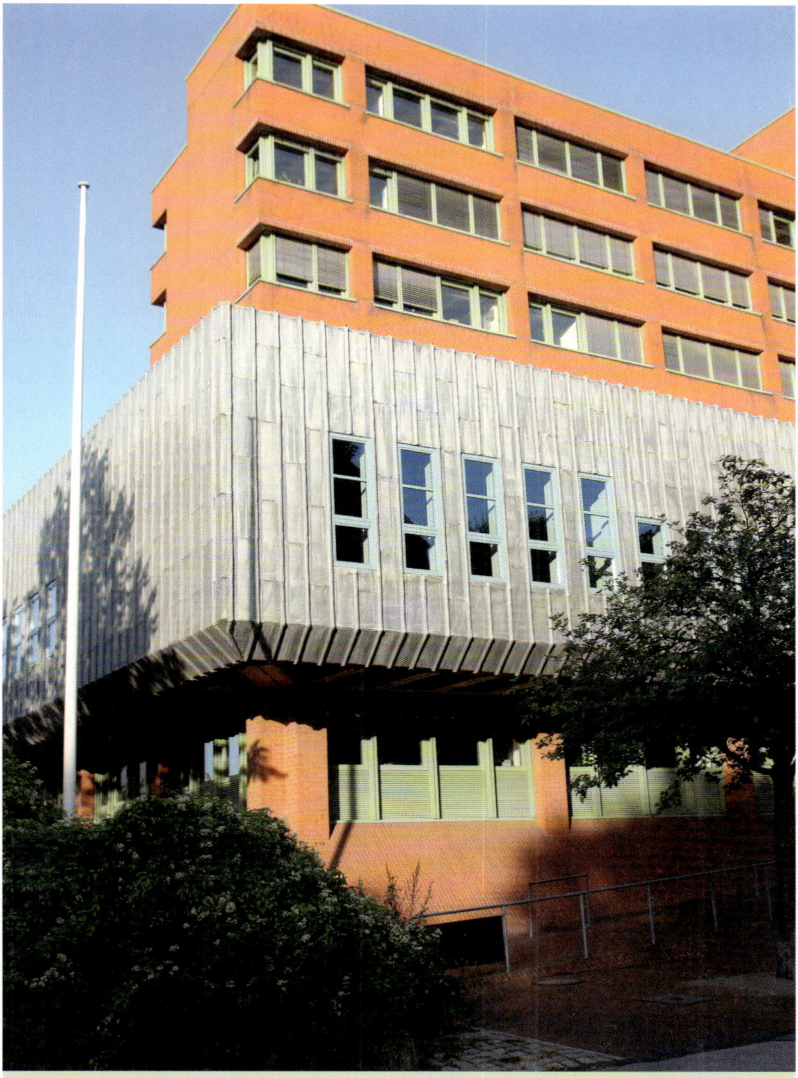

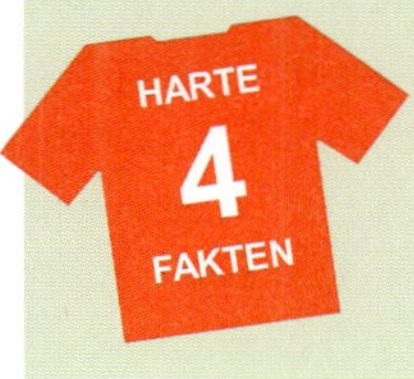

Adresse: Deliusstraße 22, 24114 Kiel

Institutionen: Arbeitsgericht Kiel, Landesarbeitsgericht

Bonuswissen I: Co-Trainer Andreas Thom bleibt bis zum Saisonende 2010.

Bonuswissen II: Nach Holstein Kiel wird Götz Nationaltrainer von Vietnam

Baukampfbahn

Schlachtgeschichtensportplatz

„Das ist die schönste Sportanlage Kiels“, sagt Dieter Bünning. Der Ehrenvorsitzende der Turn- und Sportvereinigung 1875 Gaarden zeigt auf die Baukampfbahn. „Der martialische Name unseres Platzes stammt von einer Schlacht in Dänemark“, erklärt Bünning. 1848, lange vor dem Dänisch-Deutschen Krieg, kommt es in der ehemaligen nordschleswigschen Kommune Bov – im Deutschen „Bau“ – zu Auseinandersetzungen. An der Erhebung beteiligt sind Turner aus Kiel.

Die heutige Baukampfbahn ist allerdings schon die dritte Version. 1932, am Ende der Weimarer Republik, schließen sich viele junge Sportbegeisterte vom Kieler Ostufer zusammen, um in einem selbst organisierten Arbeitsdienst einen Sportplatz zu erschaffen. „Das Gelände wurde zuvor ‚Gaardener Schietbarg‘ genannt“, erklärt Dieter Bünning. „Eine ehemalige Eisengießerei hatte hier ihren Schuttabladeplatz.“ Die Schutthalden und Schlackeablagerungen werden entfernt; nach einem Jahr wird die Baukampfbahn eröffnet.

Die zweite Baukampfbahn entsteht nach dem Zweiten Weltkrieg. Der Platz ist von Bombentreffern stark beschädigt; erneut helfen Freiwillige beim Wiederaufbau. 1948 wird der Platz eröffnet, allerdings nur für 15 Jahre. „Die Straße des Ostrings sollte 1963 mitten durch unseren Platz führen“, sagt Bünning. Und so wird der Platz um 60 Meter verlegt und erhält damit den heutigen Standort.

1972 fusionieren der traditionsreiche Fußballverein FSV Borussia – der Verein gehört in den 1920ern zu den Spitzenmannschaften Schleswig-Holsteins – und der TSV zum heutigen TuS Gaarden. „1972 hatten wir eine der stärksten Fußballabteilungen Kiels“, sagt Bünning. „Von der Landesliga bis zu den Jugendmannschaften“. Gerade die Nachwuchsförderung spielt eine große Rolle. So bekommt der Verein Ende der 1990er Jahre eine Ausbildungsentschädigung, als der gebürtige Potsdamer Patrick Ebert zu Hertha BSC wechselt. Eberts erster Verein ist TuS Gaarden gewesen.

Humor beweist der TuS Gaarden auf seiner Homepage, wo die Baukampfbahn ironisch als „Gaarden Arena“ bezeichnet wird. Die „Haupttribüne“ zeigt dort – über einigen Stehtraversen – vereinzelte Parkbänke.

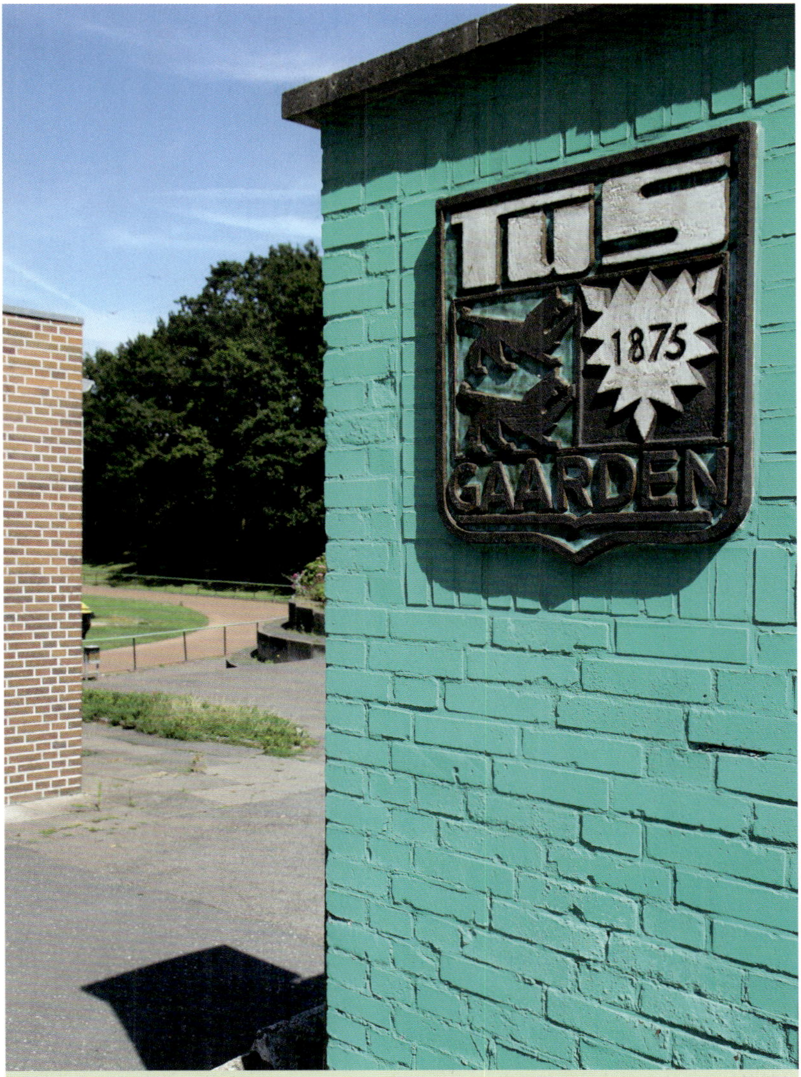

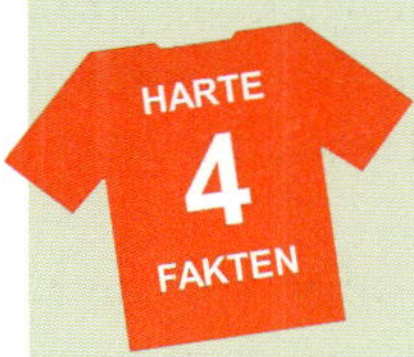

Adresse: Röntgenstraße 5, 24143 Kiel

Zuschauerkapazität: 5.000

Verein: TuS Gaarden

Bonuswissen: Patrick Ebert, in Spanien Ebi genannt, spielt auch beim Kieler Verein TSV Russee.

Blaschkeplatz

Der den DFB an die Förde brachte

„Ich wollte die Verdienste meines Großvaters würdigen", sagt Peter Blaschke. Der Enkel von Georg P. Blaschke recherchiert für sein Buch „Georg Blaschke – Pionier des Fußballs" ein Jahr lang, auch beim DFB in Frankfurt. „Sein Leben und Wirken ist vielen gar nicht mehr bekannt", sagt Peter Blaschke, der mittlerweile in Bonn lebt. „Schade, dass nur noch der schöne Blaschkeplatz an ihn erinnert."

Schön gelegen ist der Platz. Als Ende des 19. Jahrhunderts das Ostufer von Werften geprägt wird, entsteht 1899 mit dem Werftpark ein Naherholungsgebiet für die Arbeiter. An der Südwestseite des Werftparks entsteht ein Jugendspielplatz, der Anfang der 1920er-Jahre Traversen, eine Laufbahn und Umkleideräume erhält. 1928 dann die Umbenennung in Blaschkeplatz, benannt nach dem in Schlesien geborenen Fußballfunktionär Georg Blaschke. Blaschke gründet ganz viel: 1900 den „1. Kieler Fußballverein" – der dann 1917 mit Holstein fusioniert –, 1903 den „Verband Kieler Ballspiel-Vereine" und 1905 mit 43 anderen norddeutschen Vereinen den „Norddeutschen Fußball-Verband". 1910 wird Blaschke beim Bundestag des DFB in Köln zum ersten Schriftführer gewählt. Mitten im Ersten Weltkrieg wird die Geschäftsstelle des DFB von Dortmund nach Kiel verlegt, Blaschke übernimmt den geschäftsführenden Vorsitz. Er setzt sich für die gesellschaftliche Anerkennung des Fußballs ein und fördert die Nachwuchsarbeit. Als der Blaschkeplatz 1928 eingeweiht wird, ist er bereits krank; die Geschäftsstelle des DFB wird nach Berlin verlegt. Am 5. Mai 1929 stirbt Blaschke im Alter von 53 Jahren.

Nach dem Zweiten Weltkrieg erhält der Platz den markanten Schriftzug auf dem Tor. „Neben Kilia ist das wohl das letzte alte Eingangstor in Kiel", sagt Klaus Blaschke, der ältere – 1937 geborene – Enkel. 2002 ermöglicht unter anderem die Familie Blaschke durch eine großzügige Spende die Erneuerung des altersschwachen Schriftzuges.

FSV Borussia, TuS Gaarden, seit 1999 1. FC Afefa und ab 2007 Inter Türkspor Kiel spielen hier. Momentan finden auf dem Blaschkeplatz aber selten Spiele statt; der 1. FC Afefa löst sich 2009 auf.

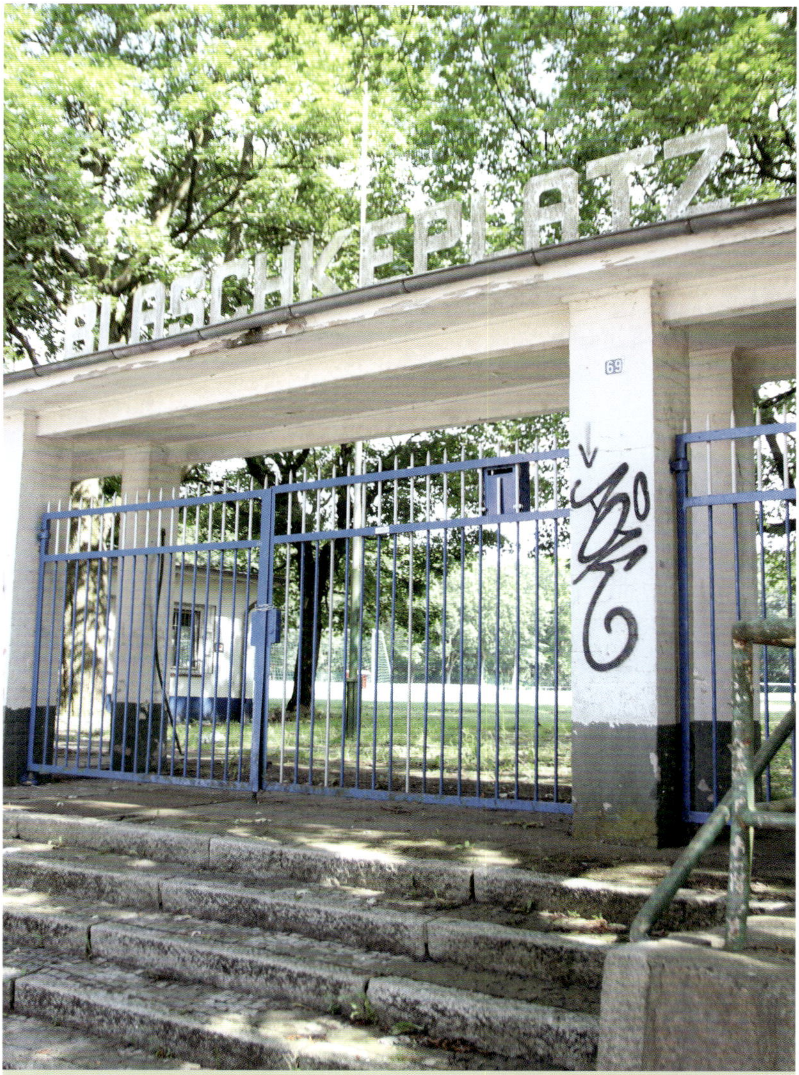

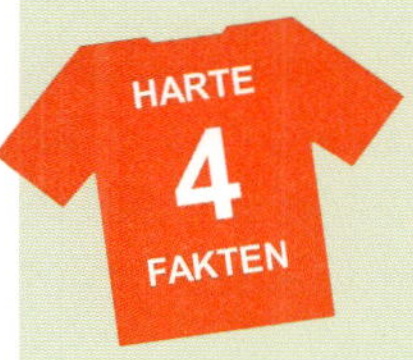

Adresse: Norddeutsche Straße 67, 24143 Kiel

Umbenennung: 1928

Zuschauerkapazität: 2.000

Bonuswissen: Ostern 1945 wurden hier vor Kriegsende die letzten Kieler Punktspiele ausgetragen.

Sportanlage Friedrichsort

Per Dampfer zum Heimspiel

„Auf, ihr Männer vom Leuchtturm", skandieren die Fans. Der alte Friedrichsorter Leuchtturm im Norden Kiels findet auch im gedruckten Wappen des SV Friedrichsort (SVF) einen zentralen Platz. „Das Leuchtturmmotiv ist identitätsstiftend", sagt Torben Knuth, seit 2018 SVF-Fußballabteilungsleiter. Bei Derbyspielen gegen TuS Holtenau singen die Leuchtturmwärter-Fans gegen die dortigen „Schleusenwärter" vom Nord-Ostsee-Kanal an.

„Viele von uns sind lebenslang mit Friedrichsort verbunden", sagt Knuth, der Ende der 1990er bei den 1. Herren gespielt hat. „Die Mannschaften wachsen bei uns aus der Jugend hoch; das macht unseren Zusammenhalt aus." Das zeigt sich auch ab März 2020 während des Corona-Lockdowns. Der Verein bietet eine Hotline für ältere Friedrichsorter an, organisiert Einkäufe. Timo Zeidler, seit 2011 Trainer der 1. Herren, betont: „Nördlich des Kanals haben wir dörfliche Strukturen."

Und eine erfolgreiche Vergangenheit. 1958 und 1959 wird SV Friedrichsort Landespokalsieger. Anfang der 1960er wird mehrmals die Aufstiegsrunde zur erstklassigen Oberliga Nord erreicht. Da die Kapazität am damaligen Platz Hohenleuchte zu gering und der Fördeplatz noch nicht eröffnet ist, sucht der SVF für die Heimspiele ein Ausweichquartier. Das Holstein-Stadion des Rivalen kommt nicht in Frage, auch weil die Zahl der Sonderbusse begrenzt ist. Also wählt man das naheliegendste Verkehrsmittel – und organisiert Dampferfahrten bis zum Anleger am Kieler Hauptbahnhof. Von dort fahren Straßenbahnen zur Waldwiese. Die Eintrittskarte zum Fußballspiel deckt die Dampfer- und Straßenbahnfahrt mit ab, die Kosten trägt der SVF. Bis zu 10.000 Zuschauer sollen die Spiele auf der Waldwiese gegen Holstein Kiel gesehen haben.

Mitte der 1960er hält sich Friedrichsort drei Jahre in der neu geschaffenen zweitklassigen Regionalliga Nord, Ende der 1960er wird der SVF mehrmaliger Ligameister. „Im Vereinsheim gibt es nur wenige Bilder von unserer ruhmreichen Vergangenheit", sagt Knuth – dafür aber weiterhin Derbyfahrten per Dampfer: auf die östliche Fördeseite zum VfR Laboe.

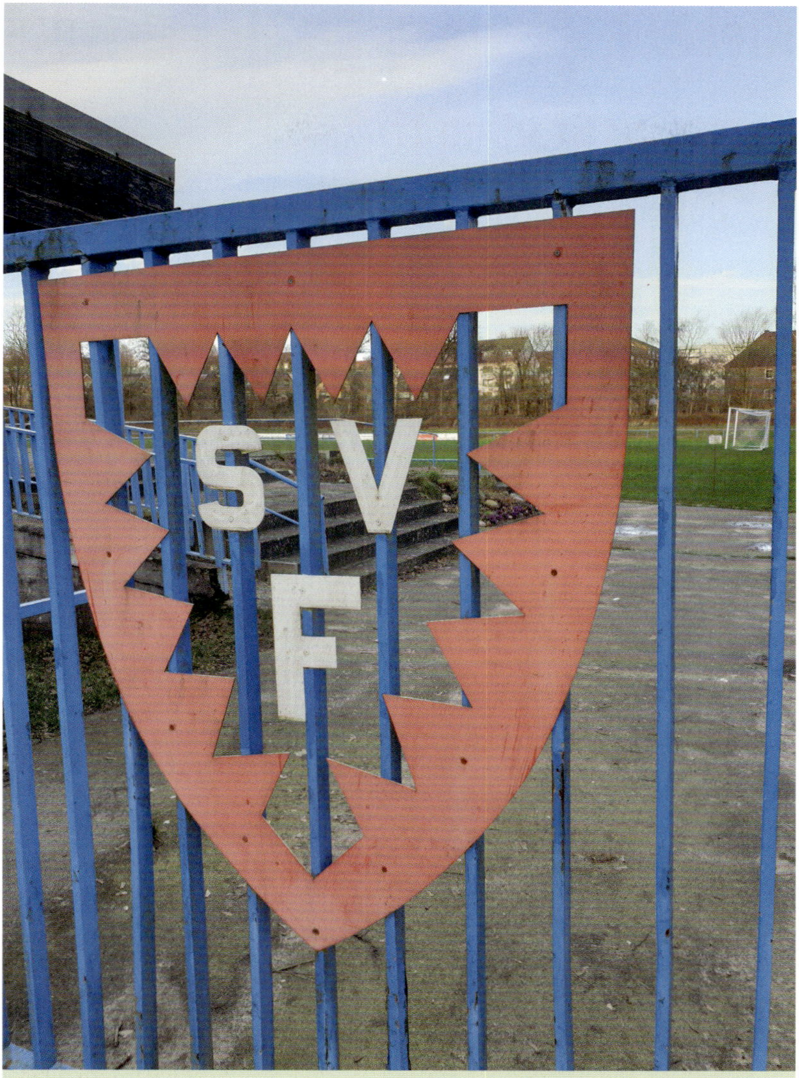

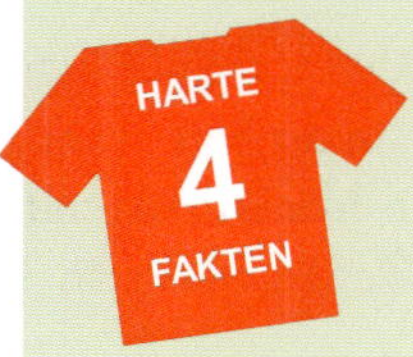

Adresse: Harald-Lindenau-Weg 99, 24159 Kiel-Friedrichsort

Zuschauerkapazität: 2.500

Verein: SV Friedrichsort von 1890

Bonuswissen: 1964 gibt es die Sparte Wasserski.

Kiel 046

Holstein-Stadion I

Das Leben ist eine Baustelle

2019 ist sie fertig, die Osttribüne. Weiße Schalen heben sich von blauen Sitzen ab und bilden die Buchstaben K, S und V – getrennt durch rot gehaltene Aufgänge. Die Vereinsfarben der Kieler Sportvereinigung Holstein zieren stolz den Oberrang der neuen Tribüne. Ewig stehen wird das Schmuckstück aber nicht, die Stahlkonstruktion ist ein Provisorium.

Eigentlich sollte die Tribüne längst aus Beton festgegossen sein. Zwei Mal hat die Stadt Kiel zuvor nach einem Generalunternehmer gesucht; ihr gehört das Stadion und der Bau wird daher mit öffentlichen Mitteln gefördert. Selbst eine europaweite Ausschreibung ist vergeblich gewesen und so entschließt sich der Verein zu der provisorischen Osttribünenlösung.

Dass das Holstein-Stadion auch künftig eine Baustelle sein wird, steht in guter Stadiontradition: Im Oktober 1911 wird der Platz mit einer ersten Holztribüne eröffnet. Somit zählt das Holstein-Stadion – laut Fußballhistoriker Werner Skrentny – zu den 15 ältesten deutschen Bundesliga-Stadien. Bereits zehn Jahre später zerstört ein Sturm die Tribüne. 1922 wird eine neue Tribüne mit 420 Sitzplätzen errichtet. Stehplatztraversen, eine Platzwärterwohnung und Umkleideräume folgen trotz inflationsbedingter Krisenzeit.

Im Zweiten Weltkrieg wird das Stadion durch Bombentreffer stark beschädigt. Erst 1950 wird die Haupttribüne eingeweiht, 1965 dann das Stadion vom Holstein-Platz in Holstein-Stadion offiziell umbenannt. In den 1970er-Jahren wird das Stadion aus ökonomischen Gründen an die Stadt verkauft; Bauschäden in der Folgezeit werden nicht sofort behoben. Von den ehemals rund 20.000 möglichen Zuschauern werden die Kapazitäten aus Sicherheitsgründen massiv reduziert. Nach drohendem Lizenzentzug für das Stadion werden dann – unter Landes- und Stadtbeteiligung – ab 2006 umfangreiche Sanierungsmaßnahmen gestartet.

2020 haben nach der Osttribünenerweiterung immerhin rund 15.000 Zuschauer Platz. Langfristige Planungen sehen eine Erweiterung auf 25.000 Plätze vor – zum dann größten Fußballstadion Schleswig-Holsteins.

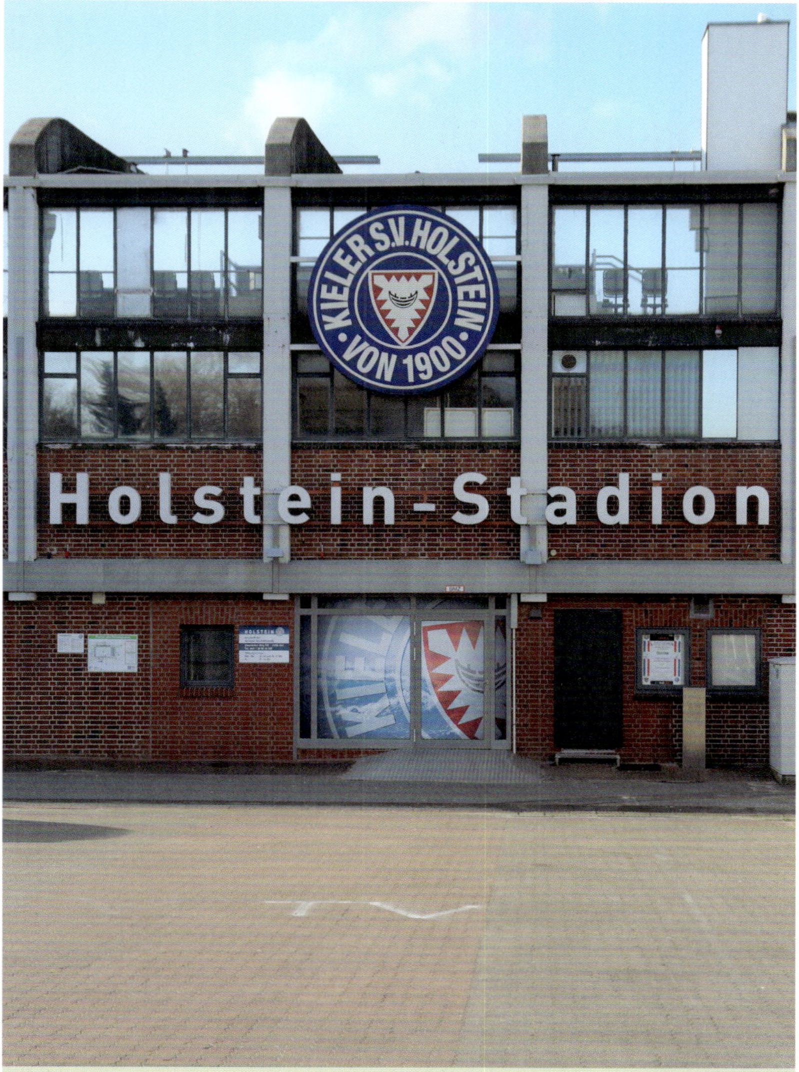

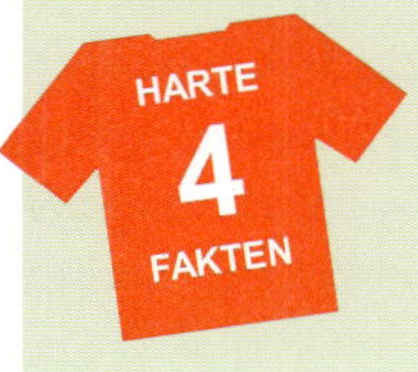

Adresse: Westring 501, 24106 Kiel

Zuschauerkapazität: 15.034

Verein: Holstein Kiel

Bonuswissen: Auch die Anschrift änderte sich oft: Irenestraße, Projensdorfer, Am Mühlenweg.

Holstein-Stadion II

Das Nest der Störche

Warum Störche? Weiße Hosen, rote Stutzen, dazu in der Anfangszeit weiße statt später blauer Trikots – das kann schon an einen langbeinigen Vogel erinnern. Sprecher der KSV verweisen dagegen auf das ehemalige Vereinsheim in Stadionnähe, wo sich die Spieler umgezogen haben: das damalige „Storchennest".

Überflieger ist Holstein Kiel auf jeden Fall; vom 1902 gegründeten Schülerverein zur norddeutschen Spitzenmannschaft in wenigen Jahren. Genauer: Bis zur Deutschen Vizemeisterschaft in acht – bis zur Deutschen Meisterschaft in zehn Jahren. Holstein Kiel ist somit 1912 der erste Deutsche Meister des Nordens. Zum Vergleich: Dem HSV gelingt dies 1923, Hannover 96 feiert 1938 und Werder Bremen erst 1965 die erste Deutsche Meisterschaft.

1917 entsteht die Kieler Sportvereinigung Holstein: Holstein nimmt den KFV auf und übernimmt fortan dessen Gründungsdatum „1900" im Vereinslogo. 1930 verliert Holstein Kiel in dem torreichsten Endspiel um die Deutsche Meisterschaft mit 4:5 gegen Hertha BSC. Mit Kriegsbeginn 1939 kommen viele neue Spieler durch den Marinehafen nach Kiel. Unter anderem der spätere Weltmeister Ottmar Walter. Mit Walter zusammen besiegen die Störche 1943 vor 18.000 Zuschauern auf dem Holstein-Platz den damaligen Serienmeister Schalke 04 und gewinnen später den 3. Platz im Spiel gegen First Vienna FC.

Nach der gescheiterten Qualifikation für die Bundesliga spielt Holstein Kiel von 1963 bis 1974 in der zweitklassigen Regionalliga Nord. 1965 scheitert man dort als Nordmeister in der Aufstiegsrunde an Borussia Mönchengladbach.

Auch in die Viertklassigkeit sackt der Verein fortan gelegentlich ab. In der 2. Bundesliga Nord spielt die KSV 1978 bis 1981 und in der eingleisigen 2. Bundeliga dann seit 2017. 2018 verpasst man in der Relegation den Sprung in die 1. Bundesliga, als erster Verein aus Schleswig-Holstein. Das heutige Storchennest ist eine Kinderbetreuungsstelle. Hier kann man Menschen im Alter von 3 bis 8 Jahren während eines Spiels abgeben. Allerdings ist das Storchennest bei Abendspielen geschlossen. Logisch: Störche sind tagaktive Tiere.

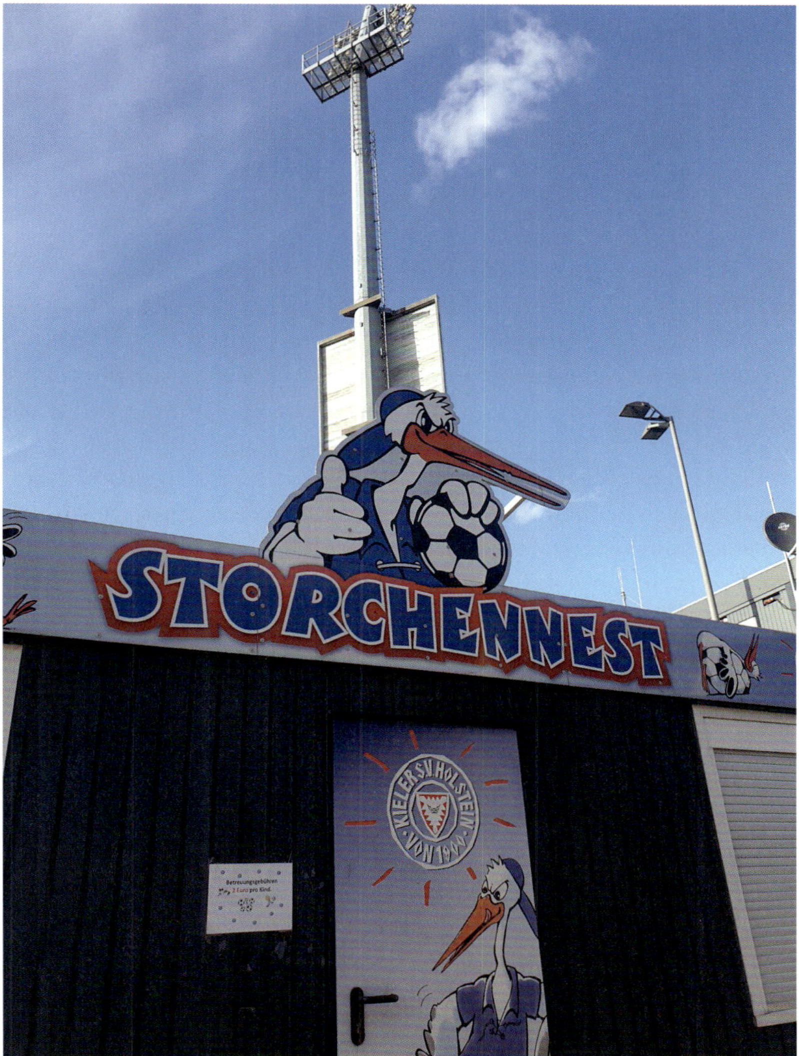

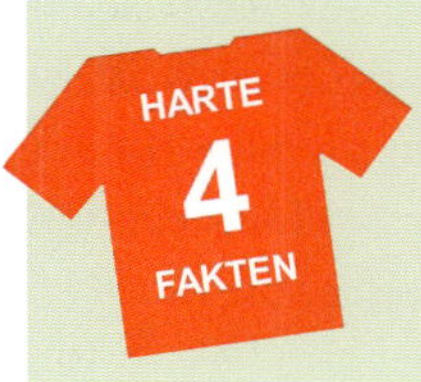

Adresse: Storchennest an der Südseite des Stadions

Maskottchenname: Stolle (seit 2006)

Bierpreis: 4 € für 0,4 l ohne Pfand (Bundesligaspitze)

Bonuswissen: Das ehemalige „Storchennest“ ist jetzt ein Restaurant und heißt „Gutenberg“.

Holstein-Stadion III: Denkmal

Der Krieg findet seine Meister

Der Erste Weltkrieg ist ein harter Einschnitt für die junge Erfolgsgeschichte von Holstein Kiel. Es finden in Deutschland nach Kriegseintritt 1914 keine Meisterschaftsspiele mehr statt. An der Westfront gibt es 1914 vereinzelte Versöhnungsfußballspiele zur Weihnachtszeit zwischen deutschen und englischen Soldaten. Dieser legendäre Weihnachtsfrieden währt allerdings nicht lange.

In Kiel finden während des Ersten Weltkrieges lediglich regionale Freundschaftsspiele statt; oft bringen die Mannschaften keine elf Spieler zusammen. 86 Vereinsmitglieder von Holstein Kiel fallen an der Front. Viele Fußballer kommen nach dem Kieler Matrosenaufstand 1918, also dem Ende des Ersten Weltkrieges, physisch und psychisch zerstört zurück. Auch die Fusion 1917 mit dem KFV ist nicht zuletzt den vielen Kriegsversehrten geschuldet. Allein aus dem Kader der Meistermannschaft von 1912 sterben vier Spieler.

Unter ihnen: Siegtorschütze Ernst Möller. Dessen Elfmetertor sichert Holstein 1912 den Meistertitel. Ernst Möller gilt als Deutschlands bester Linksaußenspieler. Bereits vor dem Meisterschaftstriumph wird er Nationalspieler. Am 14. April 1911 spielt der DFB in Berlin gegen die Fußballurnation England und erkämpft sich ein bemerkenswertes 2:2. Beide Tore für Deutschland schießt Ernst Möller. Acht weitere Länderspiele folgten – bis zur kriegerischen Zwangspause, dem Beginn des Ersten Weltkrieges. Für Möller, Unteroffizier der Reserve, eine Pause für immer: Er fällt am 8. November 1916. Mit 25 Jahren.

Weitere Opfer der Meisterelf: Georg Krogmann stirbt mit 28 Jahren, David Binder mit 23 Jahren und Wilhelm Tim mit 22 Jahren. Daran erinnert eine gusseiserne Tafel am Stadionvorplatz an einer gemauerten Stele.

Anders als im Ersten Weltkrieg läuft der Spielbetrieb im Zweiten Weltkrieg weiter, bis in die Spätphase des Krieges. Kiel wird mit seinem Kriegsmarinehafen zu 80 Prozent zerstört. 112 Vereinsmitglieder von Holstein Kiel fallen bis 1945. An diese Ereignisse erinnert die Rückseite der Stele.

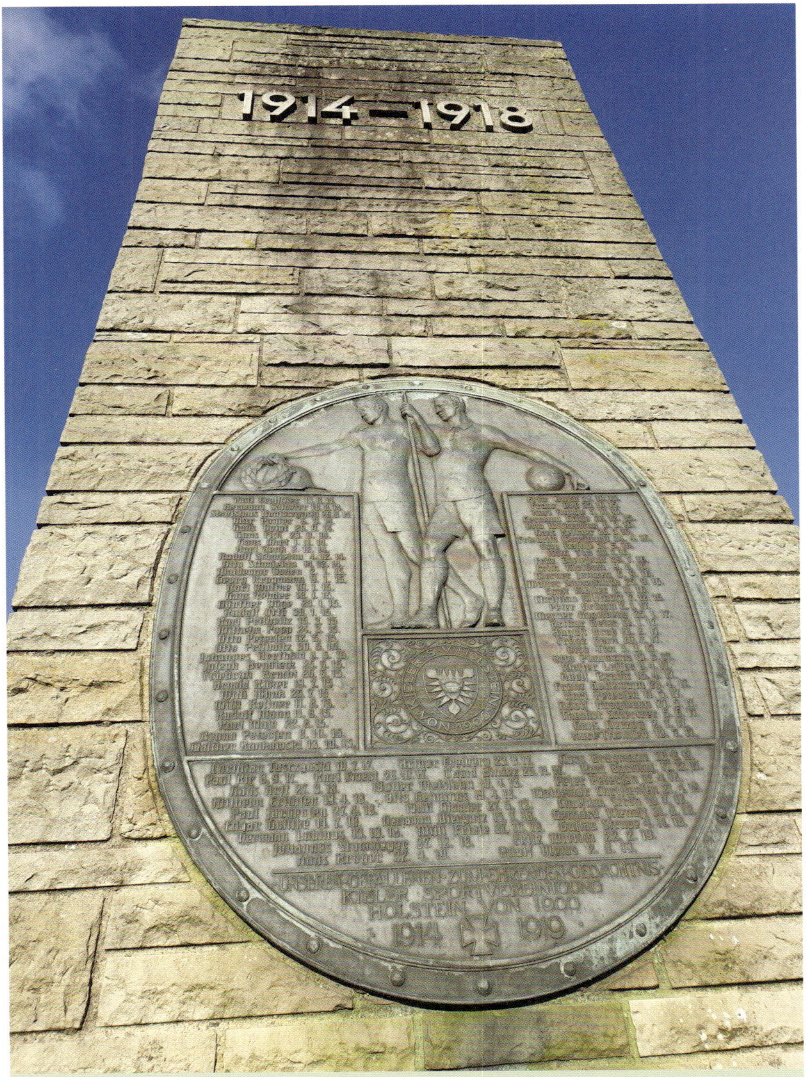

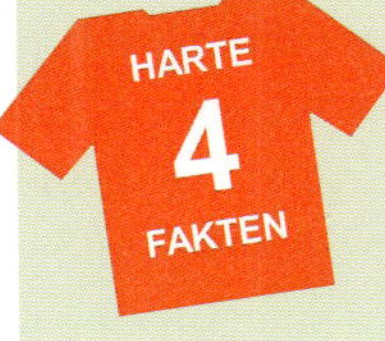

Adresse: Vorplatz des Holstein-Stadions seit 2010.

Erschaffen: 1920, stand ursprünglich an der Ostseite.

Erweitert: 1955 als Stele mit Verweis auf II. Weltkrieg

Bonuswissen: Im Februar 2020 wird eine Fliegerbombe in unmittelbarer Nähe des Stadions entschärft.

Jürgen-Lüthje-Arena

Von der vierten Klasse zur leeren Kasse

Der TSV Schilksee trägt nicht grundlos die olympischen Ringe im Wappen, Schilksee ist 1972 Austragungsort der olympischen Segelwettbewerbe. Erst 1959 wird Schilksee eingemeindet, fortan besitzt Kiel einen Zugang zur offenen Ostsee. Äußerst idyllisch gelegen ist die Jürgen-Lüthje-Arena zwischen Fördestraße und Seekamper Seewiesen. Vom angrenzenden, leicht erhöhten Biergarten lässt es sich gut kiebitzen. Das beschaulich-unaufgeregte Ambiente spiegelt sich jahrzehntelang auf dem Platz.

Bis in die 1990er: 1992 spielt die erste Männermannschaft in der damals viertklassigen Landesliga Nord. Bis zur Auflösung der damals zweithöchsten Spielklasse 1999 hält sich der TSV Schilksee hier fünf Jahre. In den 2000er-Jahren gibt es einen Abwärtstrend, der bis in die Kreisklasse führt.

Der zweite Aufschwung ist mit einem Namen verbunden: Mäzen Bodo Schild, der mit Flaggen sein Geld verdient. In einem Parforceritt hebt er die Fußballsparte auf ein neues Niveau: von der Kreisliga 2009 bis in die Regionalliga 2015. „Wir haben ganz Schilksee euphorisiert", erinnert sich Bodo Schild. Schild ist dabei die Verkörperung von Multitasking: als Manager, Sportlicher Leiter, Interimstrainer und Investor. „Ich bin hier aufgewachsen, ich wollte der Region etwas zurückgeben."

Illustre Spieler werden verpflichtet, Zweitligaspieler Alessandro Caruso kommt 2013. Thorsten Gutzeit, 2010 bis 2013 Trainer bei Holstein Kiel und dort verantwortlich für den Aufstieg in die 3. Liga, trainiert 2015 die Regionalligamannschaft vom TSV Schilksee, doch es läuft nicht. Am Ende der Saison werden acht Punkte geholt. Die Saison 2018/19 wird in der Oberliga nicht beendet; zur Saison 2019/20 verzichtet die erste Mannschaft auf eine Meldung.

Mittlerweile wird der Platz überwiegend von dem „Jugendförderverein Kieler Förde" genutzt; dies ist seit 2015 ein Zusammenschluss von den Stammvereinen SV Friedrichsort und TSV Schilksee. Aber es kann sich ja wieder ändern. Manfred Assmann, stellvertretender Vorsitzender des Jugendfördervereins: „Der Platz mit der unüberdachten Tribüne ist jedenfalls in einem tollen Zustand."

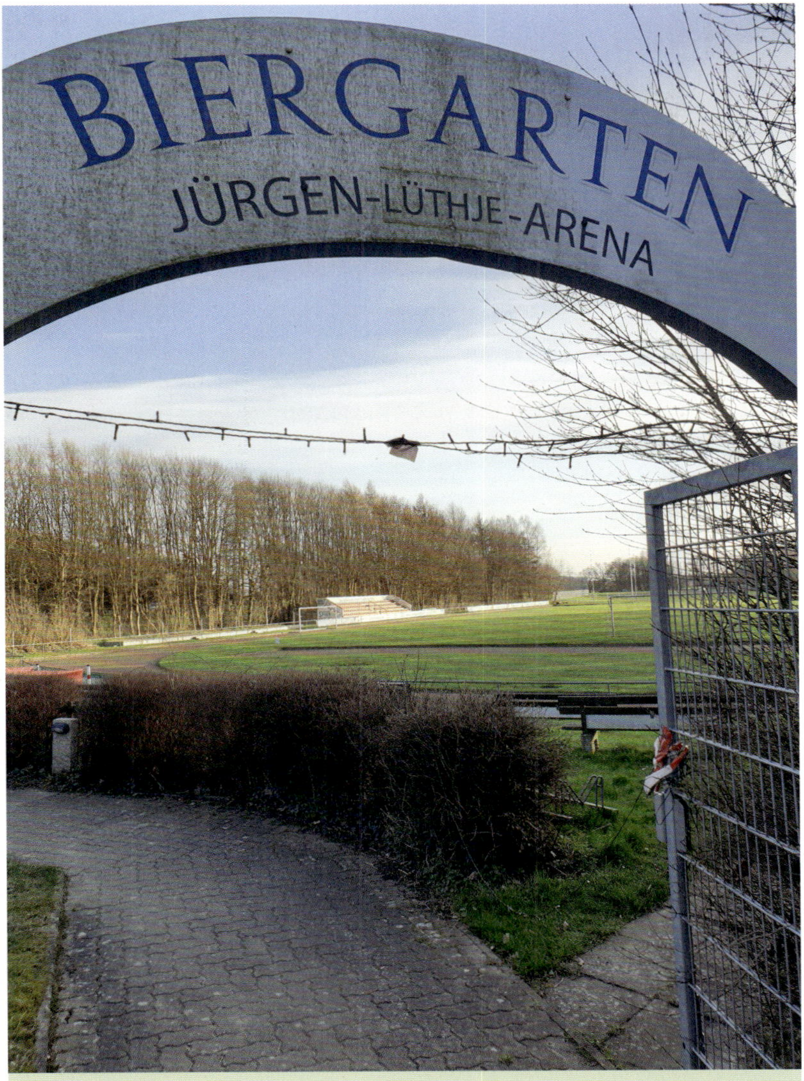

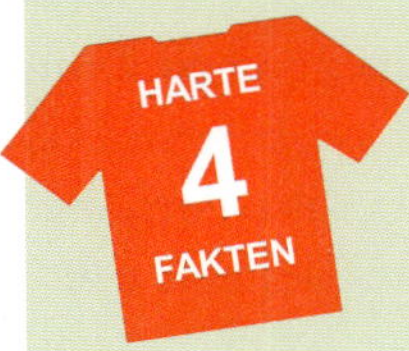

Adresse: Schilkseer Straße 90, 24159 Kiel

Verein: TSV Schilksee 1947

Zuschauerkapazität: 2.500

Bonuswissen: Die Frauenmannschaft vom TSV Schilksee nimmt 2002 und 2003 am DFB-Pokal teil.

Kiliaplatz

Älteste Tribüne Norddeutschlands

Über einhundert Jahre Geschichte: Wie ein zu groß geratener Saloon wirkt die am 9. Juni 1919 eingeweihte Kilia-Tribüne. Sie gehört zu den ältesten noch bestehenden Fußballtribünen. Auf jeden Fall ist sie die älteste Norddeutschlands. „Bis in die 1960er-Jahre existierte unter der Tribüne neben den Umkleideräumen auch das Vereinsheim", erinnert sich Kilia-Urgestein Hans-Werner Canal, Jahrgang 1940 und seit 1950 Vereinsmitglied.

Dass die in den Nullerjahren morsch gewordene Tribüne nicht abgerissen worden ist, verdankt man auch dem Engagement von historisch interessierten Fans. „2010 gab es einen Bericht in den Kieler Nachrichten zur kritischen Situation der Tribüne", erzählt Fußballblogger und Autor Matthias Hermann, „daraufhin begann eine Spendenaktion bei Heimspielen von Holstein Kiel, organisiert von den damaligen Internetblogs ‚Holstein-Block' und unserer ‚Gegengerade'." Eine Spendenbox wird aufgestellt. Sechs Wochen später wird eine größere Summe an Kilia überreicht, die rettende Sanierung beginnt.

Hermann, der den lesenswerten Blog „Calcio Culinario" betreibt – eine Fortsetzung der „Gegengerade" mit vergleichenden Stadionwursttests – meint: „Kilia ist quasi die kleine Schwester von Holstein Kiel." Kilia Kiel entsteht 1902 aus unzufriedenen Mitgliedern des zwei Jahre zuvor gegründeten 1. Kieler FV, einem Vorgänger von Holstein Kiel.

In der Epoche der Weimarer Republik ist Kilia ein norddeutscher Topverein. 1925 und 1927 erreicht Kilia die Endrunde der Norddeutschen Meisterschaft. In den 1940ern spielt Kilia in der höchsten Spielklasse. In den 1980ern gibt es einen weiteren Höhenflug, bevor 1990 und 1993 der Landespokal geholt wird.

„Oft kamen 4.000 Zuschauer zu unseren Spielen", erinnert sich Erfolgstrainer Hans-Werner Canal. Er ist von 1980 bis 1986 Trainer und wird von den Kieler Nachrichten nach einem Sieg gegen Vorjahressieger Strand 08 als „Karajan vom Kiliaplatz" bezeichnet. Canal habe „ein Kilia-Orchester geschaffen, dessen Gleichklang, Harmonie und Geschlossenheit eine echte Augenweide sind."

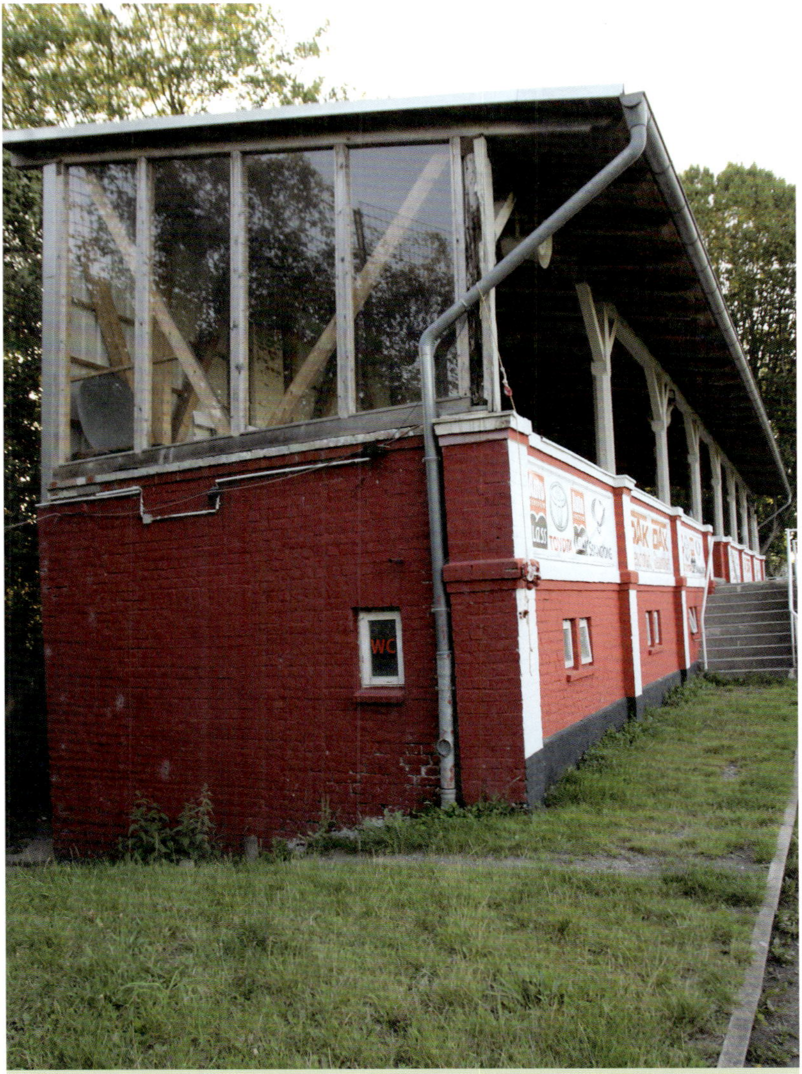

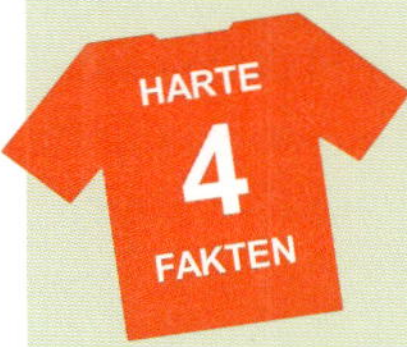

Adresse: Hasseldieksdammer Weg 165, 24114 Kiel

Zuschauerkapazität: 3.500

Verein: Fußballclub Kilia Kiel von 1902

Bonuswissen: Sidney Sam, 2011 Deutscher Vizemeister mit Bayer 04 Leverkusen, spielt 2001/02 bei Kilia.

Andy Köpkes Schule

Nationalkieler

Willi Gerdau ist der bisher letzte Spieler einer deutschen Nationalmannschaft aus einem schleswig-holsteinischen Verein, heißt es im Heide-Kapitel. Aber es gibt auch Spieler, die in Schleswig-Holstein leben und Nationalspieler werden, siehe den Norderstedter Uwe Seeler. Oder Nationalspieler, die hier geboren werden, wie den Reinbeker Max Kruse. Und eben: Andreas „Andy" Köpke.

Der gebürtige Kieler hat das Thor-Heyerdahl-Gymnasium im Stadtteil Mettenhof besucht. 2009 schaut Köpke wieder vorbei und beglückt junge Menschen bei einer Podiumsdiskussion. Hier verrät er auch, dass er in derselben Straße, der Vaasastraße, als junger Mensch in einer WG gewohnt hat.

Zunächst prägen Abstiege Köpkes Keeper-Karriere: 1980 kommt er zum ersten Profieinsatz in der 2. Bundesliga. 1983 steigt er mit Kiel ab. Auch mit dem Berliner SC Charlottenburg steigt er 1984 aus der 2. Bundesliga ab. Er wechselt zum Stadtrivalen Hertha BSC und steigt nach zwei Jahren wieder aus der 2. Bundesliga ab. Erfolgreicher wird es beim 1. FC Nürnberg, hier spielt Köpke 1986 zum ersten Mal in der 1. Bundesliga.

Als dritter Torwart hinter Bodo Illgner und Raimond Aumann wird er 1990 ohne Einsatz Weltmeister in Italien. Nach dem Rücktritt von Bodo Illgner nach der WM 1994 avanciert Köpke zum Stammtorhüter. 1996 – mittlerweile spielt er bei Eintracht Frankfurt unter Trainer Jupp Heynckes – gewinnt er die Europameisterschaft und hält im Turnier zwei Elfmeter. Darunter im dramatischen Halbfinale gegen England einen Elfmeter vom späteren englischen Nationaltrainer Gareth Southgate.

1998 beendet Köpke seine aktive Karriere; bis heute zählt er zu den Nationaltorhütern mit den wenigsten Gegentreffern. 2004 wird er Torwarttrainer der Nationalmannschaft unter Jürgen Klinsmann. Bei der WM 2006 wird er für Jens Lehmann zum Elfmeterkillerspickzettelschreiber. Klinsmann nimmt Köpke auch kurzzeitig als Torwarttrainer Ende 2019 zu Hertha BSC mit.

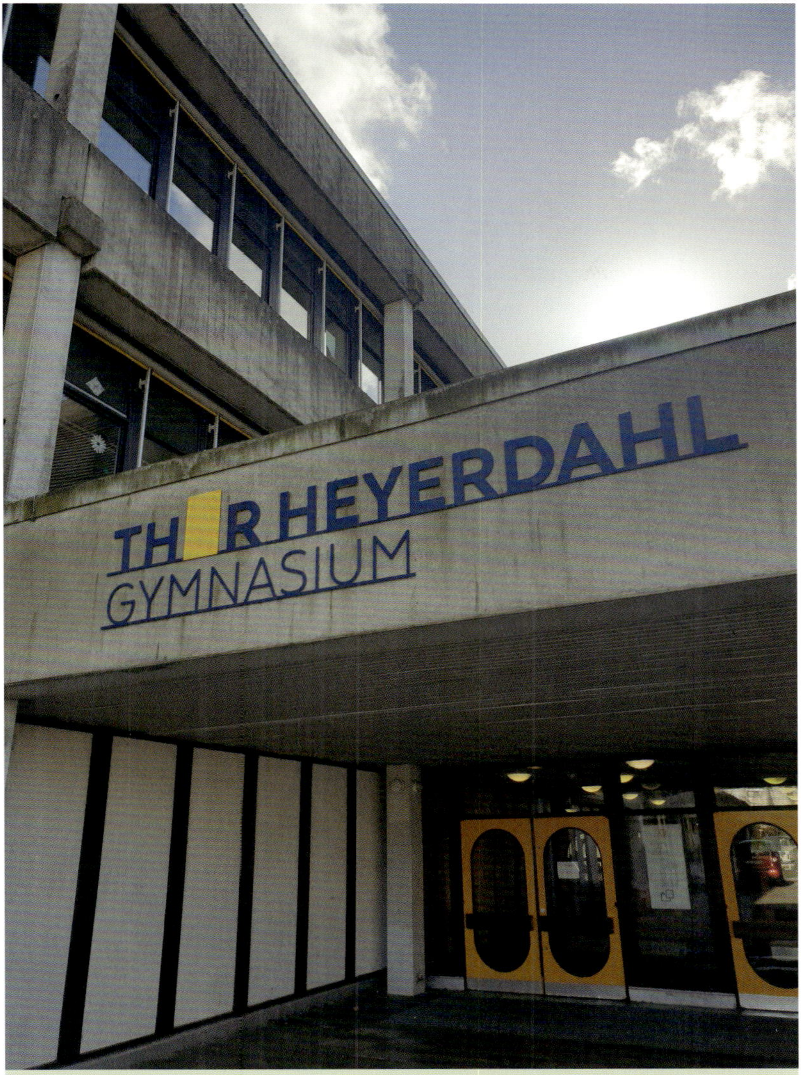

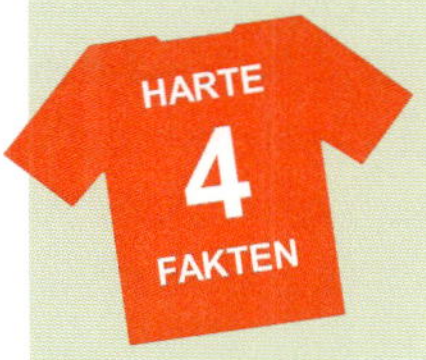

Adresse: Vaasastraße 43, 24109 Kiel

Andy Köpke geboren: 12. März 1962

Köpkes erster Verein: Holstein Kiel

Bonuswissen: Die Kielerin Britta Carlson spielt 2004–2007 für die Nationalmannschaft, gewinnt 2005 die EM.

Professor-Peters-Platz

Nordisch by Nature

Ein Slam-Poet prägt einen Platz: Oliver Eufinger, genannt „Klavki", bringt in den Nuller-Jahren die Union-Teutonia-Stadionzeitung „Festung Westring" heraus. Der in Kiel weltberühmte Klavki ist ein künstlerisches Multitalent und zugleich ein begnadeter Fußballspieler – und stirbt 2009 mit nur 36 Jahren. Seitdem prangt am Vereinsheim auf dem Professor-Peters-Platz das Schild „Festung Westring".

„Dem Wortkünstler zu Ehren gibt es seit 2009 auch den Klavki-Cup", sagt Thomas Ehlert, 1. Vorsitzender von Union-Teutonia (UT). ‚Fußball unter Freunden' lautet das Motto des Wanderpokal-Cups. „Auf Schiedsrichter und Prämien verzichten wir." Das passe auch zum „Wertegerüst" von UT. „Bei uns verdient keiner mit seinem Hobby Geld", sagt Ehlert, der selbst seit der F-Jugend bei UT spielt.

Die regionale Verbundenheit zeigt sich auch in den Mannschaftsnamen; seit Ende der 1990er setzt der Verein auf plattdeutsche Bezeichnungen: „UT Twee", „UT Dree", „UT Veer". „Bei uns spielen viele Studenten", sagt Fußballobmann Olaf Rußmann, „wir verstehen uns als Breitensportverein."

Das ist nicht immer so gewesen: In den 1920er-Jahren stellt UT eine der Spitzenmannschaften in Schleswig-Holstein – und spielt gegen den Hamburger SV oder Hannover 96. Zweimal schafft UT in den 1950ern den Aufstieg in die Verbandsliga Schleswig-Holstein, die damals zweithöchste Spielklasse.

Der innerstädtische Platz ist offiziell nach dem Gymnasiallehrer Peter Peters (1851–1933) benannt, der maßgeblich für die ersten Fußballvereinsspiele in Kiel auf dem Nordmarksportfeld verantwortlich ist. „Mittlerweile ist der Peters-Platz überfüllt", sagt Rußmann. Neben UT spielen hier der Konkurrent KMTV sowie auch die Rugby-Sparte des FT Adler.

„Wir müssen in der Gegenwart als kleiner Fußballverein eine Nische in Kiel finden", sagt Thomas Ehlert. „Wir versuchen der Fußballwelt kulturelle Nuancen zu geben." So ist UT verwurzelt in der Kieler Kreativszene. Und so gibt es im Vereinsheim neben einem Dart-Automaten auch eine kleine Bibliothek mit Dutzenden von Büchern. Sehr sympathisch: Es sind ausschließlich Fußballbücher.

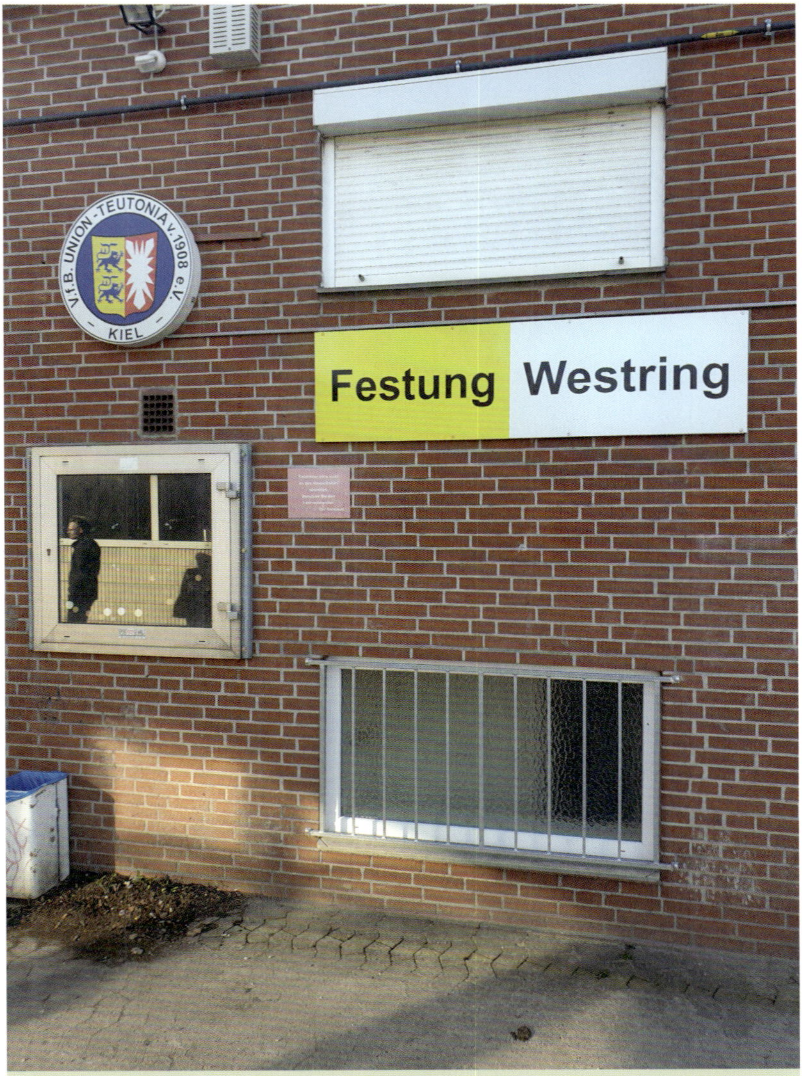

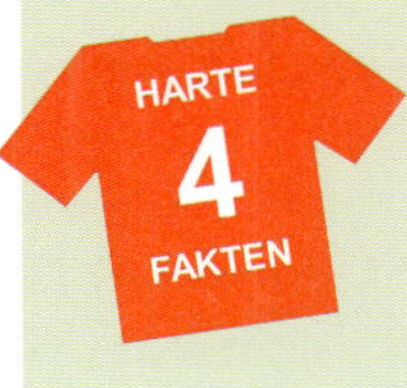

Adresse: Westring 307, 24116 Kiel

Vereine: VfB Union-Teutonia Kiel von 1908, Kieler MTV von 1844

Zuschauerkapazität: 2.000

Bonuswissen: Die Kabinen heißen nach berühmten Ex-UT-Spielern: Klavki, Manfred Greif und Gerhard Delling.

Waldwiese

Wo sich Eisern Union entzweite

Von der verkehrsreichen Hamburger Chaussee kommend betritt man mitten in Kiel hinter einer Mauer eine Idylle: Buschige Bäume des Vieburger Gehölzes umrahmen den Platz, strukturiert-grasbewachsene Stehtraversen führen zum Spielfeld. Den Fernsehturm frontal im Blick, ploppen rhythmisch-meditativ Tennisbälle von den südlich angrenzenden rotsandigen Feldern. „Sicherlich die schönste Sportanlage Kiels", sagt Daniel Niebuhr, seit 2016 Vorsitzender des VfB Kiel. Diese Meinung hat Niebuhr nicht exklusiv, auch die Kieler Nachrichten loben regelmäßig das Ambiente. Auf der Waldwiese spielt nicht nur der traditionsreiche VfB Kiel, sondern auch die Frauenfußballabteilung der KSV, die „Holstein Women".

Holstein Kiel hat im April 2018 angekündigt, die Frauenabteilung abzugeben, am besten an den VfB. Doch nach einem bundesweit-medialen Proteststurm spielen die „Holstein Women" nun weiterhin für den erfolgreichsten Fußballverein Schleswig-Holsteins.

In der Vergangenheit haben auch andere Sportarten einen Platz auf der schönen Wiese bekommen. Nach dem Zweiten Weltkrieg werden Open-Air-Boxkämpfe ausgerichtet; 1950 findet auf der Waldwiese die Deutsche Feldhandball-Meisterschaft statt.

Politisch Brisantes geschieht auf der Waldwiese 1950. Das Achtelfinalspiel um die deutsche Fußballmeisterschaft zwischen dem Hamburger SV – Meister der Oberliga Nord – und der aus Ostberlin stammenden Union Oberschöneweide – Zweite der Stadtliga Berlin – soll stattfinden. Die politische Führung der DDR verbietet allerdings kurz zuvor die Teilnahme der Ostberliner. Fast die komplette Mannschaft aus Ost-Berlin flüchtet daraufhin nach West-Berlin – und tritt anschließend auf der Waldwiese an. Dabei wird der bis heute gültige Waldwiesen-Rekord aufgestellt: am 28. Mai kommen über 13.000 Zuschauer. Dass der Hamburger SV das Spiel 7:0 gewinnt, wird für die Berliner zur Nebensache. Die Spieler von Union Oberschöneweide gründen wenige Tage später in West-Berlin den „SC Union 06". In Ost-Berlin bildet sich aus dem Rest der Mannschaft der Vorgängerverein der heutigen Union Berlin.

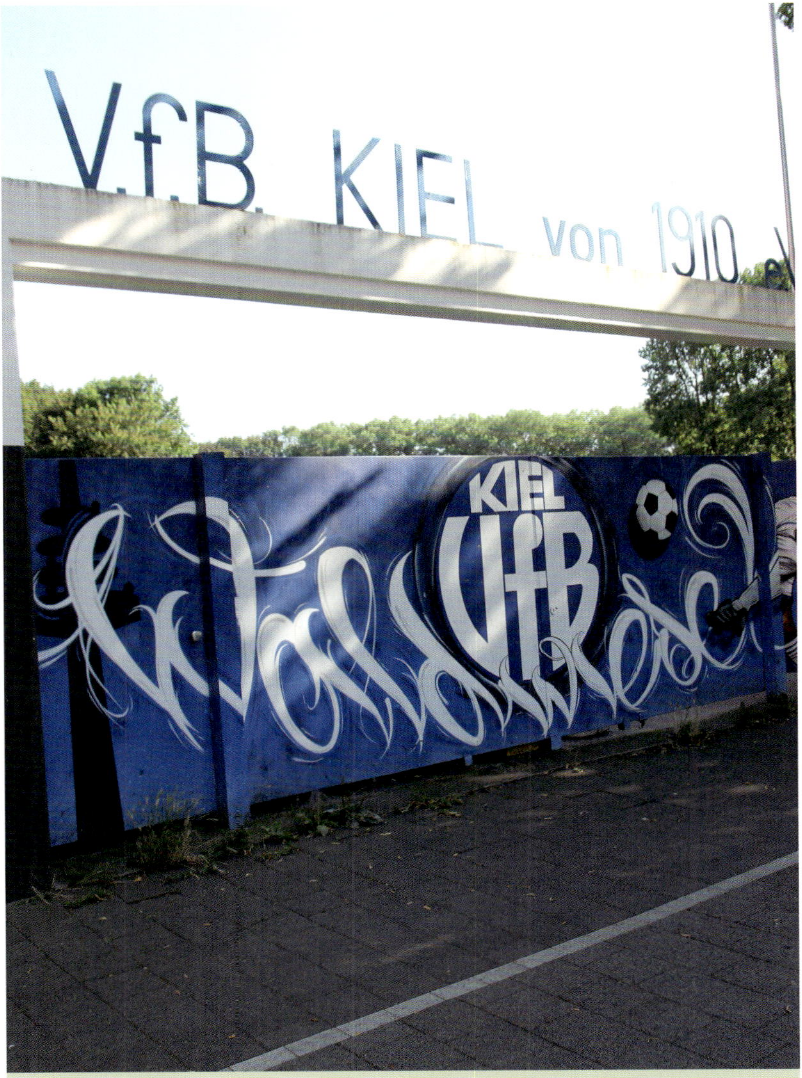

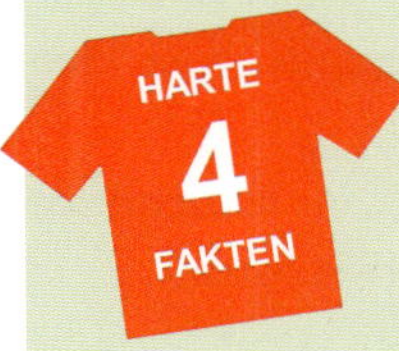

Adresse: Hamburger Chaussee 79, 24113 Kiel

Erbaut: 1923 oder 1925

Verein: VfB Kiel, Holstein Women

Bonuswissen: Seit 2020 bietet der VfB „Walking Football“ für Senioren an. Rennen ist dabei verboten.

Kropp 054

Stadion an der Norderstraße

Bundesligavorbereitungsblitz

Werder Bremen, VfL Bochum, VfL Wolfsburg, HSV, Hannover 96, Hertha BSC, VfB Stuttgart – sie alle haben schon mal in Kropp gespielt. Anfang der Nullerjahre finden hier „Blitzturniere" statt: Kurz vor dem Ende der Winterpause treffen sich drei Bundesligamannschaften zum finalen Formtest. In drei Kurzspielen von je 45 Minuten geht es um den „Holstencup".

„Ganz Kropp war euphorisiert", erinnert sich André Pautsch, stellvertretender Vorsitzender des TSV Kropp. „Unser Platz hat keine Rasenheizung", ergänzt Blitzturnier-Mitorganisator Hans-Jürgen Langwadt, „2001 mussten wir mit Heizlüftern bis nachts um 3 Uhr den Rasen bearbeiten." Die Spieler seien am darauffolgenden Tag alle zufrieden gewesen, nur Rudi Assauer vom FC Schalke 04 habe die Platzverhältnisse Zigarre rauchend kritisiert.

Ursprung der hochkarätigen Testspiele ist eine TSV-Kropp-Fanfreundschaft mit Werder Bremen. Jürgen Muhl, der spätere stellvertretende SHZ-Chefredakteur, schreibt Ende 1990 einen Durchhaltebrief an den damaligen Manager Willi Lemke, als es für Werder nicht so gut läuft. „Lemke bedankte sich und schickte 1991 seine Mannschaft für 13.500 DM nach Kropp", erinnert sich Muhl.

Der gute Ruf der Organisatoren spricht sich herum, weitere Bundesligisten folgen zu Vorbereitungsspielen. Bayern München unter Felix Magath kommt im Sommer 2004 in Bestbesetzung mit Oliver Kahn, Michael Ballack sowie Mehmet Scholl und besiegt den TSV Kropp mit 10:2. „Da haben wir Zusatztribünen aufgebaut, die 11.000 Plätze waren sofort ausverkauft", sagt Muhl. Uli Hoeneß lobt hinterher: „Wir haben eine wahnsinnige Gastfreundschaft erlebt." TSV-Fußballspartenleiter Christian Schmidt schwärmt rückblickend: „Das war schon etwas anderes als ein Derby gegen Geest 09." Auch Borussia Dortmund bestreitet 2006 in Kropp ein Testspiel gegen Holstein Kiel.

Etwas euphoriebremsend wirkt nur das Eingangsschild am Kassenhäuschen: „Trommeln an der Bande und lärmende Instrumente verboten."

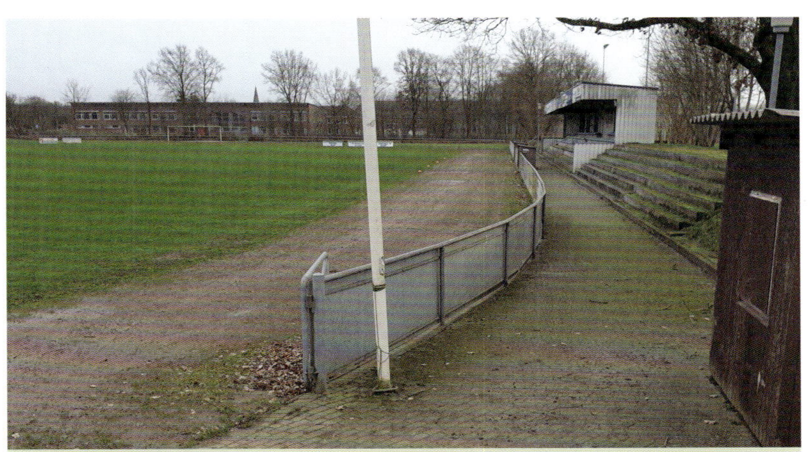

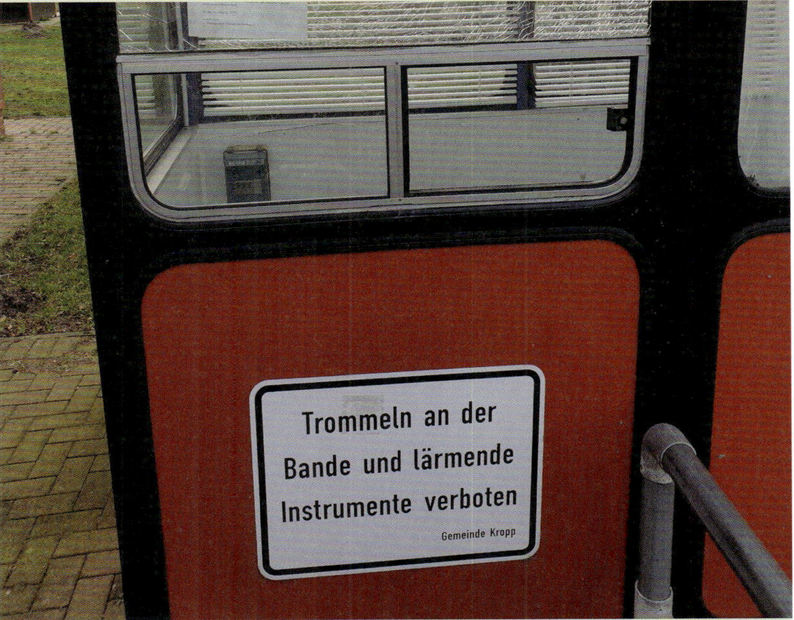

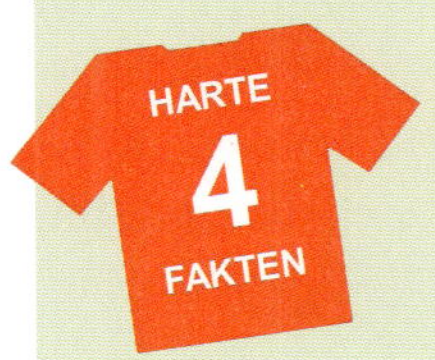

Adresse: Norderstraße 10a, 24848 Kropp

Zuschauerkapazität: 6.000

Verein: TSV Kropp von 1946

Bonuswissen: Der TSV spielt 2003/04 in der bundeslandübergreifenden Oberliga Hamburg/ Schleswig-Holstein.

Lägerdorf 055

Sportplatz am Freibad

Skandal um nackten Torwart

„Schon unglaublich, dass dieses kleine Kaff einen Oberligisten hat“, schreibt Groundhopper Frank Jasperneite 2001 über den TSV Lägerdorf. Überrascht zeigt sich der Blogger von der spartanischen Ausstattung des Sportplatzes. Der Fußballblogger Matthias Hermann sieht das positiver und spricht von „einer charmanten Anlage mit schönem Eingangsbereich.“

Genau an diesem Eingang gibt es eine der seltenen Fußballskulpturen in Schleswig-Holstein. „Das soll kein bestimmter Torwart sein“, berichtet der langjährige Spartenleiter Reiner Kuhr. „Es ist auch kein Zementarbeiter“, obwohl die dorfbestimmende Zementfirma die Skulptur bezahlt hat. Die Figur wird 1962 aufgestellt, führt aber zu Protesten von Anwohnern. Der Torwart sehe nackt aus. Also muss der Künstler nacharbeiten – und eine Turnhosennaht hinzufügen.

Überregionale Bekanntheit erlangt der Verein durch das finanzielle Engagement von Bäcker Manfred Krause, der ab 1993 den Verein unterstützt. Innerhalb von sechs Jahren werden drei Aufstiege erreicht, 1999 spielt Lägerdorf als Oberligist viertklassig. Ein Höhepunkt: Im November 1999 gewinnt der Aufsteiger TSV vor über 1.300 Zuschauern beim Traditionsnachbarn Itzehoer SV. Drei Jahre bleibt Lägerdorf in der Oberliga. Holstein Kiel oder VfR Neumünster sind weitere Traditionsgegner, aber auch die Amateure vom Hamburger SV oder FC St. Pauli.

„Unsere viel beschriebene Geldzeit“, nennt das Reiner Kuhr, der gerade eine umfangreiche TSV-Chronik zusammenstellt. „Der Kader wurde ständig ausgetauscht, viele Verträge waren unseriös. Die Verantwortlichen haben sich wie ein eigener Verein im Verein benommen.“ Das Engagement von Krause endet schuldenreich 2002, was auch die Oberliga-Höhenflüge in Lägerdorf stoppt.

Bedeutsamer findet Kuhr die Fußballzeit ab 1952. Aus eigener Kraft hat sich damals der Betriebsfußballverein entwickelt. „Ein Zementarbeiterverein, der sich bis 1969 fast durchgehend in der damaligen Landesliga Schleswig-Holstein hält.“

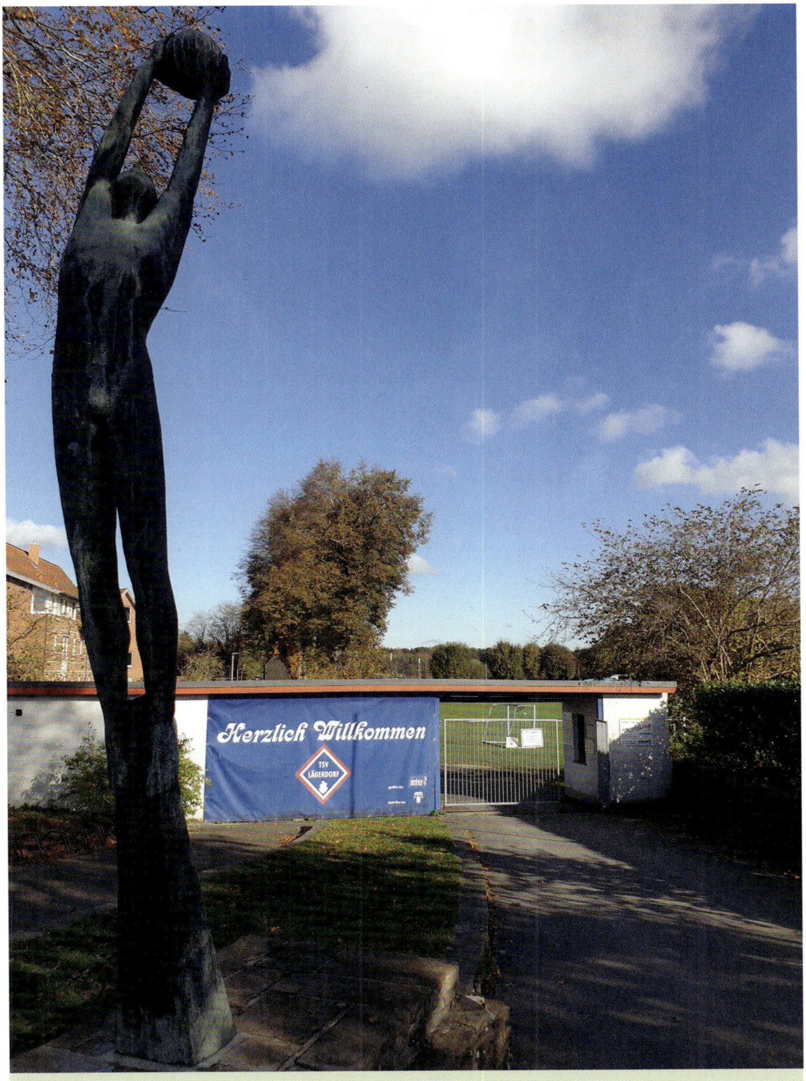

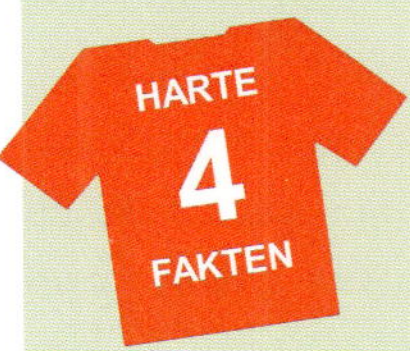

Adresse: Breitenburger Straße, 25566 Lägerdorf

Verein: TSV Lägerdorf 1945

Zuschauerkapazität: 1.500

Bonuswissen: Von der Freibadrutsche hinter dem östlichen Fußballtor hat man einen guten Spielfeldblick.

Nordfrieslandstadion

Olé, hier spielt der BVB

Der 12. Dezember 1970 ist für Nordfriesland ein fußballerischer Feiertag. 13.000 Zuschauer strömen in das Nordfrieslandstadion, ausverkauftes Haus. Die gegnerische Mannschaft ist prominent besetzt und erfahren: Der spätere „Bundesligarekordabsteiger“ Jürgen Rynio steht im Tor. Vor ihm laufen Nationalspieler wie Siegfried Held, Jürgen „Charlie“ Schütz oder Willi Neuberger. Borussia Dortmund spielt in der ersten Runde des DFB-Pokals gegen die Heimmannschaft vom TSV Westerland!

Dass die Dortmunder Spieler mit ihren Fans nicht die reizvolle Überfahrt entlang des Hindenburgdamms nehmen, hat Gründe. Sie wollen nicht auf dem Grandplatz in Westerland spielen, das gerade eröffnete Sylt-Stadion ist noch nicht spielfähig. So einigt man sich auf Leck im nördlichen Nordfriesland. 45 Kilometer Luftlinie von Westerland entfernt. Ein Sonderzug aus Sylt wird organisiert, 400 Fußballfans kommen eigens aus Föhr auf das Festland. Westerland verliert ehrenhaft mit 0:4.

Fünf hohe Stufenreihen begrenzen das Oval des Stadions. Im Sommer 1959 wird der Bau beschlossen. „Da waren damals viele beteiligt“, sagt MTV-Leck-Ehrenpräsident Hans Peter Feddersen. Feddersen ist bis 2017 Vorsitzender des MTV, 33 Jahre lang. Der MTV Leck erhält beim Bau finanzielle Unterstützung durch Bürgerspenden, die Sportförderung, die Volkshochschulen, das Kultusministerium, den Reit- und Fahrverein Südtondern. Vorgängerplatz ist der „Sturzacker“ an der ehemaligen Heimvolkshochschule. 1963 wird das Nordfrieslandstadion offiziell eingeweiht.

Die Frauen vom MTV sind besonders erfolgreich. 1996 erreichen sie die Oberliga Nord, die damals zweithöchste Spielklasse. Mittlerweile bildet der MTV Leck im Herrenbereich eine Sportgemeinschaft mit Achtrup und Ladelund.

„Unser Pfingstfußballturnier im Nordfrieslandstadion ist überregional bekannt“, sagt Hans Peter Feddersen. Bei dem Jugendturnier spielen Nachwuchskicker aus dem gesamten Bundesgebiet. 2019 wird das Turnier zum 44. Mal ausgetragen. 69 Mannschaften aus 28 Vereinen und fünf Bundesländern sind dabei.

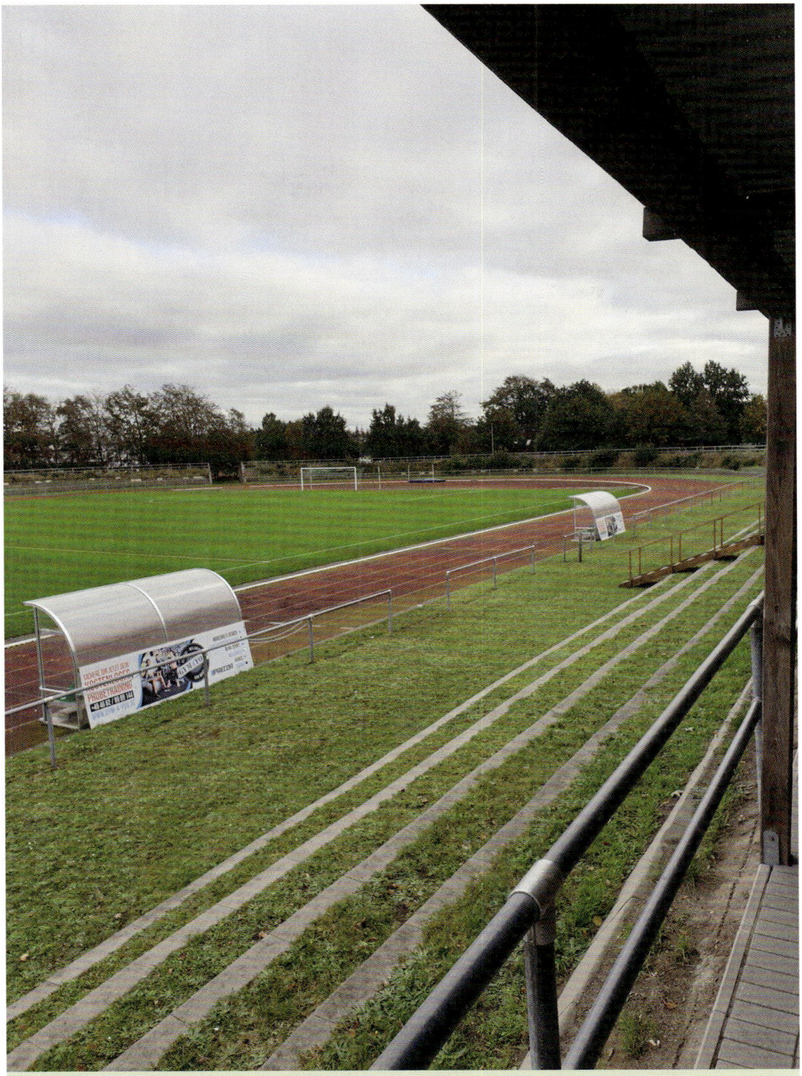

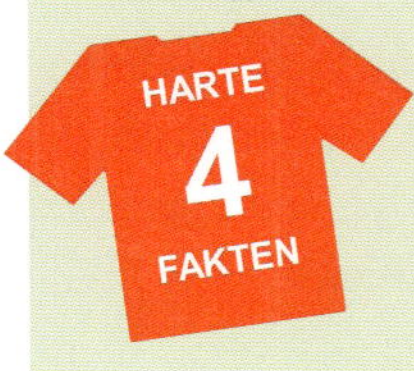

Adresse: Jacob-Johannsen-Weg, 25917 Leck

Zuschauerkapazität: 10.000

Verein: MTV Leck

Bonuswissen: Leck liegt ca. 13 Kilometer südlich von Dänemark. Das Stadion wird auch Grenzlandstadion genannt.

Lübeck 057

Buniamshof

Ausweichinsel mit Nachtigallengesang

„Das wird Sie begeistern!", meint Thomas Küchenmeister und wischt vergnügt über sein Smartphone. Küchenmeister ist Oberplatzwart der Stadionanlage Buniamshof und arbeitet hier seit 1988. „Achtung!" Die acht Flutlichter am Hauptplatz gehen an – und rhythmisch kreisend wieder aus. „La Ola", sagt Küchenmeister stolz und stopft sein Smartphone in die Funktionsjacke.

Der Buniamshof ist mit den acht Bahnen das größte Leichtathletikstadion Schleswig-Holsteins. Überregionale Meisterschaften werden hier ausgetragen; auch die Senatsstaffel – der traditionelle Staffellauf der Lübecker Schulen. Der „Buni", wie Lübecker das Stadion liebevoll nennen, ist Lübecks zweitgrößtes Stadion nach der Lohmühle.

Hier wird auch Fußball gespielt, wenngleich zumeist als Interimsplatz. In der Saison 2020/21 spielt Phönix Lübeck hier seine Regionalligaheimspiele, währenddessen das Stammstadion saniert wird.

Christian Jessen schreibt in seiner lesenswerten VfB-Lübeck-Jubiläumschronik, dass im März 1987 das bisher letzte Heimpunktspiel, das der VfB nicht an der Lohmühle absolviert hat, „ins Stadion Buniamshof aus Witterungsgründen verlegt wurde". Die U23 des VfB spielt hier gelegentlich. Auf dem benachbarten Kunstrasenplatz trainiert die Fußballabteilung von Roter Stern Lübeck (Motto: „Fair! Integrativ! Für alle! Rassisten, Homophobe und dergleichen suchen sich besser einen anderen Verein").

Der Buniamshof wird 1909 vom Gartenarchitekten Erwin Barth angelegt. Barth geht 1912 nach Charlottenburg und wird 1929 in Berlin erster Professor für Gartenkunst in Deutschland.

Das Stadion mit dem fantastischen Tribünenblick auf den gotischen Dom gehört der Stadt. Oberplatzwart Küchenmeister wohnt hier. „Wenn es rundherum die fünf Brücken nicht gäbe, würde ich auf einer Insel leben." Besonders inselartig wird es für ihn in den Coronalockdownwochen im Frühjahr 2020. „Da war abends nichts zu hören. Keine Technoparty der angrenzenden Freilichtbühne, kein Fußball, keine Sprinter. Nur die Nachtigall."

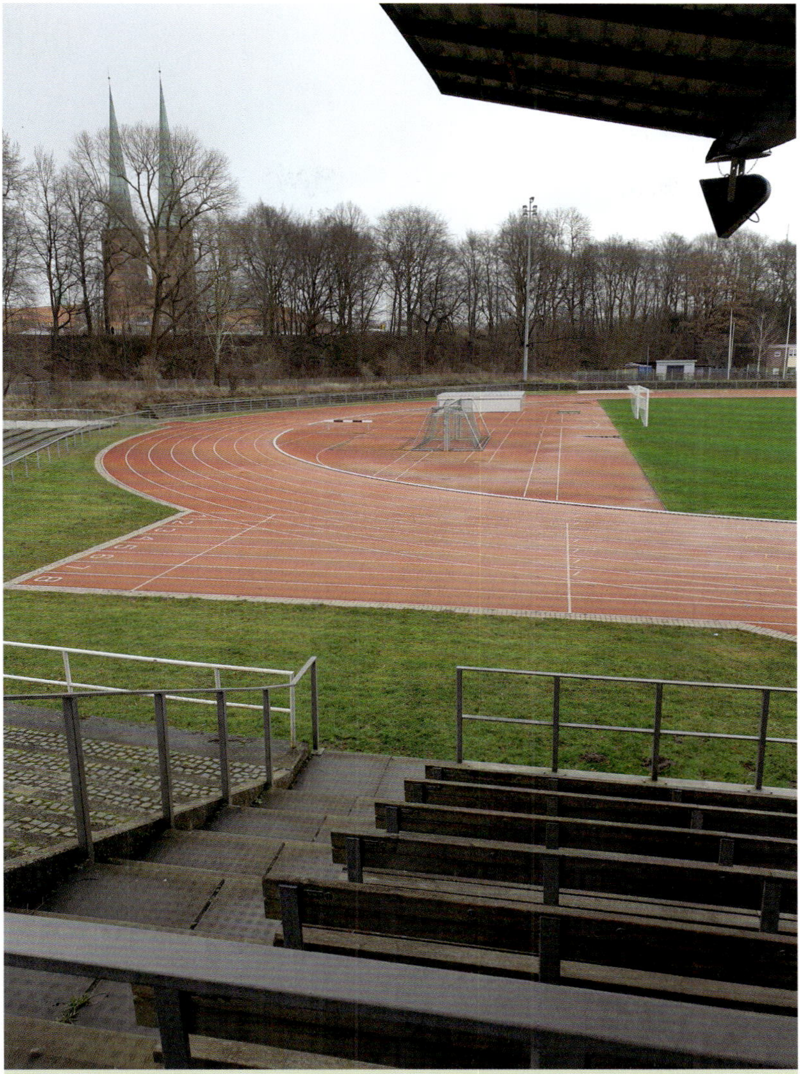

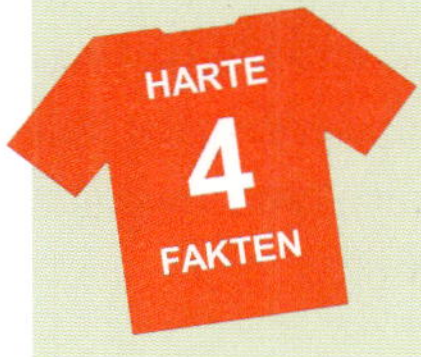

Adresse: Wallstraße 36, 23560 Lübeck

Zuschauerkapazität: 12.000

Interimsnutzung: 1. FC Phönix Lübeck, VfB Lübeck U23

Bonuswissen: Am 8. 3. 1987 verliert der VfB Lübeck auf dem Buniamshof gegen Blau Weiß Friedrichstadt mit 0:1.

Günter Grass-Haus

Underdognobelpreisfan

Zitate von Prominenten begrüßen an der Eingangswand den Besucher des Grass-Hauses. Auch dieses: „Er war ein tiefsinniger Fußball-Fan. Der große Schriftsteller wurde fast wieder zum Kind, wenn er über Fußball sprach." Die Aussage Günter Netzers wird 2015 angebracht, nach dem Tod des Dichters.

„Grass liebte Fußball und sah regelmäßig die Sportschau", so Hilke Ohsoling, die letzte Sekretärin des Nobelpreisträgers. Das Haus ist seit 2002 Museum, Archiv und Sekretariat des Dichters, der im 24 Kilometer entfernten Behlendorf lebte. „Mein erstes Gespräch als damaliger Praktikant des Hauses mit Grass handelte von Fußball", berichtet der jetzige Leiter Jörg-Philipp Thomsa.

Grass hat Fußball auch in Literatur verarbeitet. Beispielsweise in drei Kapiteln des Buches „Mein Jahrhundert" oder in einigen Fußballgedichten. 2020 ist im Haus die Sonderausstellung „Mein Fußballjahrhundert" zu sehen. Man betritt die Ausstellung durch ein Fußballtor im Hof. Das Tor stammt vom 7:1-WM-Halbfinalspiel 2014 aus Brasilien. „Es war die letzte WM, die Grass freudig erleben konnte", erklärt Thomsa.

Ansonsten sind die kleineren Vereine Grass' große Leidenschaft gewesen. Vor allem der SC Freiburg. Ein Bild mit Fanschal und Pfeife im Schwarzwaldstadion 2000 gegen den BVB ist in der Dauerausstellung zu sehen. Grass wird nach dem Spiel gefragt, wie er den Dortmunder But fand. „Er war ganz gut, aber mein Butt ist besser." Den Trainer Volker Finke hat Grass 2007 vor seiner Entlassung durch die Fanaktion „Wir sind Finke" unterstützt. Für Grass ist es eine Win-win-Situation, als im Pokalspiel 2003 an der Lohmühle der SC Freiburg auf seine Wahlheimatmannschaft VfB mit dem damaligen Trainer Dieter Hecking trifft.

Schleswig-Holstein hat einen weiteren Ort, der mit Grass und Fußball verbunden ist. In Wewelsfleth an der Elbe hat Grass selbst einmal gegen den Ball getreten, auf Vermittlung seines jüngsten Sohnes. Hinterher tun Grass alle Knochen weh, was aber gleich verarbeitet wird – in Literatur.

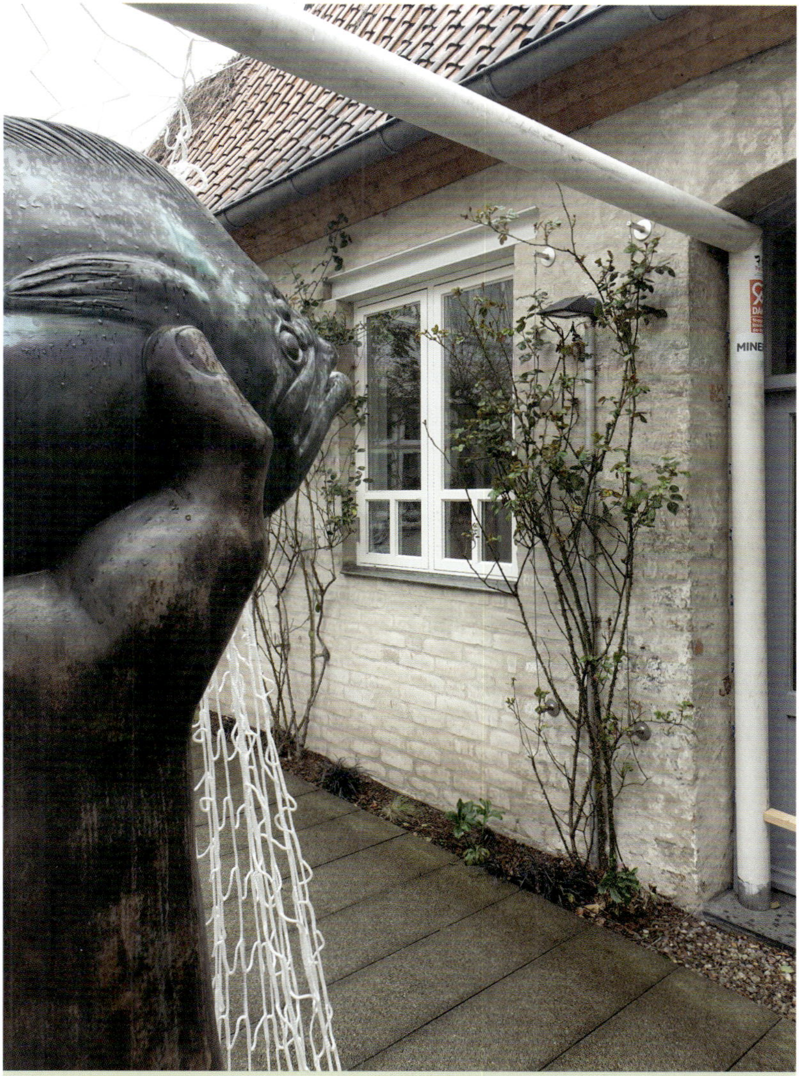

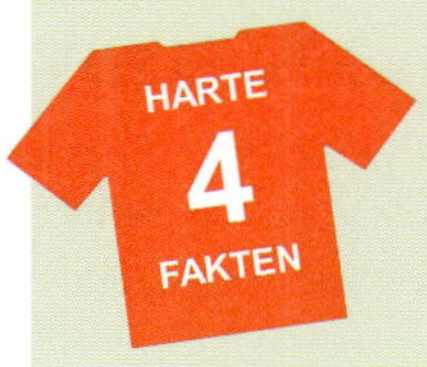

Adresse: Glockengießerstraße 21, 23552 Lübeck

Eröffnet: 2002

Öffnungszeiten: Dienstag bis Sonntag 11–17 Uhr

Bonuswissen: Auch den FC St. Pauli hat Grass unterstützt: mit einer Benefizlesung 2004 im Millerntorstadion.

Jonny-Felgenhauer-Straße

Grün-weißer Polizist

2003 wird die Straße südlich des Stadions Lohmühle in „Jonny-Felgenhauer-Straße“ umbenannt. „Er ist das größte VfB-Lübeck-Idol“, sagt Thomas Nöllen über den Torwart Jonny Felgenhauer, der ein Jahr zuvor kurz vor seinem 80. Geburtstag verstorben ist. Nöllen, der in Moers am Niederrhein wohnt und als Fan regelmäßig zur Lohmühle pilgert, hat 2010 eine VfB-Chronik verfasst mit dem Titel: „Eine Liebe in Grün-Weiß“.

Der Titel passt auch auf Felgenhauer, der in enger Vereinsverbundenheit über 600 Spiele im Tor für die Grün-Weißen bestreitet. Albert Felgenhauer wird 1922 in Harburg geboren, damals noch außerhalb der Stadtgrenzen Hamburgs. Weil er im Krieg als Marinesoldat mit einem weiteren Albert in Bulgarien stationiert ist, wird er fortan Jonny gerufen. Ab 1944 ist seine Einheit in Lübeck stationiert.

Felgenhauer spielt bei der SG Ordnungspolizei, die nach dem Krieg aufgelöst wird und mit dem in der Zeit des Nationalsozialismus verbotenen Lübecker Arbeitersportverein BSV Vorwärts zum VfB Lübeck fusioniert. „Bei der Wiedergründung ist Jonny im sportlichen Bereich eine der wichtigsten Figuren“, so Christian Jessen, der die 100-Jahre-VfB-Chronik 2019 verfasst hat.

Zunächst spielt Felgenhauer – der Legende nach – im Tor nur auf Socken, weil er einen seiner Schuhe im Krieg verloren hat. „Das ist zumindest für das erste Spiel verbürgt“, sagt Jessen.

Der VfB Lübeck pendelt mit ihm zwischen der zweitklassigen Amateurliga Schleswig-Holstein und der Oberliga Nord, bis zur Einführung der Bundesliga 1963 höchste Spielklasse im Nordwesten Deutschlands. 1964 wird er Interimstrainer. Als Publikumsliebling wird er natürlich auch als Verkehrspolizist erkannt. Regelmäßig vor Weihnachten muss er Geschenkpakete zusammentürmen, die ihm während seiner Berufszeit aus den vorbeifahrenden Autos überreicht werden.

Felgenhauer betreibt beim VfB nach seiner Fußball-Karriere auch andere Sportarten. Handball, Faustball oder Tischtennis. Beim Tischtennis lernt er auch seine Frau Anne kennen. „Eine echte grün-weiße Verbindung also“, schmunzelt VfB-Chronist Thomas Nöllen.

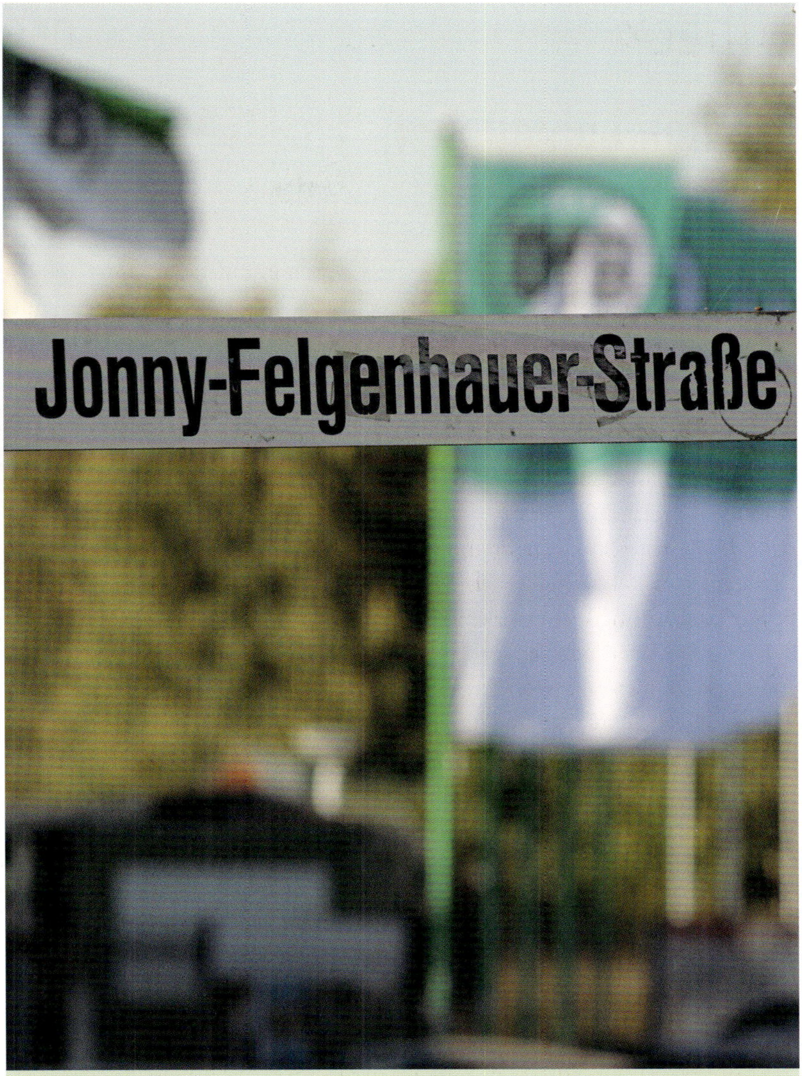

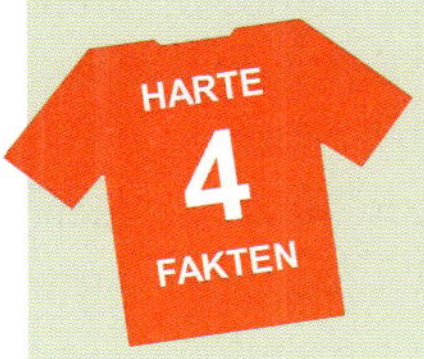

Adresse: Jonny-Felgenhauer-Straße, 23554 Lübeck

Vereine: VfB Lübeck, zuvor SG Ordnungspolizei Lübeck, Charlottenburger SC 03

Lebensdaten: 10. 6. 1922 – 25. 5. 2002

Bonuswissen: Als Lübecker Verkehrspolizist hat er häufig an der Ecke Königstraße/Hüxstraße den Verkehr geregelt.

Lübeck 060

Stadion Lohmühle I

Das Größte im Norden

Wo gibt es das schon: Ein Stadion – zwei Haupttribünen? Statt der Gegengerade hat man in Lübeck die Wahl zwischen alter und neuer Haupttribüne.

1929 wird vom ATSV Lübeck der „Sportplatz Lohmühle" eröffnet, damals noch in einem Randgebiet der Hansestadt; das Areal ist von Kleingärten umsäumt. Der Sportplatz wird zur Nazizeit in Adolf-Hitler-Kampfbahn umbenannt. Der SV Polizei, Vorgängerverein des VfB, spielt ab November 1934 hier. Die Alte Haupttribüne, heute liebevoll „Alte Holze" genannt, wird 1937 eröffnet.

Neben dem VfB Lübeck nutzen die Lohmühle auch andere Vereine. Zahlreiche Juniorenländerspiele finden hier seit 1970 statt. Der TuS Hoisdorf richtet sein DFB-Pokalspiel gegen Bayern München 1988 ebenfalls hier aus. Als der Hamburger SV das Volksparkstadion umbaut, verlegt er 1999 seine UI-Cup-Spiele: so gastieren der FC Basel und Trabzonspor an der Lohmühle. Ab 2000, nach Errichtung einer fernsehtauglichen Flutlichtanlage, vergibt der DFB Spiele im Ligapokal nach Lübeck: Hertha BSC, der Hamburger SV, Bayer 04 Leverkusen und Werder Bremen kommen. 2007 spielen die frisch gekürten DFB-Weltmeisterinnen im ausverkauften Stadion vor 17.000 Zuschauern im EM-Qualifikationsspiel gegen Belgien. Rekordspielerin und Rekordtorschützin Birgit Prinz trifft zum 3:0-Endstand.

Von der Nähe Lübecks zu Mecklenburg-Vorpommern profitiert auch die Lohmühle: Der FC Anker Wismar spielt hier im Pokal 2011 gegen Hannover 96, der FC Schönberg 95 2012 gegen den VfL Wolfsburg. Ebenso mieten im Pokal der SV Eichede 2017 gegen 1. FC Kaiserslautern und der SC Weiche Flensburg 2018 gegen Werder Bremen die Lohmühle. Die Zuschauerzahlen werden durch Schutzmaßnahmen seit den Nuller-Jahren reduziert. 2020 ist die Lohmühle dennoch offiziell das größte Stadion Schleswig-Holsteins.

Und noch eine Auszeichnung hat die Lohmühle sich verdient. Weil das Areal zwischen 2011 und 2013 offiziell „Pokerstars.de Stadion an der Lohmühle" heißt, kürt die 11-Freunde-Redaktion 2020 dies zu den „kuriosesten Stadionnamen".

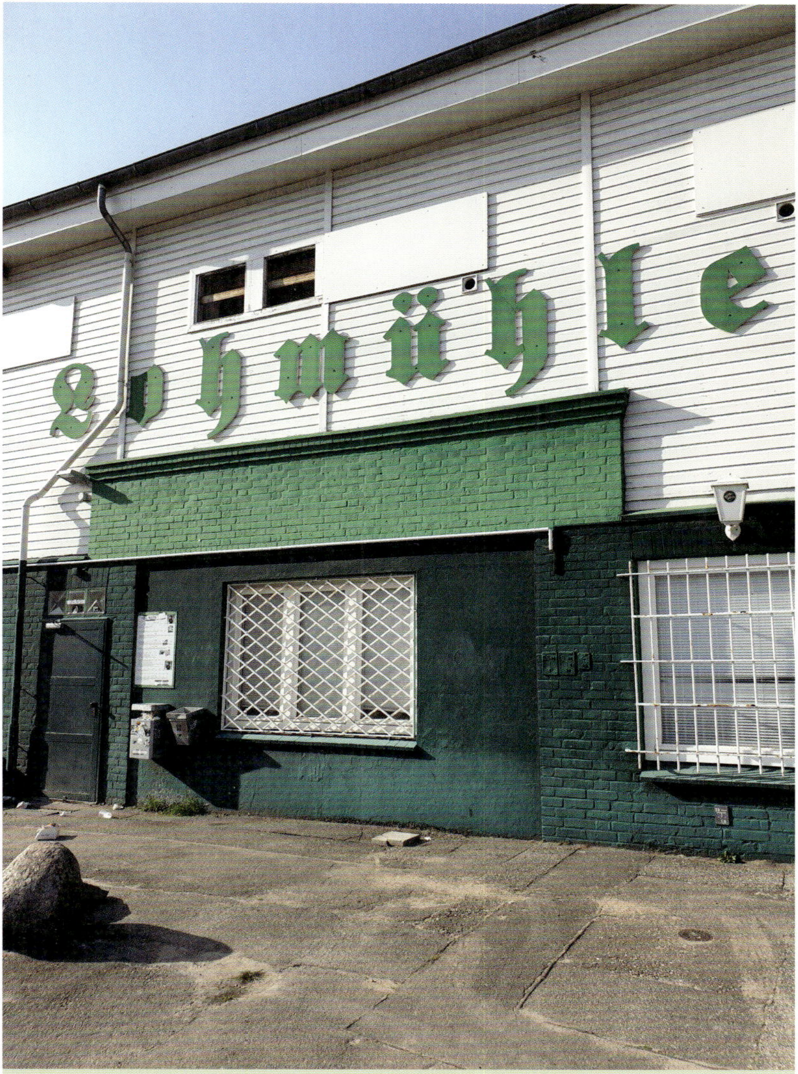

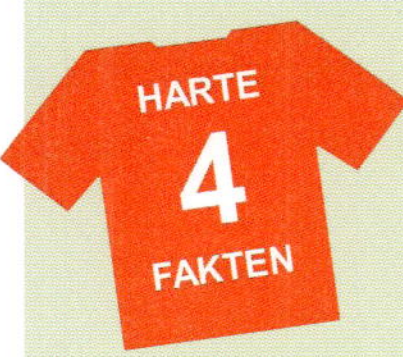

Adresse: Jonny-Felgenhauer-Straße, 23554 Lübeck

Erbaut: 1929

Zuschauer: Offiziell 15.292, faktisch derzeit nur 11.000.

Bonuswissen: Die namensgebende Lohmühle war bis in die 1960er-Jahre vom Stadion aus deutlich sichtbar.

Stadion Lohmühle II

Bewegungsspielbude

Stadionfüllende Bundesligaatmosphäre in Lübeck, das hat es durch den VfB schon mehrfach gegeben. Im August 1995 beispielsweise, als man kurz zuvor in die 2. Liga aufgestiegen ist und an der sehr gut gefüllten Lohmühle den VfL Bochum empfängt. 3:0 siegt der VfB vor 17.500 Zuschauern. 1996 wird die neue Haupttribüne eröffnet. Bis 1997 hält sich der VfB in der 2. Liga – und wiederholt dies ab 2002.

Unter Trainer Dieter Hecking gewinnt der VfB im August 2002 gegen den Erstligaabsteiger FC St. Pauli vor 17.869 Zuschauern mit 6:0. Höhepunkt ist 2004 das Erreichen des DFB-Pokalhalbfinales, als erster schleswig-holsteinischer Fußballverein nach 1941. Gegen den späteren Pokalsieger und Deutschen Meister Werder Bremen verliert man dramatisch nach Verlängerung und zweifacher VfB-Führung mit 2:3. Dass man im Weserstadion spielt, ist Lospech.

Unglückliche Zeiten gibt es natürlich auch. Trainer Heinz Höher bleibt 1996 nur einen Tag: Er kippt aus gesundheitlichen Gründen beim ersten Training um. Auch finanzielle Probleme tauchen ab Mitte der 1960er-Jahre immer wieder auf. Ab 2008 kommt es sogar zu zwei Insolvenzverfahren. 2013 spielt man daher eine Saison fünftklassig.

Das Auf und Ab hat beim VfB Tradition: Zwischen 1947 und 1963 gehört der VfB fünfmal zur damals erstklassigen Oberliga Nord – und steigt ebenso oft wieder ab. In der legendären Saison 1957/58 besiegt man an der Lohmühle den Hamburger SV vor 17.000 Zuschauern mit 3:1, deklassiert Werder Bremen zu Hause 8:3 – und steigt trotzdem ab.

Relativ spät entsteht der „Verein für Bewegungsspiele“: 1919 gründen zehn junge Männer aus der Arbeiterklasse den Ballsportverein Vorwärts, einer der Vorgängervereine. Erste Fußballspiele sind aber bereits für die 1890er-Jahre verbürgt, als Schüler des Katharineums auf einer Wiese kicken.

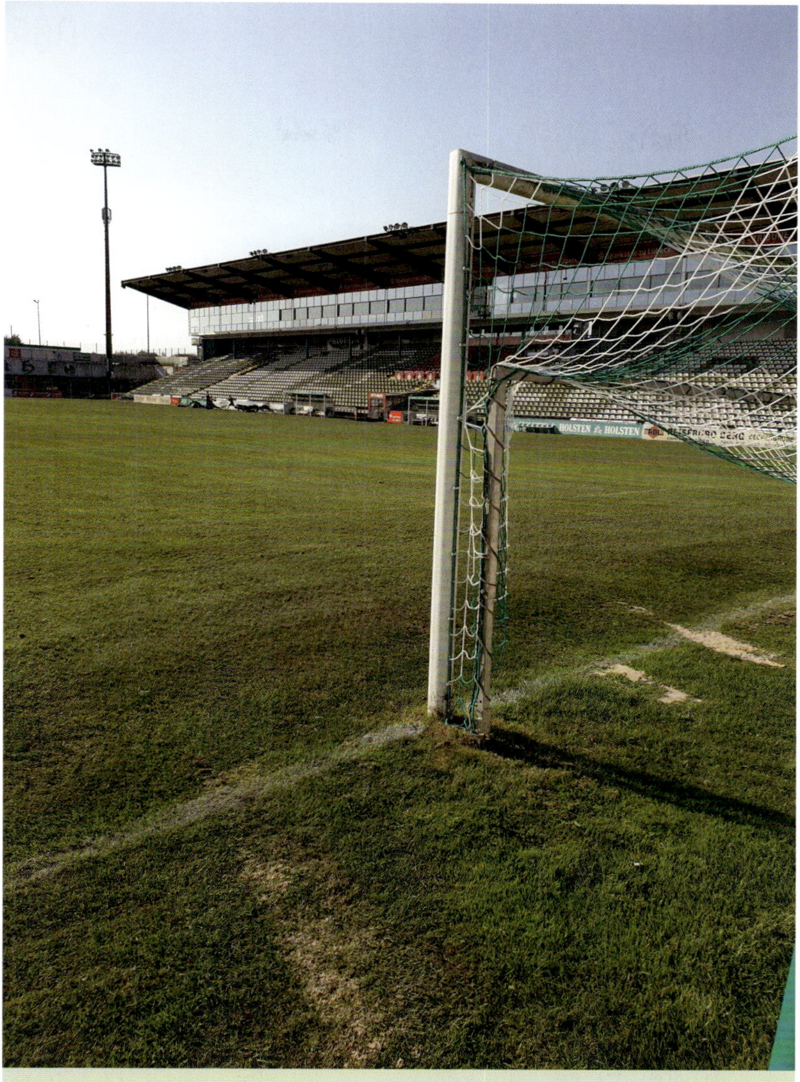

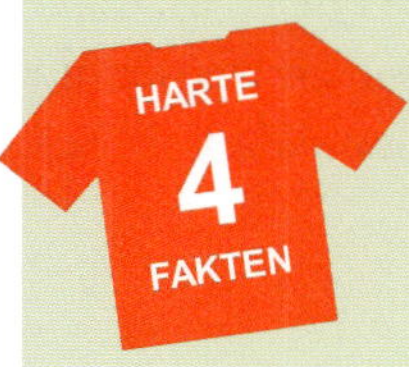

Adresse: Bei der Lohmühle 13, 23554 Lübeck

Verein: VfB Lübeck

Farben: Grün-Weiß

Bonuswissen: Die VfB-Ultras sind nicht auf den Haupttribünen zu finden. Sie singen in der „Pappelkurve".

Schönböcken

Zwischen E und U

Paris Saint-Germain, Manchester City, Schalke 04 und FC Dornbreite – sie haben alle eine E-Sport-Abteilung mit überregionaler Bedeutung. In Schleswig-Holstein hat in Sachen E-Sport der FC Dornbreite auch dank Landesgeldern eine Vorreiterrolle.

Ende 2019 beschließt der Lübecker Verein, das Dachgeschoss des Vereinsheimes umzubauen. „Früher haben hier Trainerbesprechungen stattgefunden", sagt E-Sport-Trainer Dominic Hennings, selbst Europameister und zweifacher Deutscher Meister im E-Sport. „Digitale Spiele wie FIFA oder Rocket League haben bei uns natürlich einen Schwerpunkt", sagt Hennings; gewaltverherrlichende Spiele lehne man ab.

Die Anbindung an den „echten" Fußball bleibe aber wichtig: „Nur zocken ist bei uns nicht erlaubt", sagt Hennings, „alle unsere Spieler müssen aktive Fußballmitglieder sein". Das Zielpublikum seien jugendliche Spieler. Die E-Sport-Trainingszeiten fangen ab 17 Uhr nach dem Kinder- und Jugendtraining auf dem Sportplatz an.

Ansonsten ist der FC Dornbreite auch ein sehr erfolgreicher klassischer Fußballverein. Gemütlich liegt das Clubhaus mit dem Satteldach am Stadioneingang, es könnte auch ein Einfamilienhaus sein. Dornbreite ist ein Bezirk im bürgerlichen Lübecker Stadtteil St. Lorenz Nord.

Relativ spät wird der Verein 1958 gegründet. Die Nachwuchsarbeit ist erfolgreich: Die A-Jugend gewinnt 1972 die Landesmeisterschaft. 1978 gelingt der kurzzeitige Aufstieg in die Landesliga, damals die höchste schleswig-holsteinische Spielklasse. 1989 schafft man die Rückkehr in die Landesliga, nunmehr die zweithöchste Spielklasse. 1999 erfolgt der kurzzeitige Aufstieg in die höchste Verbandsligaklasse.

In den Nullerjahren ist man nach der Abwärtsspirale von Rot-Weiß Moisling lange Lübecks zweiterfolgreichster Fußballverein hinter dem VfB. Seit 2012 spielt die erste Mannschaft regelmäßig in der Oberliga.

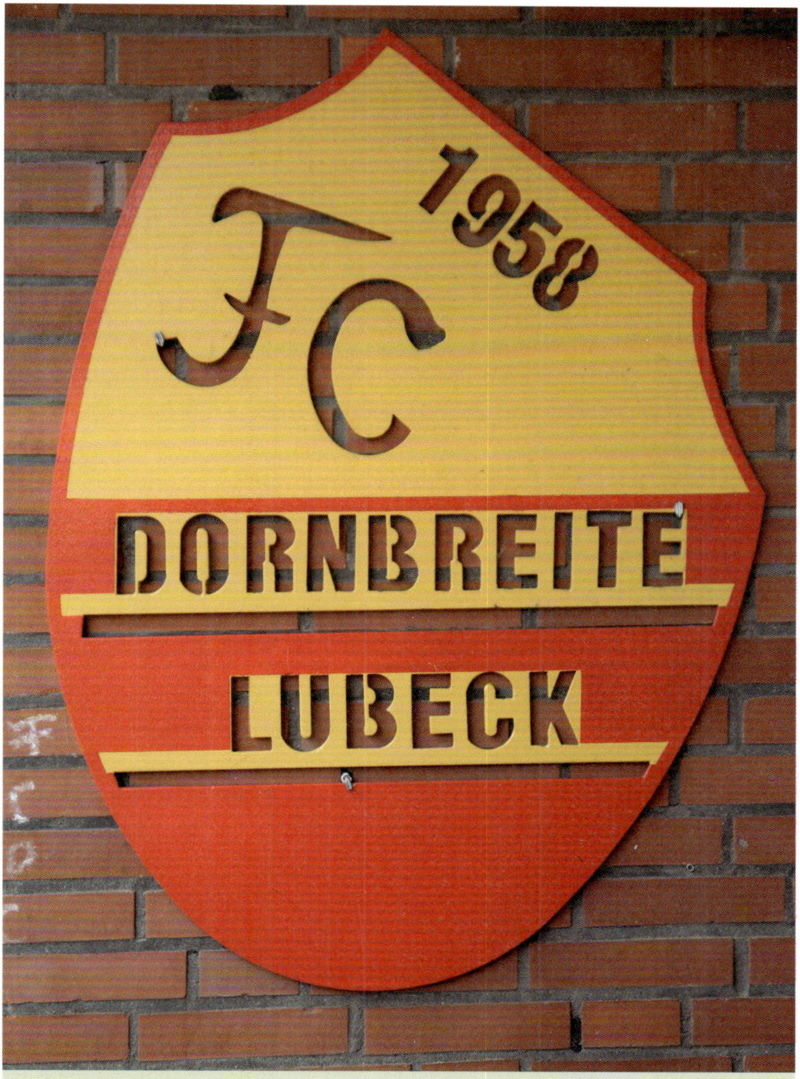

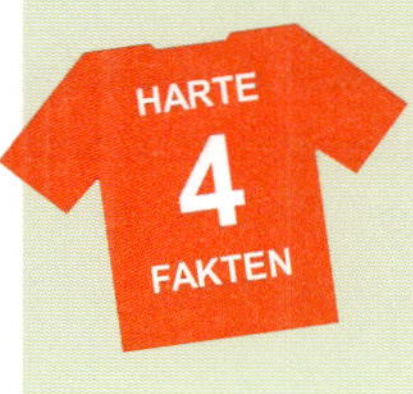

Adresse: Steinrader Damm 41, 23556 Lübeck

Zuschauerkapazität: 1.500

Verein: FC Dornbreite 1958

Bonuswissen: Der spätere Erstligaspieler Dennis Kruppke spielt in seiner Jugend beim FC Dornbreite.

Sportplatz am Brüder-Grimm-Ring

Unter dem Märchenwald

„Ich habe vier deutsche Meisterschaften und drei DFB-Pokale gewonnen, dabei als erster deutscher Spieler zwei Mal das inzwischen so berühmte Double", sagt Holger Willmer in einem Interview 2013. Damit ist er der erfolgreichste schleswig-holsteinische Vereinsfußballer. Unvergessen der 4:0-Auswärtssieg beim FC Barcelona mit dem 1. FC Köln 1980. Drei Jahre zuvor verpflichten Trainer Hennes Weißweiler und Manager Karl-Heinz Thielen den Lübecker Jugend-Nationalspieler.

„Begonnen hat Holger Willmer bei uns", sagt Norbert Sternberg, Jahrgang 1948, der viele ehrenamtliche Tätigkeiten bei der Spielvereinigung Rot-Weiß Moisling innehat. Der zehn Jahre ältere Holger Willmer lernt das Ballspiel ab 1964 im Südwesten Lübecks. Schmerzhaft für Rot-Weiß wechselt Willmer 1972 zum Stadtrivalen VfB, bevor es ihn in die Bundesliga zieht. Nach Köln – wo er in einer WG mit Gerry Ehrmann und Bernd Schuster lebt – spielt Willmer unter anderem für Bayern München und Hannover 96.

„Von solchen Spielern und solchen Zeiten können wir heutzutage nur träumen", sagt Sternberg, im Vorstand als Jugendkoordinator tätig. „Durch die Coronakrise haben viele junge Spieler bei uns den Trainingsrhythmus verloren."

Rot-Weiß Moisling ist lange Zeit die zweitbeste Lübecker Mannschaft hinter dem VfB, was auch an der zwischenzeitlichen Siebentklassigkeit des 1. FC Phönix gelegen hat. „Dass wir 2005 im Kreispokal-Finale 1:0 gegen den VfB gewinnen, war ein Höhepunkt unserer jüngeren Geschichte", so Sternberg.

Bis 1966 spielt Moisling auf einem Platz in 800 Metern Entfernung am Andersenring, „wo jetzt ein Supermarkt steht." Idyllisch-verschlafen liegt der heutige Sportplatz zwischen Grundschule und Kleingärtnerverein Krähenwalde. Märchenhaft die hier angrenzenden Straßennamen: Aschenputtelweg, Knusperhäuschen, Gretelweg. Nördlich des Rasen- und Kunstrasenplatzes sorgt hinter einem Bolzplatz ein dichter Wald für frische Luft; 200 Meter weiter plätschert die Trave. Dahinter beginnt der Stadtteil Buntekuh.

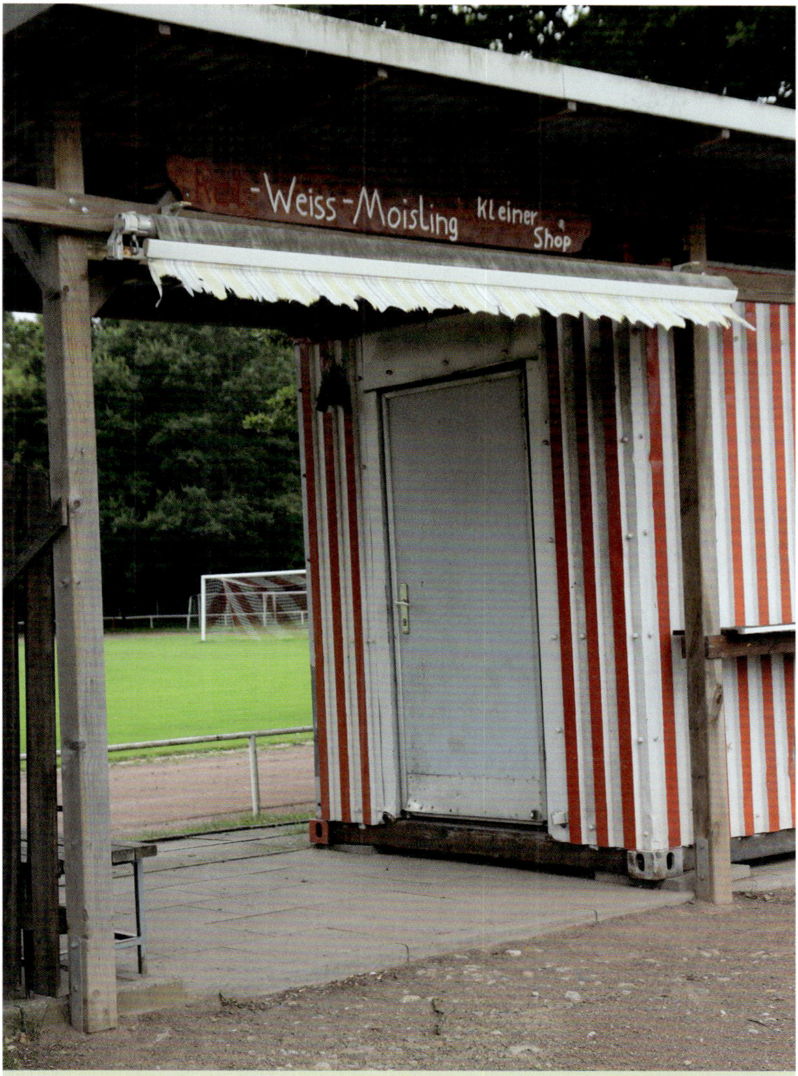

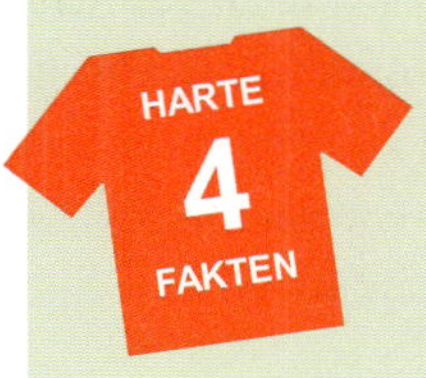

Adresse: Brüder-Grimm-Ring 4b, 23560 Lübeck

Verein: Spielvereinigung Rot-Weiß Moisling von 1911

Zuschauerkapazität: 1.500

Bonuswissen: Nach der Spielerkarriere hat Holger Willmer auch eine Trainerstation: 2007 beim FC Dornbreite.

Stadion Flugplatz

Akademiker aus der Asche

„Die Atmosphäre bei Phönix habe ich immer sehr gemocht", sagt der ehemalige Phönix-Nachwuchsstarspieler Peter Nogly. „Die beiden Lübecker Plätze Lohmühle und Flugplatz gehören für mich zu den schönsten Stadien in Schleswig-Holstein. Die Holztribünen haben so einen englischen Touch, gerade auch bei Phönix." Bevor Peter Nogly 1969 zum Hamburger SV wechselt, kickt er hier zwei Spielzeiten für Phönix und erzielt 22 Tore.

Seit 1920 spielt Phönix auf dem ehemaligen Flugplatz. „Auf unserem Platz landeten zuvor Zeppeline", berichtet Präsident Thomas Laudi. Die Pläne für die damalige Umgestaltung stammen vom Gartenarchitekten Harry Maasz, der ein paar Meter südlich während des Ersten Weltkrieges auch den Ehrenfriedhof konzipiert. Die 1920er-Jahre sind golden: Phönix wird 1925 bis 1930 jeweils Meister der erstklassigen Oberliga Lübeck/Mecklenburg.

„Früher wurden wir als ‚Akademiker' beschimpft", sagt Stefan Schnoor, der in dritter Generation Mitglied bei Phönix ist; Schnoors Großonkel ist Gründungsmitglied. Schnoor, mit dem Neumünsteraner Fußballer selben Namens nicht verwandt, pflegt ein privates Foto- und Textarchiv zu Phönix. „Die bildungsbürgerlichen Neckereien haben mit unserer Vereinsgründung zu tun", sagt Schnoor. Die Vorgängervereine im frühen 20. Jahrhundert bildeten sich aus Lehrerseminarvereinen. „Technisch versierte Fußballspieler von der innerstädtischen ‚Oberschule zum Dom' wurden jahrzehntelang von den dortigen Sportlehrern zu Phönix vermittelt."

Bis zur Einführung der Bundesliga 1963 spielt Phönix stets auf erst- und zweitklassiger Ligaebene. Doch ab den späten 1970ern führen finanzielle Probleme auch zum sportlichen Abstieg: Die Drittklassigkeit wird nicht mehr erreicht. Ab den 1990ern stürzt die erste Mannschaft immer mal wieder in die Sechst- bis Siebentklassigkeit. Ein neuerlicher phönixhafter Aufstieg beginnt erst ab 2017.

„An eine Stadionfeier zum hundertjährigen Bestehen konnten wir 2020 gar nicht denken", sagt Präsident Laudi. 2020 steigt der Verein in die Regionalliga auf, die Coronapandemie bremst aber das Vereinsleben.

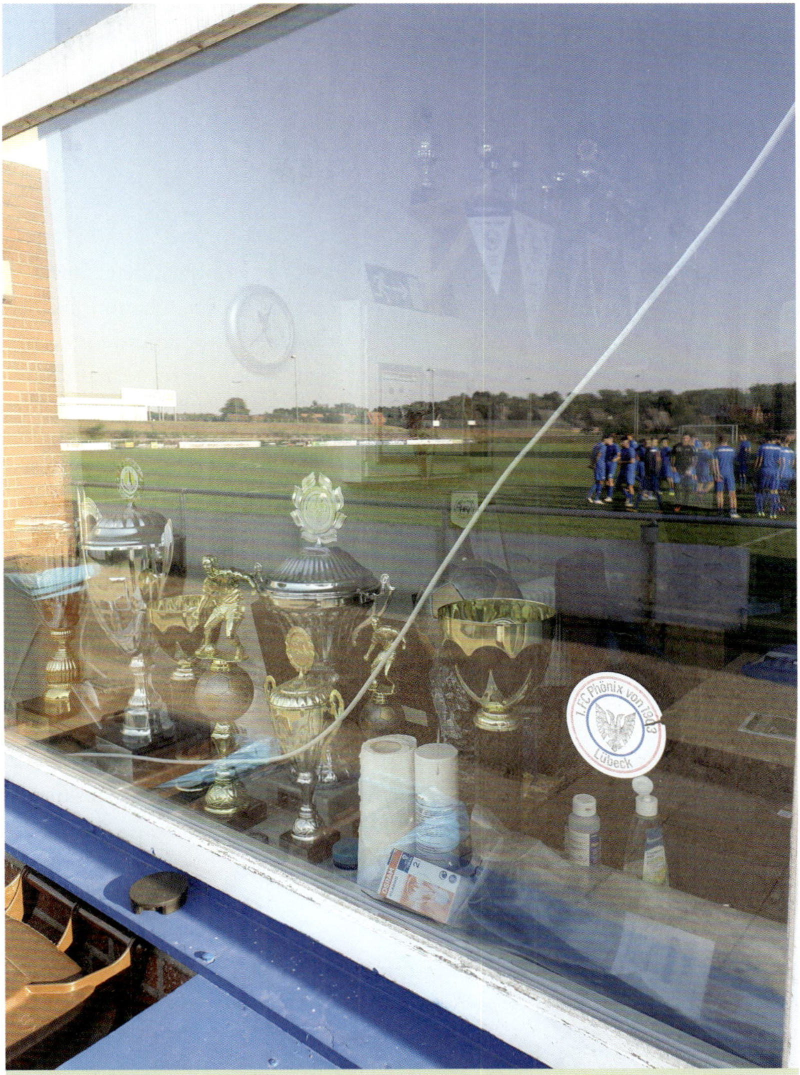

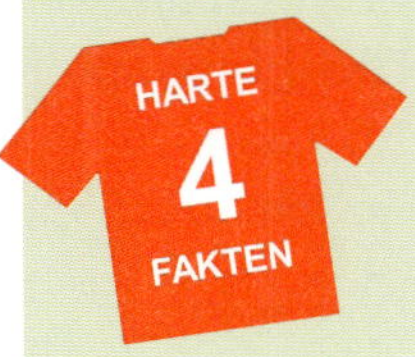

Adresse: Travemünder Allee 69c, 23568 Lübeck

Verein: 1. FC Phönix 03 Lübeck

Zuschauerkapazität: 3.000

Bonuswissen: Beim Derby gegen den VfB Lübeck kommen im August 1967 über 14.000 Zuschauer.

Sportplatz Kieler Straße

Ballkünstler in Schmalenstedt

Künstler sind in Lütjenburg – im Verhältnis zur Einwohnerzahl – häufig zu finden. Der 1888 geborene Maler Willy Knoop gehörte der „Hamburgischen Sezession" an. Der 1962 geborene und mittlerweile international gefeierte Künstler Daniel Richter wächst in Lütjenburg auf, sein Bruder Marc betreibt in der historischen Altstadt eine Galerie. Rocko Schamoni, Jahrgang 1966, verewigt im autobiografisch geprägten Roman „Dorfpunks" seinen Geburtsort als „Schmalenstedt". Um in die norddeutsche Dorfgemeinschaft aufgenommen zu werden, heißt es hier, müsse „man im Schützenverein, in der Feuerwehr und im Fußballverein sein."

„Das mit dem Fußballverein stimmt auf jeden Fall", schmunzelt Reiner Scheff, Fußballobmann vom TSV Lütjenburg. Das betreffe auch die seit 2015 ankommenden Geflüchteten. In der Anfangszeit spielen bis zu 40 Geflüchtete aus Pakistan, Iran, Irak, Syrien, Afghanistan und Eritrea beim TSV. „Die hatten zunächst gar keine Fußballausrüstung", sagt Scheff.

Das „Refugee Team", das gleich in der ersten Saison 2017 aufsteigt, erzeugt eine überregionale Medienaufmerksamkeit, Integrationspreise werden gewonnen. „Unter Fußballern versteht man sich ganz schnell, da ist die Nationalität unerheblich", sagt Scheff. „Viele haben mittlerweile eine eigene Wohnung und einen Führerschein; bei Umzügen, Arztbesuchen oder Behördengängen helfen wir den Spielern." Die Geflüchteten werden auch bei der Arbeitssuche unterstützt. Der aus Syrien stammende Almjad Alkoud – mittlerweile auch lizensierter Schiedsrichter im Herrenbereich – trainiert seit 2019 die E-Jugend beim TSV Lütjenburg.

Nicht nur junge Spieler hat der 1861 als Lütjenburger Männerturnverein gegründete Verein, der 1951 mit dem Sportclub Lütjenburg fusioniert. Bundesligaschiedsrichter Eckhard Jensen, der in den 1970er-Jahren Spiele mit Franz Beckenbauer oder Günter Netzer leitet, wird 2019 nach 70 Jahren TSV-Mitgliedschaft zum Ehrenmitglied ernannt. Jensen lebt in Schönkirchen, wo er Bürgermeister gewesen ist.

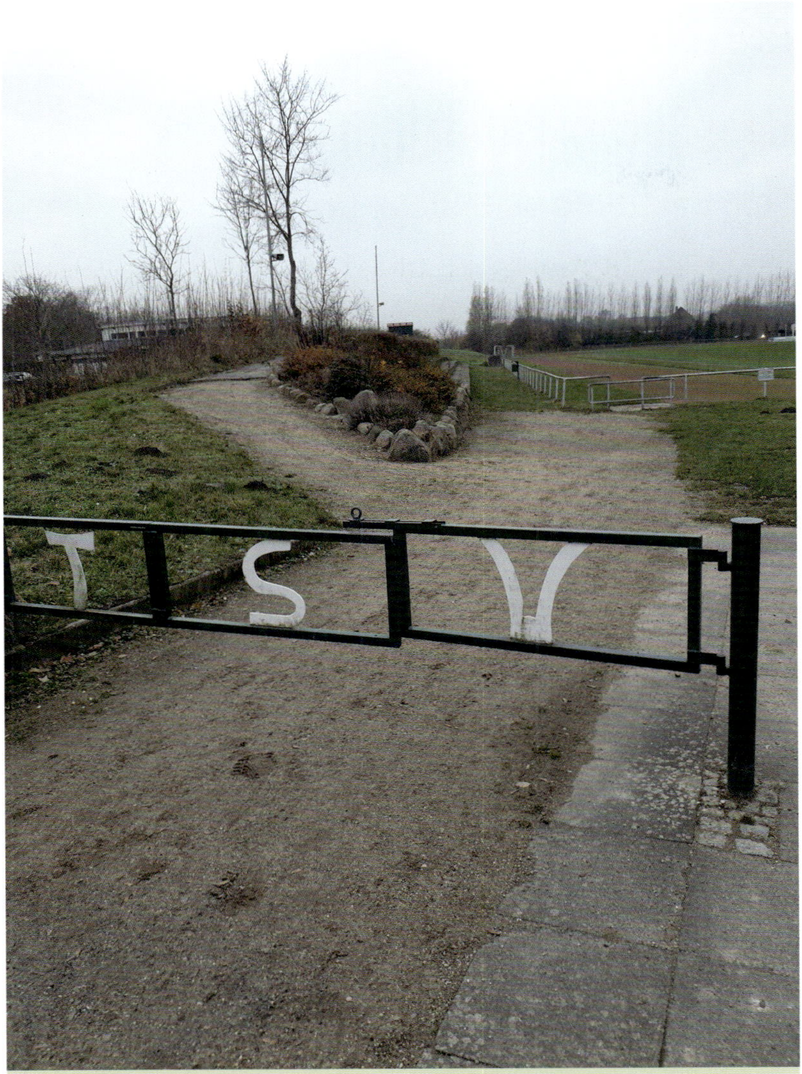

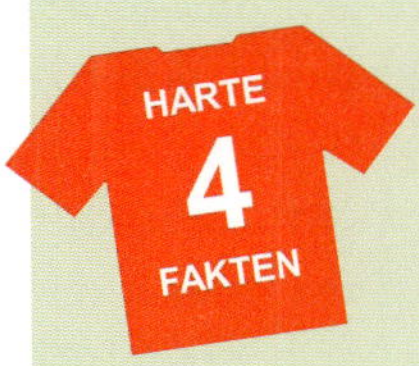

Adresse: Kieler Straße 34, 24321 Lütjenburg

Zuschauerkapazität: 2.000

Verein: TSV Lütjenburg von 1861

Bonuswissen: In der JSG Hohwacht spielen SV Knudde 88 Giekau, TSV Dannau, TSV Hessenstein und SC Kaköhl zusammen.

Uwe Seeler Fußball Park

Vom Geist und vom Glanz

Jürgen Klinsmann, Andi Brehme, Oliver Kahn – stehen an den Schlüsselanhängern. Fußballer, die sich in der Sportschule Malente auf Weltmeisterschaften vorbereitet haben. „Wir haben die Zimmernamen so vergeben, dass wir auch bei den meisten Fußballstars genau sagen können, dass sie auch in den entsprechenden Zimmern geschlafen haben", sagt Sebastian König, Leiter der Sportschule.

Malente: der Mythos. Der überregional bekannteste Fußballort Schleswig-Holsteins. Mit dem Höhepunkt 1974: der sagenumwobenen „Nacht von Malente". Nach dem Sparwassertorschock – im einzigen deutsch-deutschen Fußballspiel der Geschichte besiegt die DDR die gastgebende Bundesrepublik in der Vorrunde mit 1:0 im Hamburger Volksparkstadion – kommt es angeblich in der anschließenden Nacht zum mentalen Kick. Unter der Führung von Franz Beckenbauer findet die niedergeschlagene Mannschaft in ihrem Stützpunkt Malente zum unbedingten Siegeswillen einer verschworenen Gemeinschaft. Sie wird im folgenden Turnierverlauf nicht mehr verlieren – und schließlich zum zweiten Mal Weltmeister. „Das fand im alten Taktikraum statt, den wir immer noch als Bibliothek und Besprechungsraum nutzen", erklärt König. 1974 kommt die DFB-Elf nach jedem WM-Spiel nach Malente als Basiscamp zurück und verbringt auch die Vorbereitungswochen hier.

Bereits Bundestrainer Sepp Herberger schätzt die ostholsteinische Idylle. Erfolgreich verläuft auch die Vorbereitung zur dritten deutschen WM-Krone 1990. Malente wird zum Glücksbringer, man raunt retrospektiv vom „Geist von Malente". 1994 hat hier zuletzt eine A-Nationalmannschaft trainiert. „Mit unserem Bettenangebot sind wir mittlerweile für den umfangreichen DFB-Tross zu klein", sagt König. 54 Betten stehen parat. „Jugendnationalmannschaften haben wir aber weiterhin zu Gast".

2013 wird die 1952 eröffnete Unterkunft saniert, erweitert und umbenannt: „Mit Herz und Seeler" steht an der Rezeption. Seit dem Umbau versprüht das Gebäude jedenfalls keineswegs mehr den von Franz Beckenbauer und Paul Breitner noch kritisierten jugendherbergsartigen Kasernencharme.

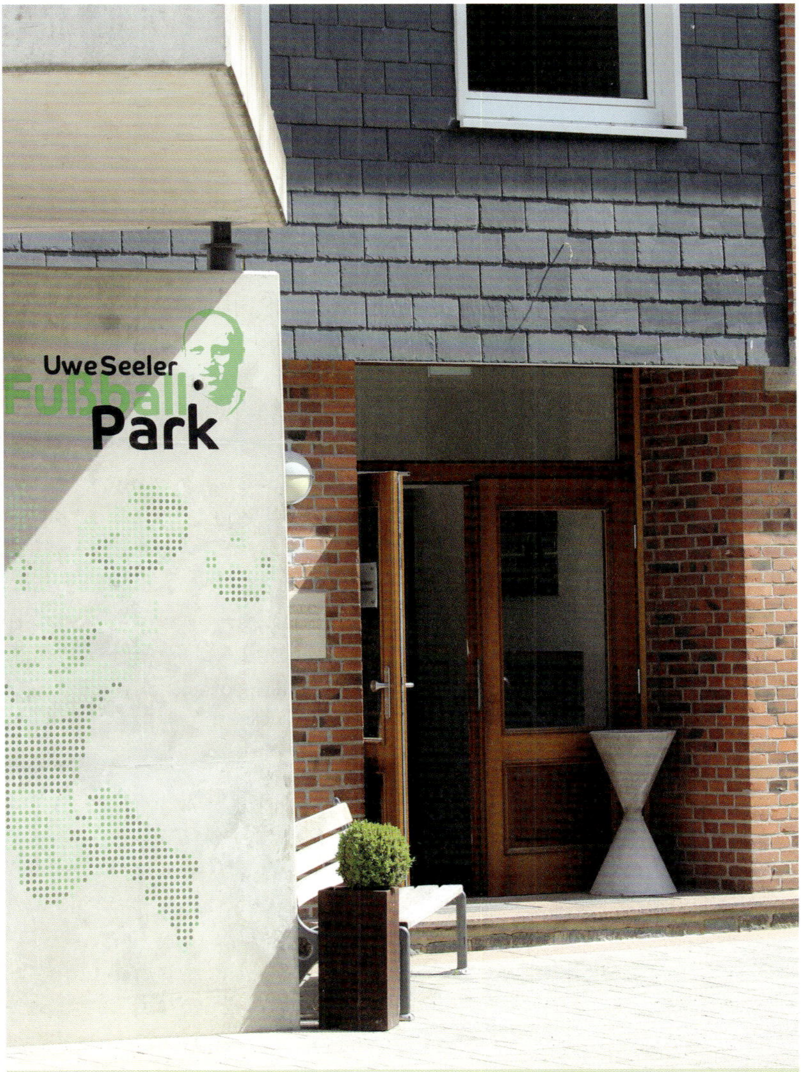

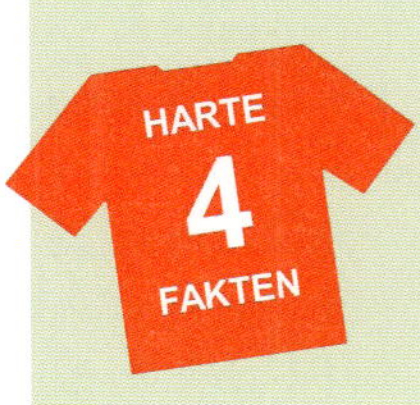

Adresse: Am Stadion 4, 23714 Malente

Erbaut: 1952 (2013 erweitert)

Zuschauerkapazität: 800 am älteren Platz

Bonuswissen: Als Souvenir (passend „Uwenir“ genannt) gibt es einen Schnaps zu kaufen: „Geist von Malente“.

Waldsportplatz

Fair Play in der Eulenspiegelstadt

Till Eulenspiegel setzt sich auf die Rednerliste und beginnt: „Sport ist die gesündeste Krankheit der Welt…" In Mölln, wo Till Eulenspiegel seinen Lebensherbst verbracht haben soll, erscheinen zur 150-Jahrfeier der Möllner Sportvereinigung (MSV) besondere Personen. So verewigt sich im Jubiläumsjahr 2012 Angela Merkel – am Rande einer Wahlkampfveranstaltung – im MSV-Gästebuch. Die Bundeskanzlerin geht anschließend vom Fußballrasen aus in die Luft: mit dem Hubschrauber der Bundesluftwaffe entschwebt sie dem Waldsportplatz.

2012 feiert die MSV-Fußballabteilung doppelt: zusätzlich zum Gesamtjubiläum das hundertjährige Spartenjubiläum. Als reiner Fußballverein gründet sich 1912 der Möllner Sportverein. In der Chronik liest man, es habe zuvor zwei „Straßenmannschaften" gegeben, die sich „Zeppelin" und „St. Pauli" nennen und unter anderem auf einer Koppel an der Ratzeburger Chaussee kicken. Ab 1933 fusioniert der Verein zum TSV, der Arbeitersportverein wird verboten.

Nach dem Zweiten Weltkrieg schaffen die TSV-Herren auf Anhieb den Aufstieg von der Bezirksliga in die damalige Landesliga; die Jugend nimmt an den Spielen um die Landesmeisterschaft teil. Von 1948 an spielt der Fußballverein durchgehend in der zweithöchsten schleswig-holsteinischen Amateurklasse, wobei in den 1950ern vier Mal ein Fair-Play-Pokal gewonnen wird.

1964 geht der TSV in der neugegründeten MSV auf. Wechselhafte Fußballplatzierungen folgen. 2005 wird die MSV Meister der damaligen Bezirksliga Süd. In der Bezirksoberliga erreicht man ein Jahr später den zweiten Platz hinter FC Dornbreite.

Einige bringen es weit. Holger Ballwanz, Jahrgang 1967, wechselt aus Mölln zum Hamburger SV und kommt ab 1989 zu 41 Erstligaeinsätzen. Weitere seiner Bundesligastationen sind Hannover 96 oder VfL Wolfsburg, für den er 199 Spiele macht. Mittlerweile ist Ballwanz dort Fanbeauftragter.

2037 feiert die MSV 175-Jähriges. Die Chronik von 2012 gibt hierzu einen Ausblick: „Der Altersdurchschnitt der MSV-Mitglieder ist auf 67 Jahre gestiegen. Die Schachabteilung musste schon einen Aufnahmestopp verhängen."

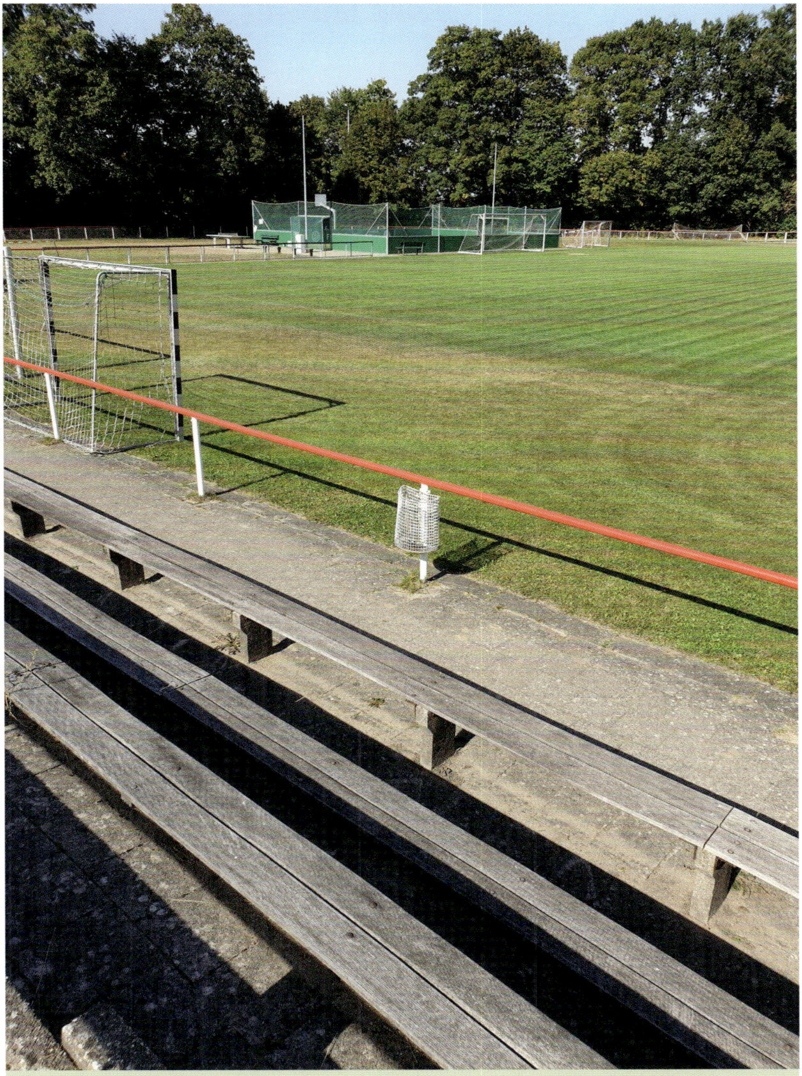

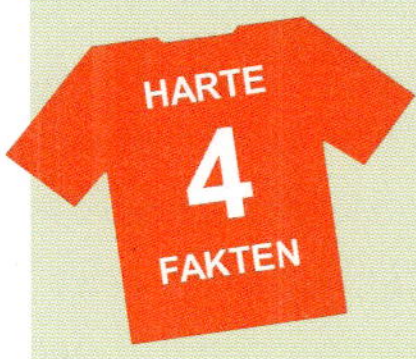

Adresse: Ratzeburger Straße 37, 23879 Mölln

Verein: Möllner SV von 1862

Zuschauerkapazität: 2.500

Bonuswissen: Alfred Kaminski, 1964 in Mölln geboren, wird 2015 Interimstrainer der Stuttgarter Kickers.

Neumünster 068

Grümmi-Arena

Wo Rapid Wien besiegt wurde

Ein Augustsonntag im Jahr 2013. Ein DFB-Pokalfight, wie ihn der VfR Neumünster noch nicht erlebt hat. Auch wenn Hannover 96 im Stadion an der Geerdtstraße 2004 bereits zu Gast gewesen ist, man 1974 gegen den FK Pirmasens gespielt hat: Stets war man unterlegen. Aber hier scheint jetzt alles möglich.

64. Minute. Es steht in der zweiten Halbzeit sensationell 2:2 – und der Gegner wechselt. Zeit durchzuatmen. Was bis hierhin geschehen ist: Michél Harrer besorgt für den traditionell in Lila-Weiß spielenden Regionalligisten bereits in der 4. Spielminute das 1:0; Christopher Kramer köpft vor wenigen Augenblicken zum Unentschieden. Der Erstligagegner aus der Bundeshauptstadt sieht an diesem Nachmittag gar nicht gut aus. Der Wechsel macht deutlich, dass Hertha BSC das hier ernst nimmt und seine besten Spieler aufstellt: Um 17:20 Uhr verlässt Adrián Ramos – später Stürmer bei Borussia Dortmund – für Sandro Wagner – später bei Bayern München und Nationalspieler – den Platz der archaischen Grümmi-Arena.

Von einer möglichen Pokalsensation kann ein paar Jahre zuvor nur geträumt werden. 2011 spielt der VfR noch in der 5. Liga. Zahlreiche Turbulenzen hat der Verein mit dem Kassenhäuschen aus den 1920ern da schon hinter sich: zwei Insolvenzanträge Mitte der Nullerjahre beispielsweise.

Die glanzvollste Zeit liegt vor dem Bestehen der Bundesliga. Von 1955 an spielt der VfR acht Jahre lang in der damals höchsten deutschen Spielklasse, der Norddeutschen Oberliga. 1959 wird man Dritter hinter dem Hamburger SV und Werder Bremen. Damals besiegt man in Neumünster vor knapp 20.000 Zuschauern den HSV mit 2:0. Im Rappan-Cup – einem Vorläufer des Europapokals – bezwingt der VfR im heimischen Stadion im Juli 1963 Rapid Wien – Deutscher Meister von 1941 – mit 1:0.

Kann sich das 2013 wiederholen? Der Regionalligist hält tapfer in der zweiten Halbzeit durch. Allerdings erhält in der 90. Minute der VfR-Torschütze Kramer die Gelb-Rote. In der Verlängerung versteckt sich der Underdog keineswegs. Alles sieht nach einem Elfmeterschießen aus, doch dann erhält Hertha BSC in der 120. Minute einen schmeichelhaften Strafstoß.

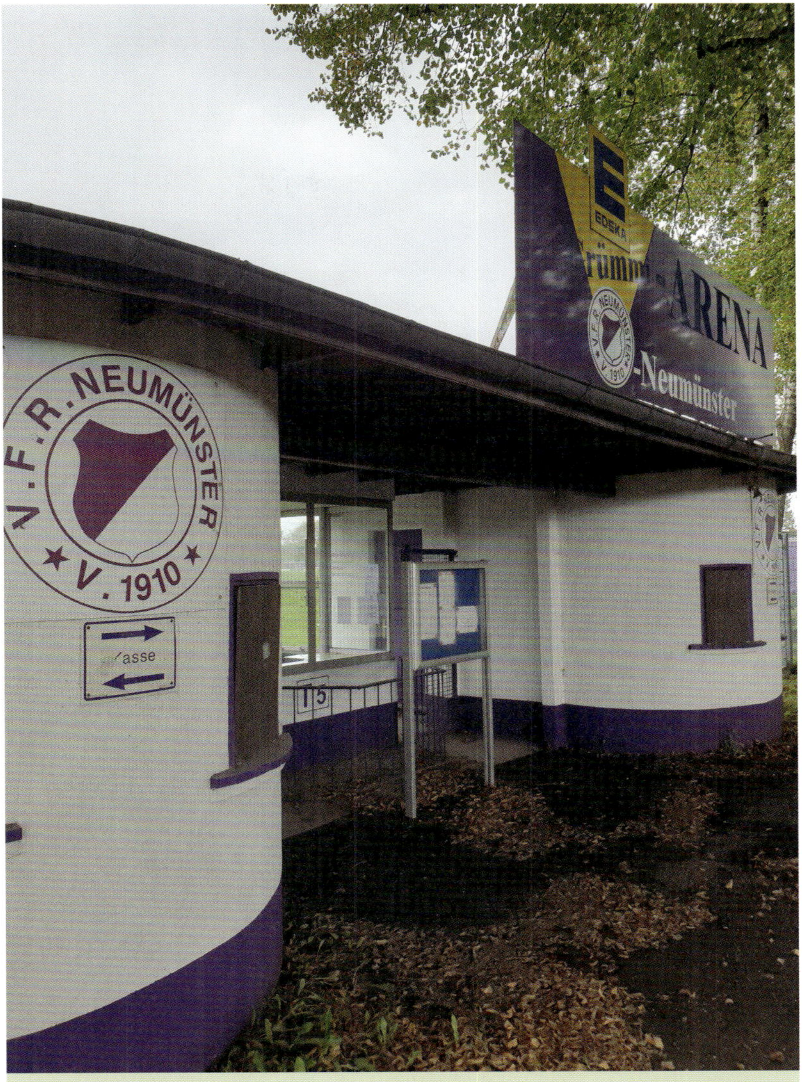

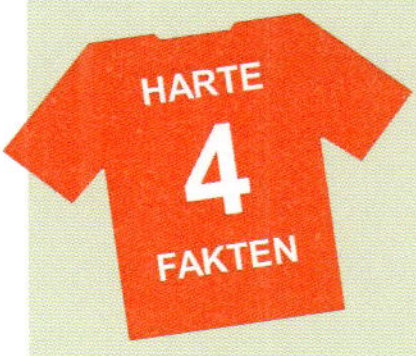

Erbaut: 1927

Zuschauerkapazität: 4.999 (genehmigt)

Verein: VfR Neumünster

Bonuswissen: Die Arena ist seit 2011 benannt nach dem lokalen Supermarktchef Gerd Grümmer.

Neumünster 069

Stadion am Forstweg

Olympisches Tor

Selten wechselt ein ausländischer Nationalspieler zu einem schleswig-holsteinischen Fußballverein. Hier drei Ausnahmen: Holstein Kiel verpflichtet im Juli 2018 den Südkoreaner Jae-Sung Lee, der wenige Tage zuvor mit seinem Team bei der Weltmeisterschaft in Russland den amtierenden Champion Deutschland mit 2:0 auf den letzten Vorrundenplatz schickt. 1924 holt die KSV den Ungarn Gábor Obitz. Zwei Jahre später wird der 1899 im norwegischen Bergen geborenen Herbert Lunde vom SC Olympia Neumünster unter Vertrag genommen.

„Wir haben eine sagenhafte Historie, auch wenn wir nicht immer ganz oben mitspielen konnten und zuletzt fußballerische Probleme hatten“, sagt Jodelle Sauer, Olympia-Fußballbeauftragte. MTSV Olympia ist der älteste Fußballverein in Neumünster, der viertgrößten Stadt Schleswig-Holsteins.

„Ich kann gar nicht genau sagen, warum bei der Vereinsgründung die Bezeichnung Olympia gewählt wurde“, sagt der 1. Vorsitzende Wolfgang Reiss. Im Jahr der Olympischen Spiele in Berlin 1936 fusioniert der Männerturnverein von 1859 mit dem SC Olympia von 1909.

Ein hoher, recht steiler Graswall für Zuschauer umgibt den Platz. „Das ist sehr mühselig, den Wall zu mähen“, sagt Jodelle Sauer. Der Stadt gehört das Stadion. „Die müssten mal mit einem professionellen Querschneider ran.“ Stattdessen mühen sich wöchentlich Vereinsmitglieder, bis zu fünf Stunden benötigen sie mit herkömmlichen Rasenmähern.

Defensivspielerin Andrea Kuhlmann wechselt 1990 von Olympia zum Erstligisten SSV Schmalfeld. Der 1971 geborene spätere Bundesligaspieler und Fußballexperte Stefan Schnoor, dessen Cousine im Ort seit 2010 an der Fehmarnstraße die Indoor-Soccerhalle Stefan-Schnoor-Arena betreibt, wechselt 1987 von Olympia zum Hamburger SV. „Wir sind für viele das Tor zum professionellen Fußball“, sagt Jodelle Sauer.

Der besondere Torbogen an der Einfahrt wird Mitte der 1990er-Jahre errichtet. Wolfgang Reiss: „Unsere Leichtathletiklegende Ove Bartrum hat den damals durch Spenden organisiert.“

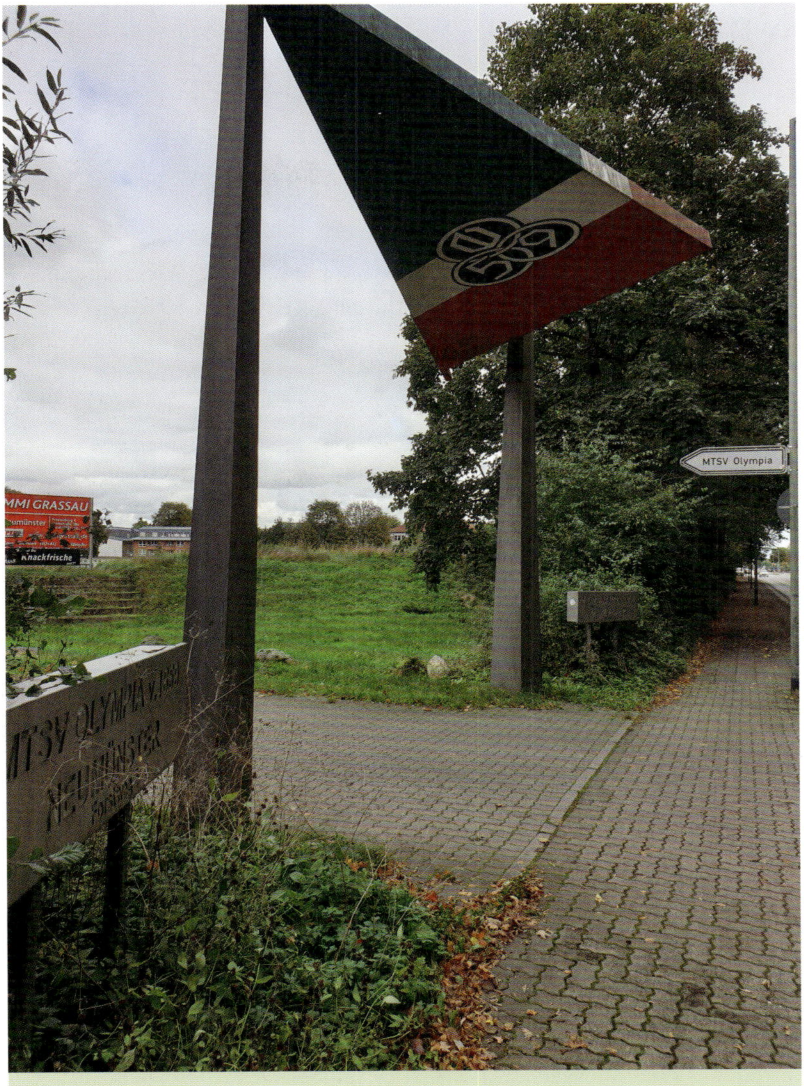

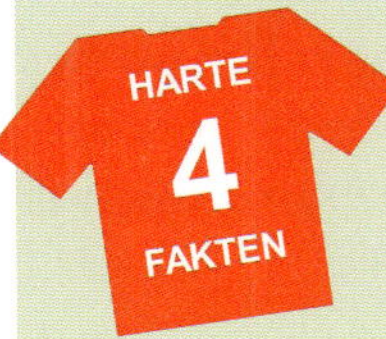

Adresse: Forstweg 5, 24537 Neumünster

Verein: MTSV Olympia von 1859

Zuschauerkapazität: 5.000

Bonuswissen: An der Carlstraße befand sich der alte Eingang, hier stehen mittlerweile Wohnhäuser.

Gogenkrog-Sportplatz

Fanal im Sperrgebiet

Wer im charmanten Neustadt das Ostseestadion am Wieksberg besuchen möchte, der sucht vergebens. Die ansteigende Wieksbergstraße südlich des Bahnhofs endet mit einem Gitter; ein freundlicher Pförtner mahnt zur Umkehr. Hinter der Straßensperrung befindet sich eine Militärschule oder etwas bürokratisch-exakter: das „Einsatzausbildungszentrum Schadensabwehr Marine."

Was man nicht sehen darf: 1952 wird am Wieksberg das Ostseestadion eingeweiht, errichtet auf dem Gelände einer ehemaligen U-Boot-Schule. Hier spielt die 1946 gegründete Fußballabteilung des TSV Neustadt, allerdings nicht immer erfolgreich. Gleich in der ersten Saison im Ostseestadion bekommt man 165 Gegentore; drei Mal verliert man zweistellig.

1955 wird das Ostseestadion zum Dirk-Möller-Stadion umbenannt. Dirk Möller ist Vorsitzender des Kreissportverbandes Oldenburg. Bei einem nicht selbstverschuldeten Autounfall kommt er 1955 ums Leben. Mit 39 Jahren. 1964 kündigt die Bundesvermögensstelle dem TSV das Dirk-Möller-Stadion.

„Seitdem spielen in dem ehemaligen Stadion nur noch Marinesoldaten", erklärt Thomas Schwarz, der ebenfalls bei der Marine arbeitet, allerdings als Zivilist. Er repariert Tauchgeräte; in Neustadt steht einer der weltweit seltenen U-Boot-Tieftauchtöpfe. Außerdem betreibt er eine Homepage, die auch viele historische Abbildungen und die Geschichte des Ostseestadions dokumentiert. Schwarz ist 2018 Kurator für die Sonderausstellung zum 150-jährigen Jubiläum des Gesamtvereins, die im Zeittormuseum gezeigt wird.

Nach dem Aufenthalt auf dem Wieksberg spielt man ab Mitte der 1960er nördlich des Bahnhofs auf der Anlage des Sportplatzes Poppenberg, die 1969 zur Gogenkrog-Sportanlage umgebaut wird.

Derzeit ist die Fußballsparte des TSV Neustadt für ihre Jugendarbeit bekannt. 2019 wird eine Spielgemeinschaft mit NTSV Strand 08 beschlossen. Gemeinsam mit dem TSV Neustadt spielt man bis 2020 eine Saison als „SG Neustrand".

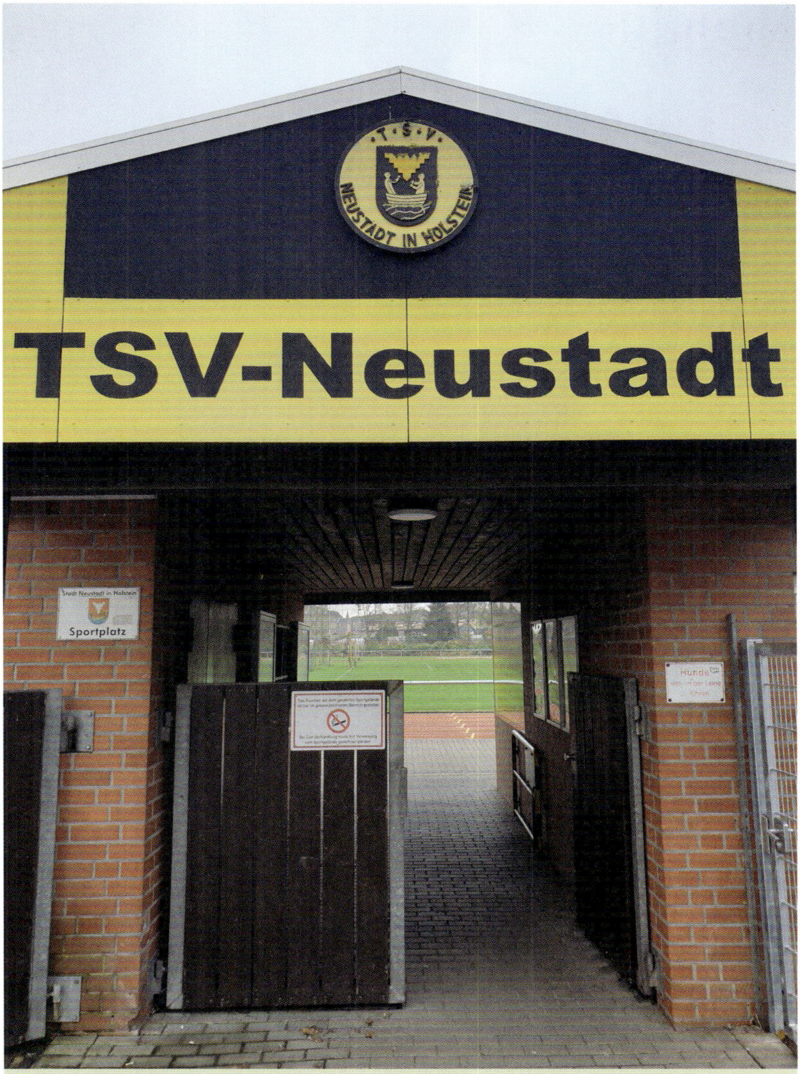

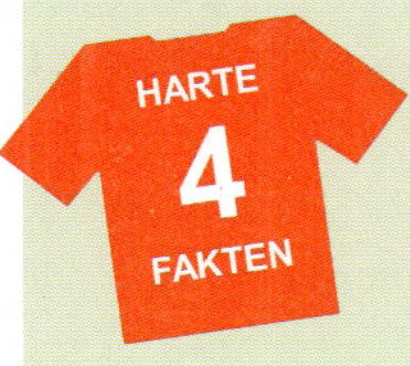

Adresse: Am Gogenkrog, 23730 Neustadt/Holstein

Erbaut: 1969 angelegt, 1992 saniert

Verein: TSV Neustadt

Bonuswissen: Tatort-St.-Pauli-Kommissar Axel Prahl spielte in seiner Jugend Fußball beim TSV Neustadt.

Niebüll 071

Walter-Rau-Stadion

FCB, BVB, FCK: Bodo Schmidts Rückkehr

„Niebüll ist einfach meine Heimat", sagt Bodo Schmidt. Den 10.000-Einwohner-Luftkurort kennen viele als Verladestation für die Autozüge Richtung Sylt. Oder als Umsteigebahnhof Richtung Dagebüll, von wo aus Schiffe die anderen nordfriesischen Inseln ansteuern. Nur einen Kilometer nordwestlich vom Bahnhof Niebüll entfernt liegt das Walter-Rau-Stadion, hier spielt Rot-Weiß.

Niebüll wirbt mit dem Slogan: „Schön. Weit. Oben." Schön ist Niebüll zweifelsohne. Weit und ohne markante Begrenzungen ist das Stadion. Hier, ganz „oben" in Deutschland, beginnt Bodo Schmidts Karriere. Der 1967 in Preetz Geborene durchläuft beim TSV Rot-Weiß die Juniorenstationen. 1985 wechselt er für eine Herrensaison zum TSB Flensburg, spielt dann wieder in Niebüll.

„Aus Schleswig-Holstein heraus kommen wenige Fußballer", sagt Bodo Schmidt retrospektiv. Doch er schafft es. Als der schleswig-holsteinische Landesauswahltrainer Fritz Bischoff 1987 zu den Amateuren des FC Bayern München wechselt, nimmt er den 19-jährigen Bodo gleich mit. Beim FC Bayern München nominiert Trainer Jupp Heynckes ihn ein paar Mal für den Kader der Profimannschaft. Zum Bundesligaeinsatz kommt er aber erst 1989, bei Zweitligaaufsteiger SpVgg Unterhaching. Ab 1991 dann die wichtigste Station: Borussia Dortmund. Als Mittelfeldmann kommt er 116 Mal zum Einsatz, schießt zwei Tore. Er wird 1995 und 1996 Deutscher Meister unter Ottmar Hitzfeld. Anschließend absolviert Schmidt 64 Erstligaspiele für den 1. FC Köln.

Bei Flensburg 08 beendet Schmidt 2005 – nach den Stationen SCB Preußen Köln und 1. FC Magdeburg – seine Spielerkarriere und wird dort bis 2007 Trainer. Anschließend trainiert er in Nordfriesland SV Frisia 03 Risum-Lindholm, der Ort grenzt südlich an Niebüll.

„Mit Rot-Weiß schließt sich für mich ein Fußballerkreis", sagt Schmidt. 2015 bis 2020 ist er Trainer der Junioren, steigt zwei Mal mit der Mannschaft auf. Danach arbeitet er verstärkt als Physiotherapeut. Die Ausbildung hierzu hat Schmidt 2007 absolviert; seit 2020 ist er selbstständig tätig.

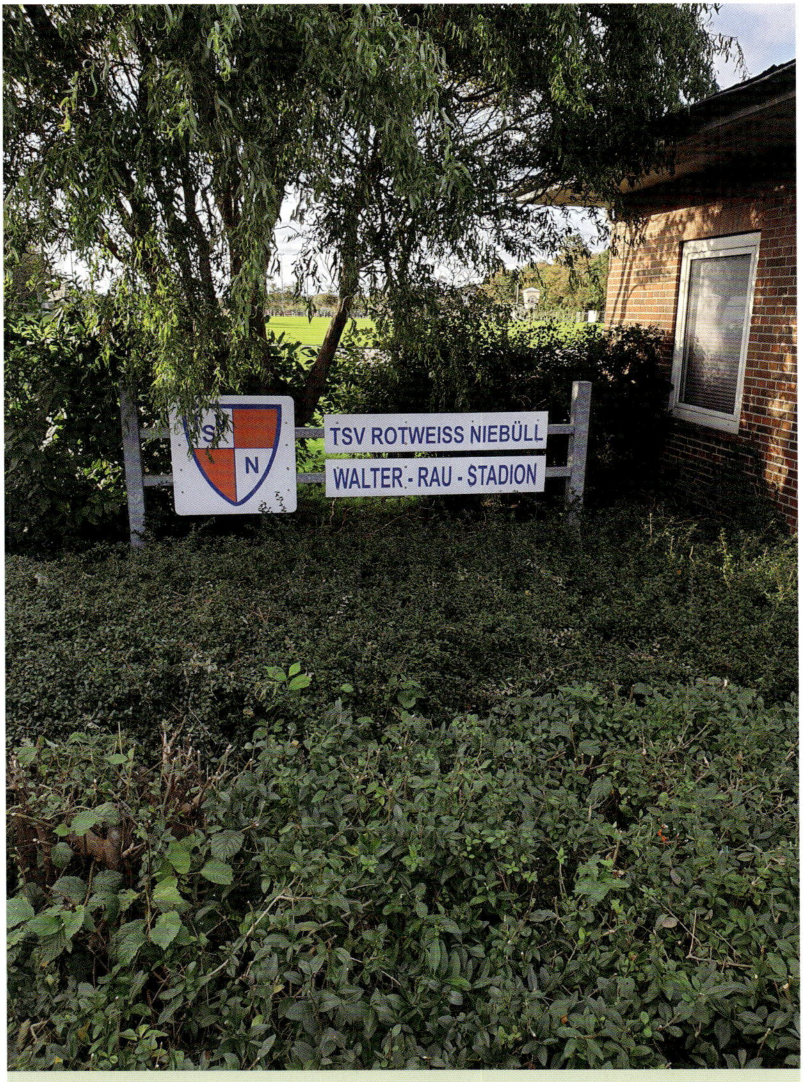

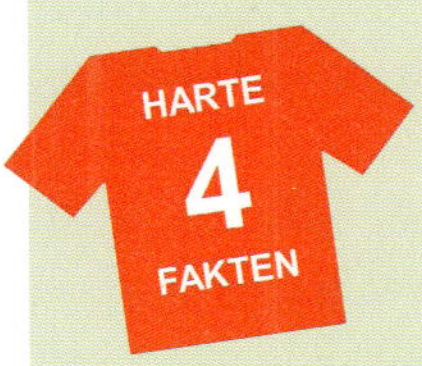

Adresse: Jahnstraße, 25899 Niebüll

Verein: TSV Rot-Weiß Niebüll

Zuschauerkapazität: 1.000

Bonuswissen: 1980 besiegt Rot-Weiß hier im DFB-Pokal die Amateure von Eintracht Braunschweig mit 3:2.

Norderstedt 072

Coppernicus-Gymnasium

Dichter am Ball

„Vom Verlag zum Fußball gerast und so gut gespielt wie lange nicht“, notiert Wolfgang Herrndorf in seinem Onlinetagebuch am 7. Oktober 2011. Fußball ist für den Bestsellerautor ein wichtiger Bestandteil seines zu kurzen Lebens. 2007 berichtet er – als ein noch wenig bekannter Schriftsteller – im Deutschlandradio in einem seiner raren Interviews: „Wenn ich könnte, würde ich den Rest meines Lebens nur Fußball spielen. Es ist wie alle rein physischen Betätigungen: Es macht mich auf unkomplizierte Weise glücklich.“

Fußball ist der Sport, der ihn den ab 2010 diagnostizierten bösartigen Hirntumor vergessen lässt. „Fußball gespielt. Ball ins Gesicht bekommen, umgefallen. Hingesetzt, gewartet. Weitergespielt, wieder umgefallen“, notiert er am 22. Juni 2012 in seinem Blog „Arbeit und Struktur“, der posthum als Buch erscheint.

Wolfgang Herrndorf ist 1965 im nördlichen Hamburg geboren, wächst in Norderstedt auf. Er macht Abitur am Coppernicus-Gymnasium. Herrndorf lebt und arbeitet in Berlin-Wedding, als er Weihnachten 2012 seine Eltern in Norderstedt besucht. Erwähnt wird von ihm der „Sportplatz am Süd“, gemeint ist die Sportanlage Schulzentrum Süd. Im „Kleinen Karree“ kickt er gegen seinen Vater. Herrndorf junior ist Mitglied der Autorennationalmannschaft, die 2005 von Schriftsteller Thomas Brussig gegründet und ein Jahr von Hans Meyer ehrenamtlich trainiert wird. In der von der Kulturstiftung des DFB geförderten Schriftstellertruppe haben weitere Autoren Wurzeln in Schleswig-Holstein: Andreas Merkel ist 1970 in Rendsburg geboren, Nils Straatmann 1989 in Geesthacht.

Der Jugendroman „Tschick“ macht Wolfgang Herrndorf berühmt. Das später verfilmte Buch ist in über 25 Ländern erschienen. Noch bevor „Tschick“ im Herbst 2010 veröffentlicht wird, erfährt Herrndorf von seiner unheilbaren Krankheit.

„Beim Fußball weiß ich oft nicht, in welche Richtung ich spiele, und wenn ich nicht das Leibchen an mir bemerkte, das auch meine Mitspieler tragen, wüsste ich es gar nicht“, notiert er am 9. Juni 2012. Vierzehn Monate später setzt er seinem Leben ein Ende.

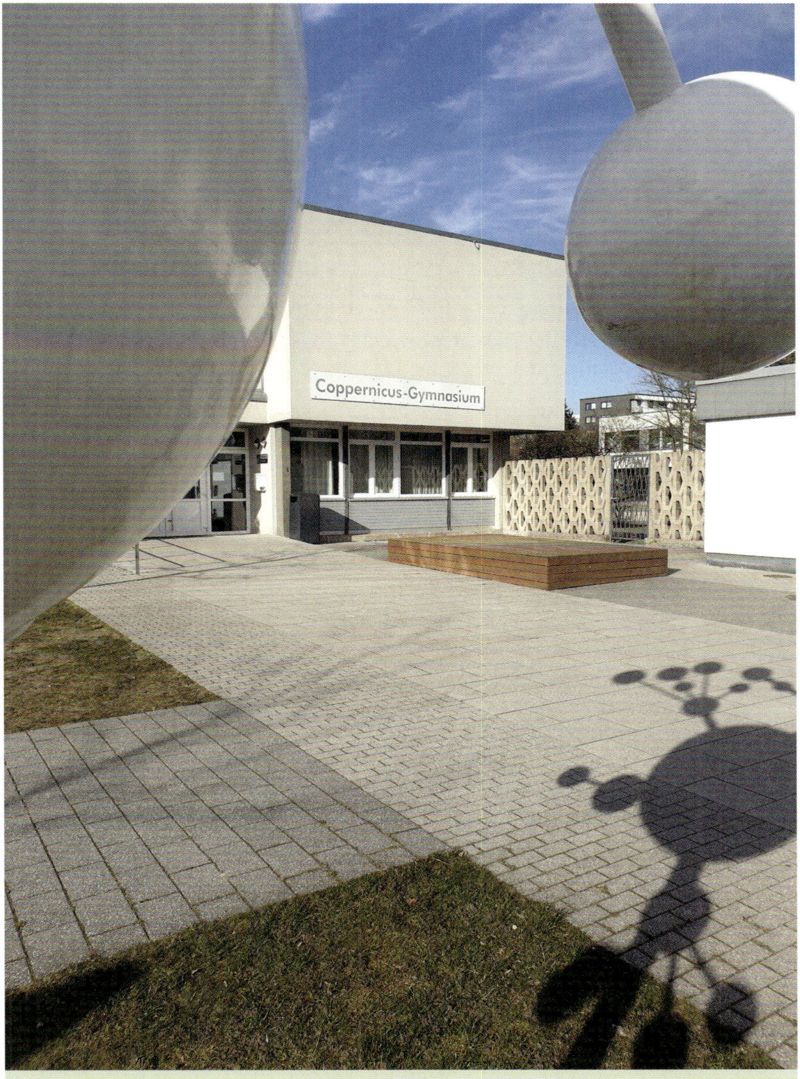

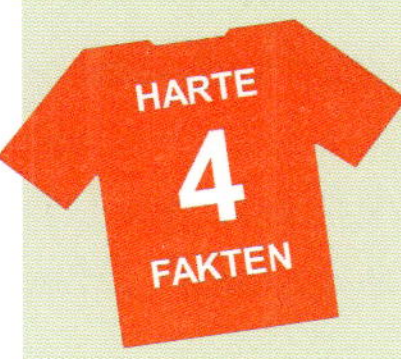

Adresse: Coppernicusstraße 1, 22850 Norderstedt

Wolfgang Herrndorf geboren: 12. 6. 1965 (Hamburg)

Wolfgang Herrndorf verstorben: 26. 8. 2013 (Berlin)

Bonuswissen: Die deutsche Autorennationalmannschaft wird – ohne Wolfgang Herrndorf – 2010 Europameister.

Norderstedt 073

Edmund-Plambeck-Stadion

Die familiäre Kanzel

„Wenn wir mitten in Schleswig-Holstein spielten, hätten wir bei jedem Heimspiel 1.500 Zuschauer“, sagt Eintracht-Norderstedt-Präsident Reenald Koch. „Wir leisten so gute Arbeit, aber das wird in der Stadt nicht honoriert.“ Norderstedt, die fünftgrößte Stadt Schleswig-Holsteins, grenzt nördlich an Hamburg und hat auch die 040 als Vorwahl.

Ausverkauft war in der Vergangenheit nur das Pokalspiel 2017 gegen den VfL Wolfsburg, das die Eintracht unglücklich mit 0:1 verliert. Immerhin hat sich seitdem die Zuschauerentwicklung verbessert. Kommen vor ein paar Jahren durchschnittlich 600 Zuschauer in das Plambeck-Stadion, sind es in der Regionalliga-Saison 2019/20 vor der Coronapause im Schnitt 700 Zuschauer, was allerdings auch auf die Gästefans aus Lübeck und Altona zurückzuführen ist.

„Wir arbeiten kontinuierlich“, sagt Eddy Münch, ehrenamtlich für das Sponsoring zuständig und seit 2003 dabei. Zahlreiche Norderstedter Unternehmen werben auf den Tafeln im Stadion; Horst Hrubesch und Felix Magath kommen zu Sponsorentreffen. „Wir sind ganz familiär.“

So vertritt Julia Karsten-Plambeck im Vorstand seit 2016 die Plambeck-Familie in dritter Generation. Vater Horst ist Schatzmeister; Stadionnamensgeber und Bauunternehmer Edmund Plambeck errichtet als Vorsitzender das Stadion 1977 beim Vorgängerverein 1. SC Norderstedt.

Reenald Koch gründet 2003 den neuen Verein; „Eintracht“ verweist auf den bereits 1945 bestehenden SV Eintracht Garstedt. Reenald Koch, Jahrgang 1959, ist zuvor Präsident beim FC St. Pauli und somit Vorgänger von Corny Littmann. Kochs Sohn Philipp, geboren 1990, spielt bei Eintracht defensives Mittelfeld.

Ebenfalls seit 2003 dabei ist Stadionsprecher Ewald Koch, der aber nicht mit dem Präsidenten verwandt ist. Aus einem sakral anmutenden Sprechererker kommentiert er das Spiel. „Das ist der beste Platz des gesamten Stadions“, sagt Koch. Ursprünglich war die Kanzel für die Polizei gedacht. „Aber ein Stadionsprecher muss ja auch die Übersicht behalten.“

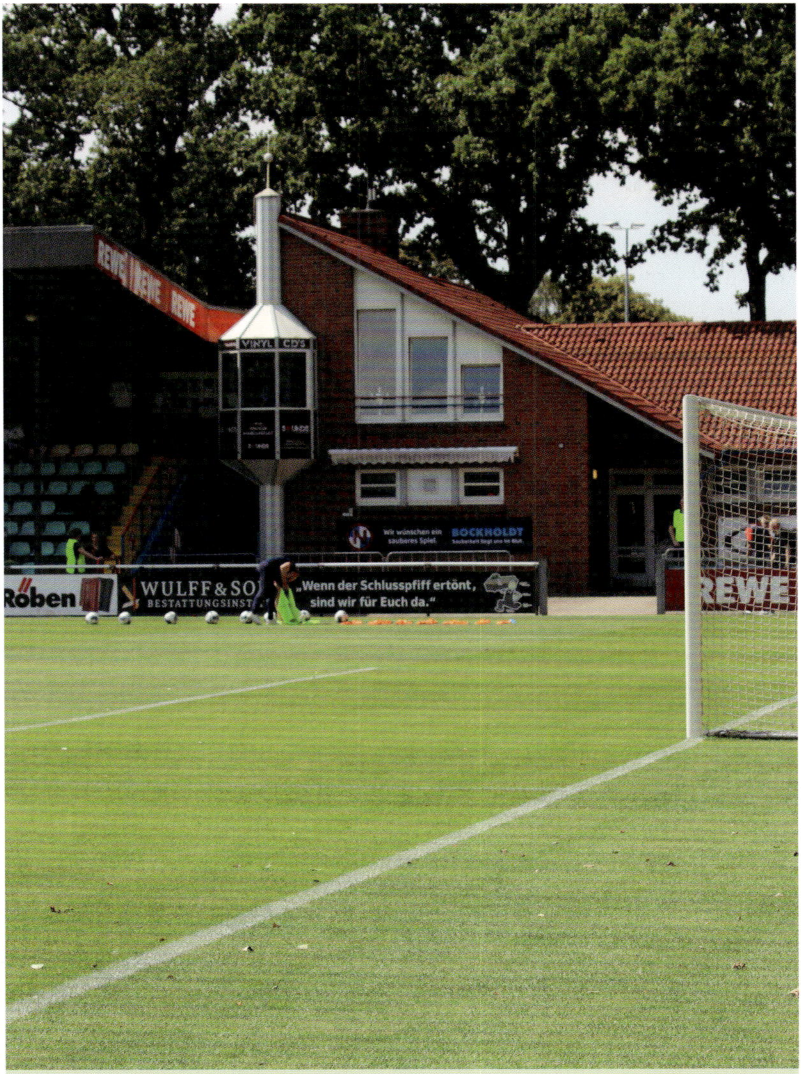

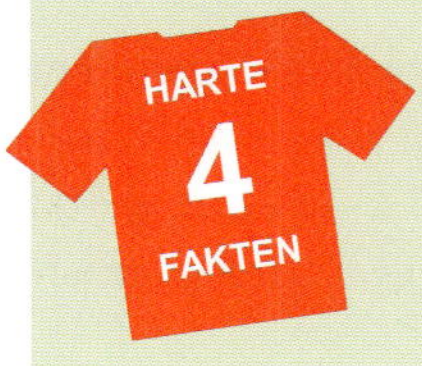

Adresse: Ochsenzoller Straße 58, 22848 Norderstedt

Zuschauerkapazität: 5.068

Vereine: Eintracht Norderstedt von 2003, FC St. Pauli II

Bonuswissen: Bevor Volker Finke die SC-Freiburg-Ära prägt (1991–2007), ist er Trainer beim 1. SC Norderstedt.

Paul-Hauenschild-Sportplätze

Mit Leib und Seeler

Ein Millionär, der in den Hamburger SV vernarrt ist und ihn gnadenlos finanziell unterstützt: So einer ist Paul Hauenschild. Wenn man an Fußballorte des HSV denkt, dann an zwei Hamburger Stadtteile: Rothenbaum – mit dem 1911 eingeweihten und 1997 abgerissenen Sportplatz – und an Bahrenfeld mit dem dortigen Volksparkstadion. Aber auch Schleswig-Holstein spielt eine wichtige Rolle: Ab 1928 wird das Trainingsgelände am Ochsenzoll bezogen. Der Ort heißt damals noch eigenständig Harksheide, Norderstedt wird erst ab 1970 gegründet. Der HSV kauft unter der Führung von Präsident Paul Hauenschild ein rund 130.000 Quadratmeter großes Grundstück, errichtet dort zwölf Sportplätze. Es ist zu der damaligen Zeit in Deutschland die größte vereinseigene Anlage.

Der 1882 geborene Hauenschild vererbt sein gesamtes Vermögen nach seinem Tode 1962 zweckgebunden. Auf dem Gelände in Harksheide entstehen dadurch sukzessive Erweiterungen: 1963 ein Umkleidehaus, 1965 eine Sporthalle, 1971 wird das Leistungszentrum eröffnet. Ab 2000 dann das erste HSV-Fußball-Internat mit dem Namen des ehemaligen Nationalspielers Jürgen Werner.

2017 bekommt die Norderstedter Hans-Werner-Schule hausinterne Konkurrenz: die Alexander-Otto-Akademie auf dem HSV-Campus am Volksparstadion öffnet. Fortan spielen und trainieren die U11 bis U15 in Norderstedt; die U16 bis U21 zieht an den südlichen Rand des Volksparkstadions. Gesamtnachwuchsdirektor ist ab Sommer 2020 Horst Hrubesch.

2020 beschließt der HSV, in Norderstedt ein neues Sportzentrum mit Sportkita und Hostel zu bauen. Die Wohnungen der Hans-Werner-Schule werden fortan für Geflüchtete genutzt.

Die Hauenschild-Anlage ist bis heute in ihren Ausmaßen nahezu unverändert. Lediglich 1959 wird ein rund 2.000 Quadratmeter großes Grundstück abgetreten: Wohnort für Uwe Seeler und Frau Ilka. Dass zwei Jahre später Uwe Seeler das millionenschwere Mailand-Angebot ablehnt, hat sicherlich auch zu tun mit dem Grundstück im „Weg am Sportplatz“.

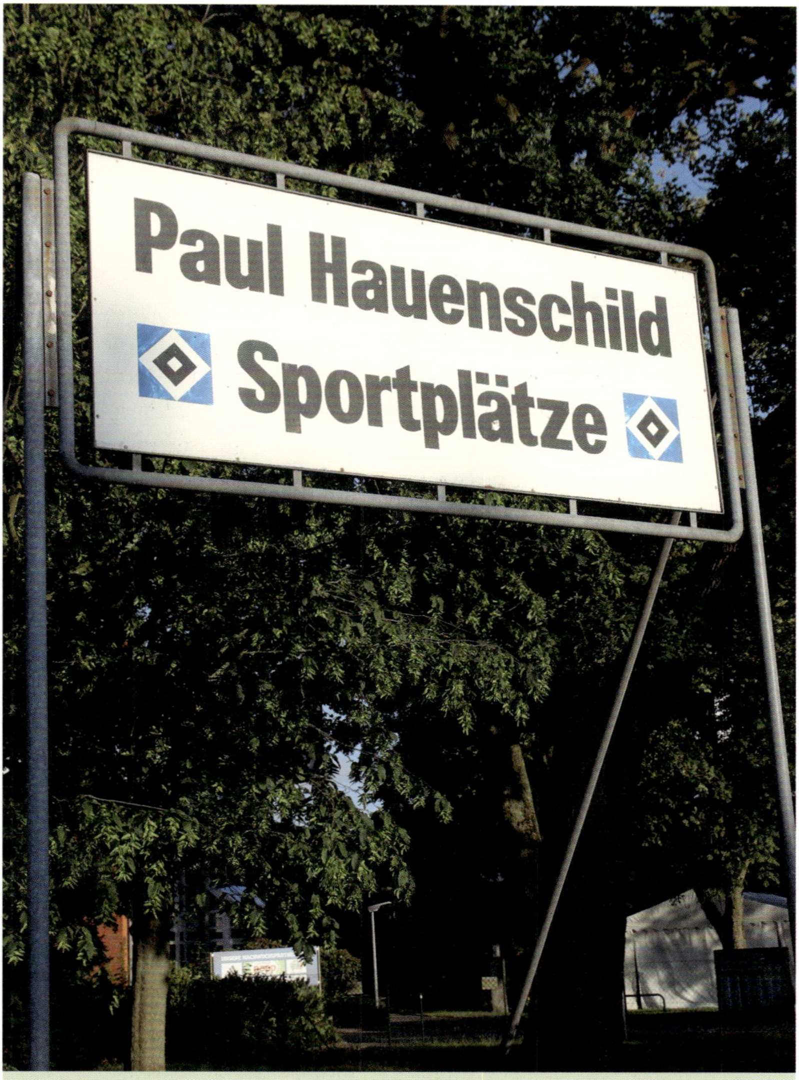

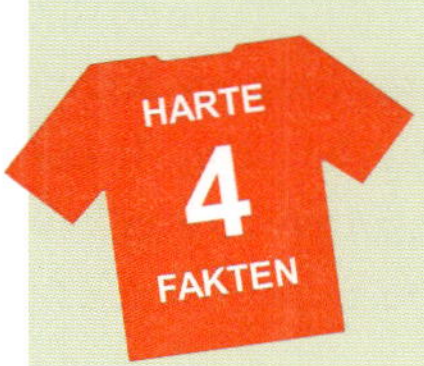

Adresse: Ulzburger Straße 94, 22850 Norderstedt

Erbaut: 1928, eingeweiht: 1930

Verein: Hamburger SV

Bonuswissen: Hier trainiert 2006 während der Fußball-WM die Nationalmannschaft der USA.

Oldenburg in Holstein 075

Hans-Peter-Strom-Stadion

Jubel beim Jubiläum

Dramatik im Aufstiegskampf 2015. Der Oldenburger SV (OSV) liegt in der Fußball-Verbandsliga Südost vor dem letzten Spieltag einen Punkt hinter SV Grün-Weiß Siebenbäumen. „Unser letztes Heimspiel hatten wir gerade verloren, wir hatten kaum Hoffnung", sagt der damalige OSV-Trainer Andreas Brunner, denn Siebenbäumen fährt am letzten Spieltag als großer Favorit zum TSV Eintracht Groß Grönau; Oldenburg spielt beim SSV Güster. Der OSV gewinnt 4:0, muss aber zittern, da im Fernduell später abgepfiffen wird.

„Mein Sohn Lars ist nach Groß Grönau gefahren, wir hatten nach unserem Abpfiff ununterbrochenen Handykontakt", erinnert sich Brunner. „Chance auf Chance hat Siebenbäumen in den Schlussminuten gehabt, das war nervenaufreibend." Doch Groß Grönau erkämpft ein torloses Unentschieden.

„Das war der emotionalste Moment für mich", sagt Brunner. Spontan fährt Andreas Brunner mit seinem Team nach Groß Grönau, bedankt sich bei dem tapferen Underdog, gemeinsam feiert man den Saisonabschluss. Der Jubel der Oldenburger nimmt kein Ende, der Aufstieg in die schleswig-holsteinische Oberliga ist nach zwei Jahren der Zweitplatzierung perfekt.

„2015 konnten wir nach dem Aufstieg gleich doppelt feiern, 2015 war auch unsere 125-Jahrfeier", sagt Ligaobmann Hartmut Schön. Seit 1945 gibt es den OSV, der Vorgängerverein MTV Jahn wird allerdings schon 1865 gegründet und fusioniert 1934 mit dem FC Teutonia. „Eigentlich war lange Jahre Handball hier bei uns dominierend", sagt Schön. 1995 steigt die OSV-Handball-Damenmannschaft als Nordostdeutscher Meister in die 2. Bundesliga auf.

2017 steigen die 1. Fußballherren wieder in die Landesliga ab. 2019 gelingt dann der Oberligawiederaufstieg, in Brunners letztem Trainerjahr. „2019 haben wir alles gewonnen, Meisterschaft, Aufstieg, Sieg im Kreispokal, auch Kreismeister im Futsal und den dritten Rang bei den Futsal-Landesmeisterschaften", sagt Brunner zufrieden. Nach elf Jahren als Herrentrainer ist er seither OSV-Fußballobmann.

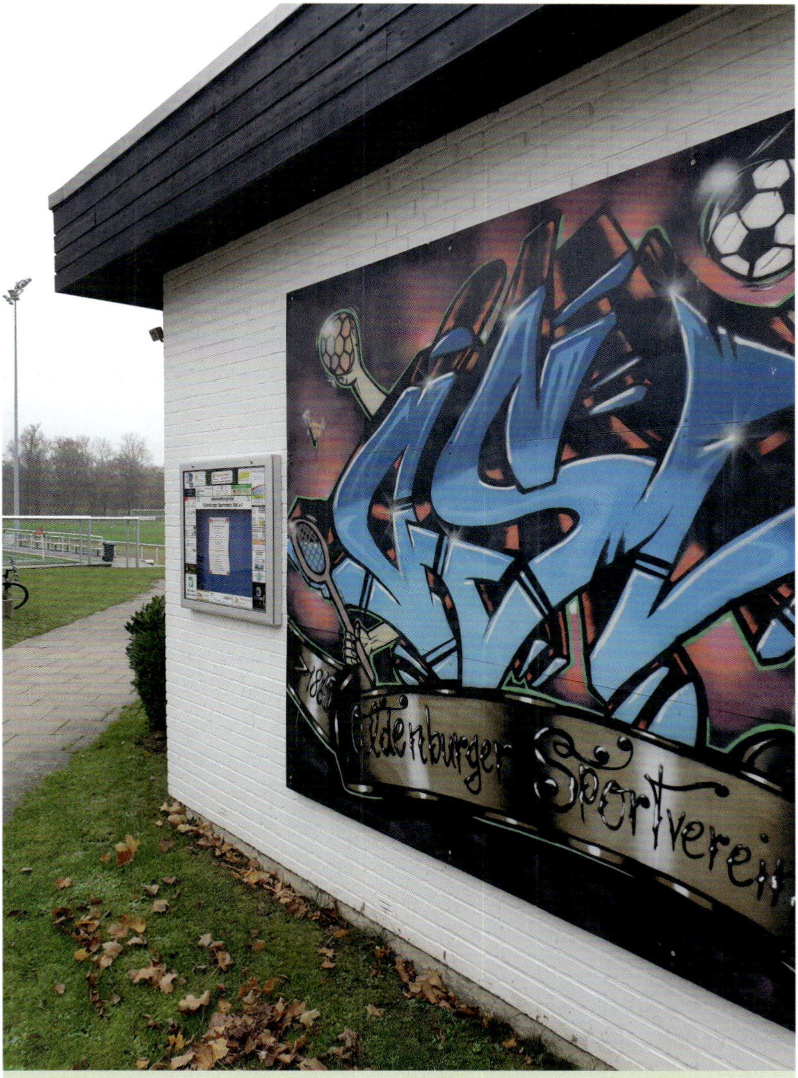

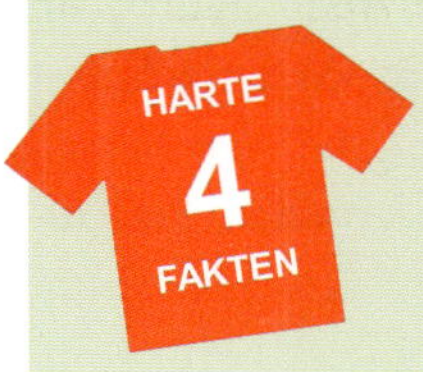

Adresse: Schauenburger Platz 1, 23758 Oldenburg/Holstein

Zuschauerkapazität: 2.500

Verein: Oldenburger SV von 1865

Bonuswissen: Dirk Weetendorf (*1972) spielt in seiner Jugendzeit beim OSV und wird ab 1999 zum Bundesligaspieler (HSV, Werder Bremen).

Pinneberg 076

Stadion 1

Kein Aprilscherz: Torwart Uli Stein

Überregionales Medieninteresse im baumbeschatteten Stadion 1; die Oberliga-Zuschauerzahl gegen den Eichholzer SV aus Lübeck verdreifacht sich. Der Grund: Torwartlegende Uli Stein steht mit 45 Jahren im April 2000 für den VfL Pinneberg zwischen den Pfosten. Stein fährt extra 100 Kilometer aus seinem in Ostseenähe gelegenen Wohnort Pönitz am See hierher. Uli Stein, das Enfant terrible der 1980er-Jahre. Sechs Mal steht er im Tor der Nationalmannschaft, bis er bei der Weltmeisterschaft 1986 in Mexiko den Teamchef Franz Beckenbauer als „Suppenkasper" bezeichnet – und aus der Nationalmannschaft fliegt.

Zu dem einmaligen Torwarteinsatz kommt es so: VfL-Stammtorwart Henning Butt, Bruder von Nationalmannschaftstorwart Hans Jörg Butt, ist verletzt. Der 2. Torwart Oliver Hinz ebenfalls. Als Freund Uli Steins hat VfL-Manager Detlev Kebbe schon vor der Saison bei ihm angefragt – und prompt Steins Ehrenwort für Einsäte in Notfällen erhalten.

Als Autoverkäufer vor den Toren Hamburgs ist VfL-Manager Detlev Kebbe zu dieser Zeit mit HSV-Profis bestens vernetzt; dies findet in der Biografie über Horst Hrubesch von 2015 Erwähnung. Kebbe setzt sich auch für den Ex-Spieler Thomas Bliemeister ein, der jahrelang VfL-Trainer ist und ab 2017 Sportlicher Berater wird. Als Torwarttrainer beim VfL wird 2000 Jürgen Stars geholt, der Ende der 1970er-Jahre noch als Vertreter von Rudi Kargus beim HSV im Tor steht.

„Das Wichtigste vorweg: Uli Stein hat niemanden gehauen, der sich in den Fünfmeterraum gesetzt hat. […] Er hat sich nicht beim Elfmeter an den Pfosten gestellt, um seine Ungnade über diese Entscheidung klarzumachen, wie er es früher gern mal gemacht hat. […] Er hat auch nicht absichtlich den Ball reingelassen, um seine Mitspieler aufzurütteln", kommentiert „Der Tagesspiegel" aus Berlin.

Das Lübecker Gegentor von Hasko Behrens in der ersten Halbzeit sei haltbar gewesen, geben hinterher alle Beteiligten in freundschaftlicher Atmosphäre zu. In der zweiten Halbzeit dreht Uli Stein auf und zeigt sein Können. Der VfL gewinnt 3:1.

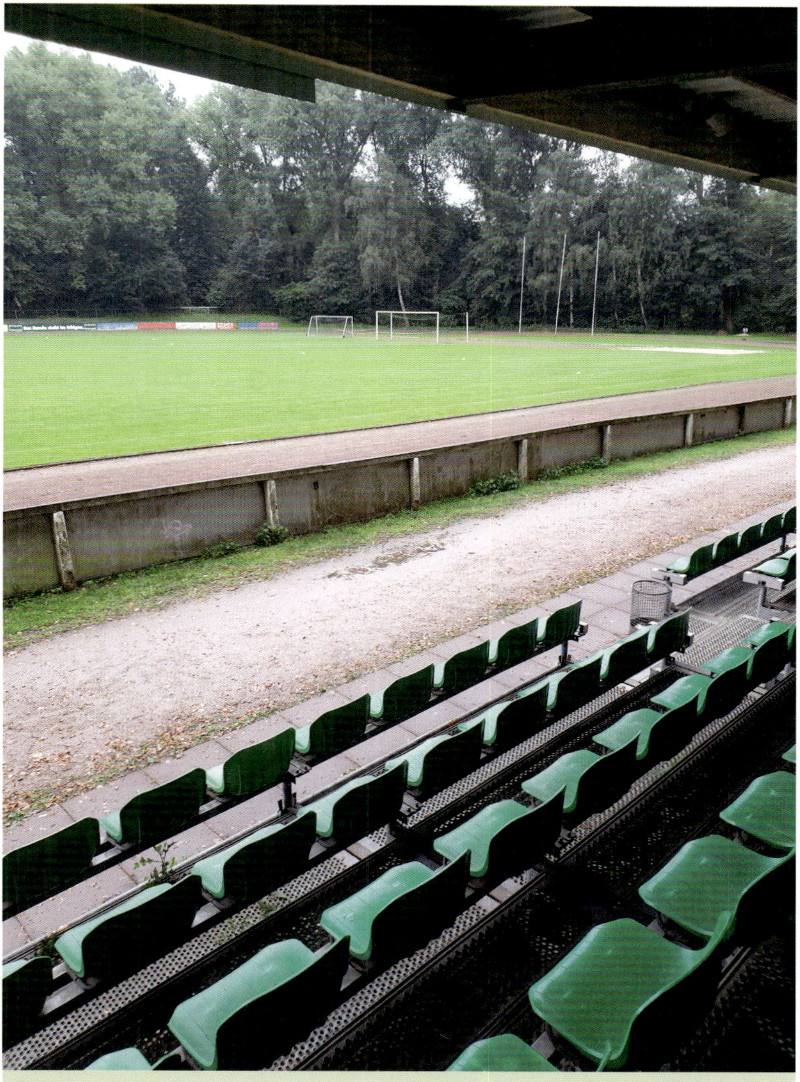

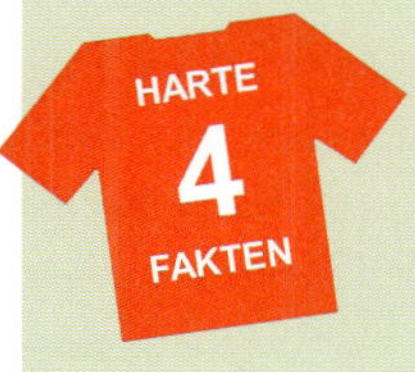

Adresse: Fahltsweide 1, 25421 Pinneberg

Verein: VfL Pinneberg von 1945

Zuschauerkapazität: 5.000

Bonuswissen: Stein steht danach noch ein Mal bei Kickers Emden im Tor und drei Mal bei Fichte Bielefeld.

Hotel Seegarten

Sparwassersporthotel

Mittlerweile zeugt wenig von der fußballhistorischen Dimension des Flachbaus. In dem preiswerten Hotel am viel befahrenen Harksheider Weg hat zwei Wochen lang eine deutsche Nationalmannschaft aus einem anderen Land residiert: Zur Fußballweltmeisterschaft 1974 wohnt hier das Team der DDR. „Die Schwarzweißfotos der ostdeutschen Fußballer in den Fluren wurden bei der letzten Renovierung entfernt", sagt eine Mitarbeiterin. Auf der Hotelhomepage steht lediglich in Klammern: „ehemaliges Sporthotel".

Das Sporthotel ist 1974 das „Malente" der DDR: die Homebase während der Weltmeisterschaftsspiele. Wie auch in Malente ist das DDR-Quartier streng bewacht. Polizeibeamte und der Bundesgrenzschutz sichern das Areal. Zu sehr hat man die Bilder des Terroranschlages auf das Olympische Dorf 1972 in München im Kopf.

Höhepunkt ist das einzige fußballerische deutsch-deutsche Aufeinandertreffen im Hamburger Volksparkstadion. Die Partie zwischen den beiden deutschen Mannschaften wird von der DDR-Staatssicherheit minutiös begleitet. Im Zuge der „Aktion Leder" werden mit einem Sonderzug 1.500 handverlesene männliche „Fans" ausgewählt, die der Republikflucht unverdächtig sein sollen: Alle sind verheiratet.

„Mit den Spielern hier in Quickborn gab es nette Begegnungen", erinnert sich Karl-Heinz Ehrenstein, der damals 30 Jahre alt ist. Seinem Vater Emil gehört der Supermarkt Harksheider Weg, Ecke Schillerstraße, gut zehn Minuten Fußweg vom Sporthotel entfernt. „Die DDR-Spieler durften hier bei uns einkaufen, wir besorgten unter anderem Markenjeans für jeden Spieler und Funktionär."

Nach dem DDR-Sensationssieg am 22. Juni gibt es auch parallel zur „Nacht von Malente" einen langen Abend der DDR-Fußballer. Allerdings etwas euphorischer als bei den Westdeutschen. Einige Spieler überreden Bundesgrenzschutzsoldaten – und fahren gemeinsam auf die Reeperbahn. Einige Spieler bleiben im Hotel. „Und die anderen haben auf der Terrasse meiner Eltern gefeiert", erinnert sich Karl-Heinz Ehrenstein. „Es war eine ausgelassene Stimmung, aber ich war – ob des Sparwasser-Tores – frustriert."

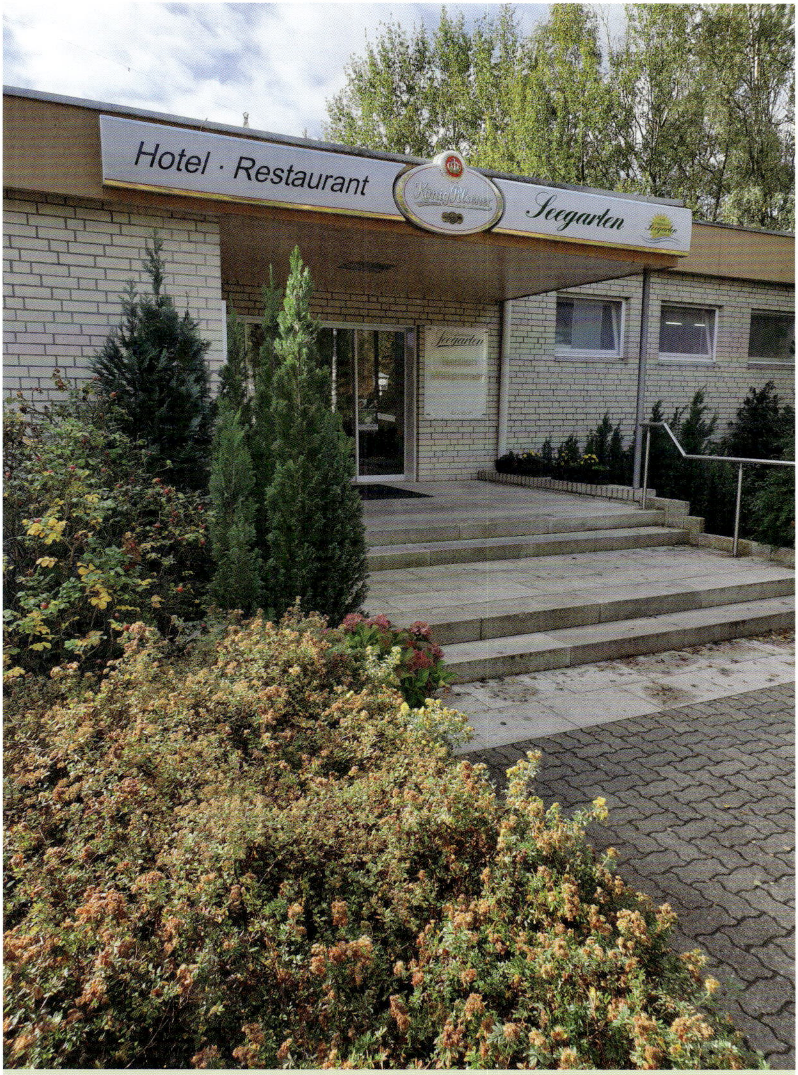

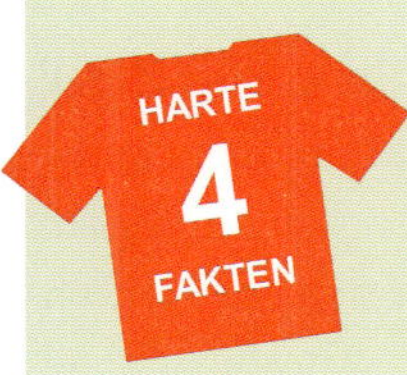

Adresse: Harksheider Weg 258, 25451 Quickborn

Betten: 27

DDR – BRD: 1:0 (Sparwasser, 77. Minute)

Bonuswissen: Die DDR-Mannschaft trainierte im gegenüber liegenden Holstenstadion vom TuS Quickborn.

Zentrale des Rasenmarkierungsmarktführers

Linientreu

Wie eine Mischung aus futuristischem Rasenmäher und ferngesteuertem Auto sieht das Markierungsgerät aus, das in Glückstadt über den Rasen gleitet. „Das ist unser GPS-gesteuertes Premiumprodukt", sagt Björn Harder, Geschäftsführer von Arcus, über den Markierungswagen „TinyLineMarker."

Arcus vertreibt seit 1984 Sportplatzmarkierungen. Damals löst die Sportplatzkreide zum Abgrenzen von Sportflächen den Weißkalk ab. „Weißkalk war ätzend in Verbindung mit Feuchtigkeit, das war gefährlich für Spieler bei kleineren Verletzungen", erklärt Harder. Die Kreide kommt damals überwiegend aus Lägerdorf.

Raa-Besenbek ist eine landwirtschaftlich geprägte langgestreckte Gemeinde am nordwestlichen Rand des Kreises Pinneberg. Die Arcus-Zentrale mit Büro und Lager im Gebäude der Alten Ziegelei sieht unspektakulär aus. Doch von hier aus werden unter anderem Werder Bremen, SC Freiburg, FC St. Pauli, FC Kaiserslautern, Darmstadt 98, Hamburger SV oder der VfL Bochum beliefert. Über 70 Prozent der Fußballvereine aus der Ersten und Zweiten Bundesliga beziehen Produkte aus Raa-Besenbek.

„Wir sind Marktführer auf dem Gebiet des Vertriebs von Fußballplatzmarkierungen in Deutschland", sagt Harder. Aus der Ersten Bundesliga sind 2020 lediglich der 1. FC Köln sowie Borussia Mönchengladbach nicht dabei. Bayern München nutzt die Markierungsgeräte aus Raa-Besenbek auf dem Trainingsplatz. Der Corona-Lockdown 2020 und die Spielpause haben dem Unternehmen zu schaffen gemacht. „Wir konnten in der Zeit lediglich einige Kreidespraydosen für das Social Distancing verkaufen."

Harder trägt beim Gespräch ein Cap von Union Berlin, das sei aber Zufall. Meistens gehe er zu seinen Kunden in neutraler Sportbekleidung „oder einem St.-Pauli-Shirt, das kommt fast überall gut an." Denn: „Eigentlich interessiere ich mich gar nicht so sehr für Fußball." Dennoch leistet er sich ein Fernsehfußball-Abonnement eines Bezahlsenders. Harder lächelt: „Aber ausschließlich, um weiße Linien zu gucken!"

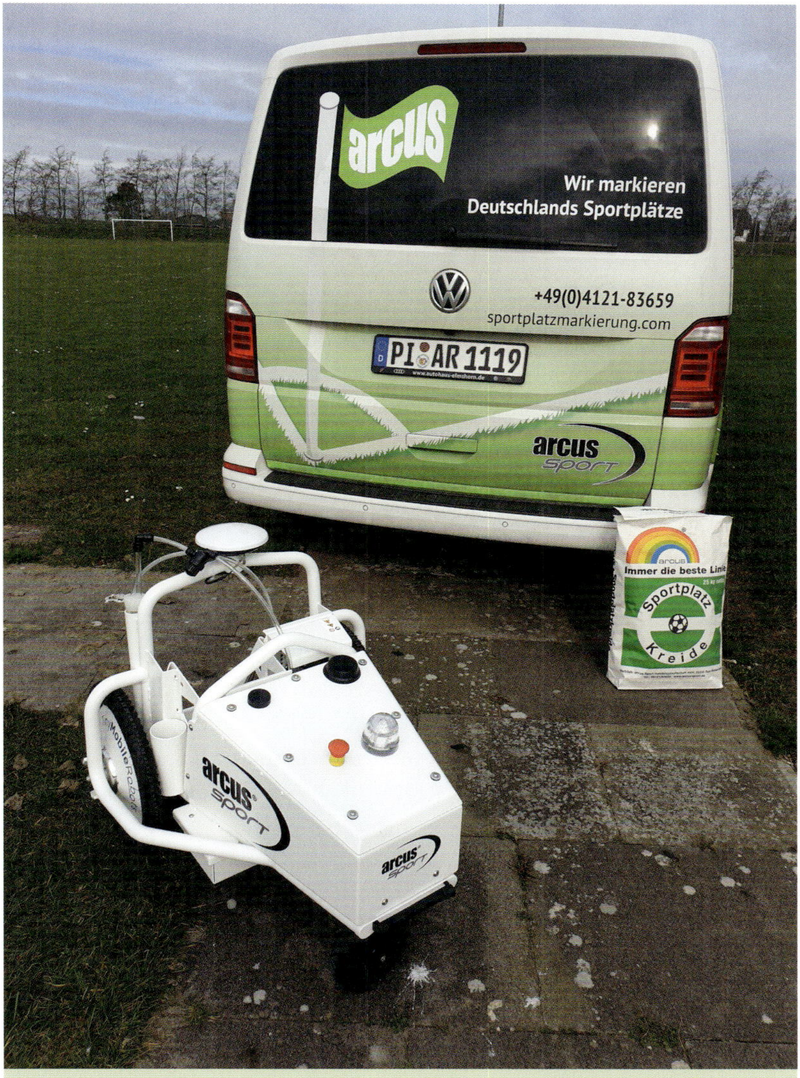

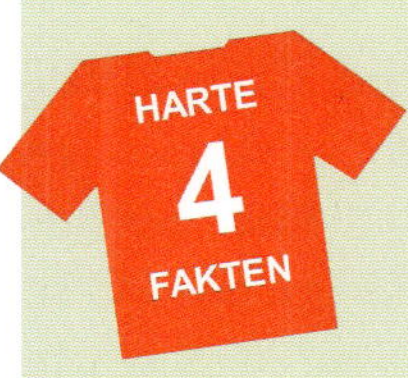

Adresse: Altendeich 9a, 25335 Raa-Besenbek

Unternehmensgründung: 1984

Mitarbeiter: 9

Bonuswissen: Bei der Fußball-WM 2006 werden neun der zwölf Stadien mit Linien von Arcus markiert.

Ratekau (Pansdorf) 079

Dr.-Curt-Waßmund-Stadion

DFB-Pokalfinalist zu Gast

Unter dem Wikipedia-Eintrag „Pansdorf" als Dorfschaft von Ratekau findet man als erste Angabe unter der Rubrik Kultur: „In Pansdorf ist der TSV Pansdorf heimisch".

Einen kulturellen Höhepunkt erlebt das ostholsteinische 3.500-Einwohner-Dorf am 15. August 1997, als 1.235 Zuschauer bei sommerlich-sonnigem Wetter im Dr.-Curt-Waßmund-Stadion das DFB-Pokal-Spiel gegen den Zweitligisten Energie Cottbus verfolgen. „Um das Spielfeld herum standen die Zuschauer direkt an der Bande", erinnert sich der damalige Spieler Carsten Henck. 150 Gästefans sind gekommen, alles bleibt friedlich. „Heutzutage unvorstellbar: Wir hatten nicht einmal Polizisten vor Ort."

Bis zur 72. Minute hält der Oberligist TSV ein 1:1 gegen den großen Favoriten; zwei Monate zuvor spielt schließlich Energie Cottbus noch im Pokalfinale im Berliner Olympiastadion. „Zweiklassenunterschiede sind schwer erkennbar", heißt es im Fernsehbericht des ORB. Am Ende gewinnt die Mannschaft von Trainer Eduard Geyer dennoch mit 4:1.

„Auch die Aufstiegsspiele zur Regionalliga Nord in den 1990ern gegen Göttingen 05 oder FC Bremerhaven gehören zu den Höhepunkten", sagt Henck, der mittlerweile im TSV-Vorstand sitzt. Der Aufstieg wird aber verpasst. Der damalige Höhenflug ist auch Hans-Friedrich Brunner zuzuschreiben, der bis 1999 Trainer ist, und dem Hauptsponsor Julius Rießen, der mit Windkraftanlagen Geld verdient. 1998 wird für eine Saison der Stürmer Jens Paeslack geholt, der bereits mit dem isländischen Meister ÍBV Vestmannaeyjar in der Champions-League-Qualifikation gespielt hat. Als Rießen gesundheitsbedingt sein Engagement im Jahr 2000 beendet, muss auf Bezirksebene neugestartet werden.

Grundsätzlich startet die „kleine Fußballhochburg" (Hardy Grüne) 1920. Dr. Carl Waßmund, später Fußballfunktionär auf Landesebene, führt in den ersten Jahren den Verein. Pünktlich zum Jubiläumsjahr 2020 steigt der Verein – nach 20 Jahren Pause – wieder in die Oberliga auf. Gegen den FC St. Pauli spielt bei der nachgeholten Feier eine Pansdorf-Allstar-Mannschaft. Natürlich wieder mit Carsten Henck.

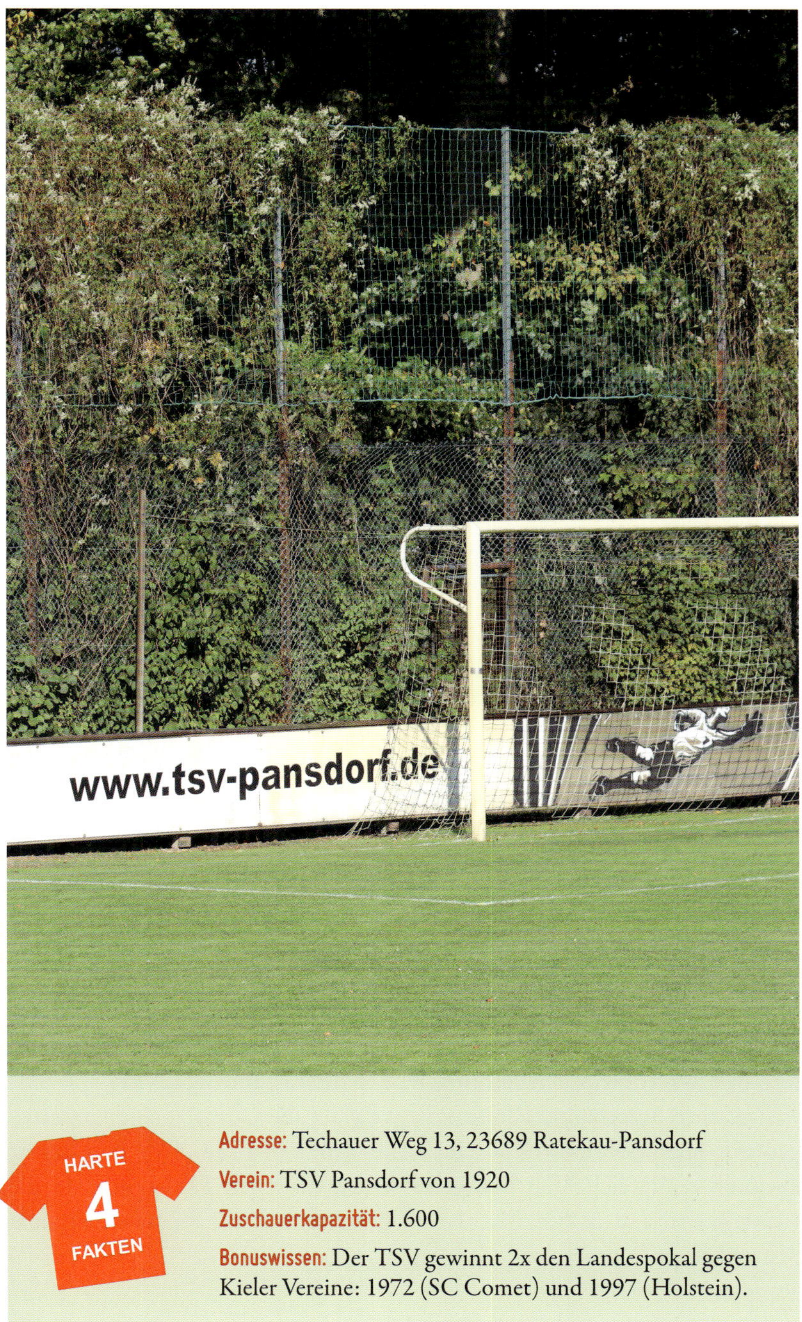

Adresse: Techauer Weg 13, 23689 Ratekau-Pansdorf

Verein: TSV Pansdorf von 1920

Zuschauerkapazität: 1.600

Bonuswissen: Der TSV gewinnt 2x den Landespokal gegen Kieler Vereine: 1972 (SC Comet) und 1997 (Holstein).

Ratekau (Sereetz) 080

Waldstadion

Erfolge aus Ostholstein

Unmittelbar an Nord- und Westseite des Sereetzer Rasenplatzes beginnt ein malerischer Mischwald. Auch der Rasenplatz des zehn Autominuten entfernten Pansdorf ist an zwei Seiten von einem Waldgebiet umgeben. Nicht die einzige Gemeinsamkeit: In den 1990ern stellen beide Vereine aus der Gemeinde Ratekau einen Oberligisten. „Ratekau gehörte damit – neben Lübeck, Kiel und Flensburg – zu einer von nur vier Gemeinden im Schleswig-Holsteinischen Fußballverband, die mit mehreren Fußballvereinen in überregionalen Spielklassen vertreten waren", sagt Peter Nowottny, Ligamanager des Sereetzer SV.

„Außer Fußball haben wir in Sereetz auch nicht viel", erläutert Abteilungsleiter Marco Harms. „Der Platz mit dem Flutlicht und die Rahmenbedingungen sind einfach klasse", betont Andreas Beyer, Trainer der Ersten Herren seit 2020. „Die Gemeinde unterstützt uns hervorragend", ergänzt Nowottny, der seit 1966 in Sereetz Fußball spielt.

Auch hier ist es kompliziert: Den Sereetzer SV gibt es erst seit 2003, bis zur Insolvenz im selben Jahr existiert der SV Sereetz. Deren 1. Herrenmannschaft spielt in den 1990ern mehrere Jahre im schleswig-holsteinischen Oberhaus und in Aufstiegsrunden zur damals drittklassigen Regionalliga Nord. „Für den Aufschwung in den 1990ern verantwortlich waren unter anderem der SPD-Politiker und Klubchef Peter Zahn sowie der Sponsor Steffen Oppermann, der zuvor Eutin 08 unterstützt hatte", erzählt Nowottny.

Auch die Frauenmannschaft vom SV Sereetz gehört zu den Spitzenteams. 1998 gewinnen die Frauen den Landespokal, 1995 und 2001 die Landesmeisterschaft. Drei Spielzeiten verbringen sie in der Regionalliga Nord.

Zwischen Sereetz und Pansdorf liegt das für die Großgemeinde namensgebende Stammdorf Ratekau. Die Frauenmannschaft des TSV Ratekau ist ebenfalls erfolgreich. Vier Mal gewinnen sie zwischen 2011 und 2018 die Landesmeisterschaft, zwei Mal als Spielgemeinschaft mit Strand 08 aus dem benachbarten Timmendorf.

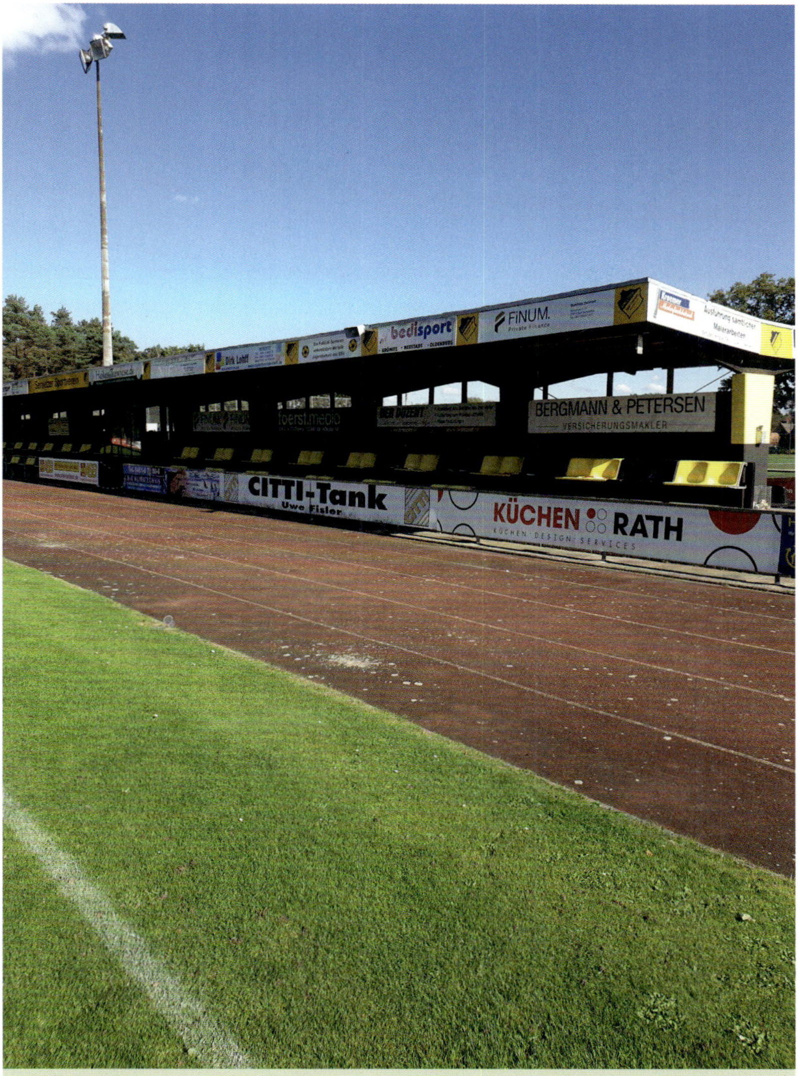

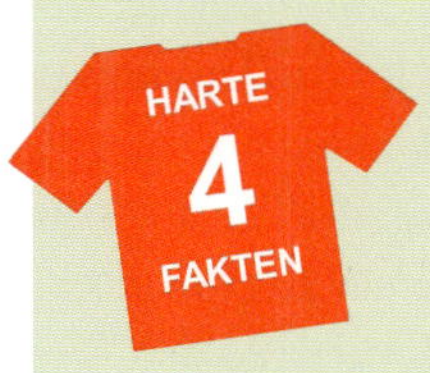

Adresse: Berliner Straße 53, 23611 Ratekau

Zuschauerkapazität: 2.200

Verein: Sereetzer SV von 2003

Bonuswissen: Holger Willmer aus Lübeck lässt ab 1991 beim SV Sereetz fünf Jahre lang seine Karriere ausklingen.

Riemannsportplatz

Im Namen des Löwen

Ratzeburg hat eine lange sportliche Tradition. Bereits 1816 gründet Friedrich Ludwig Jahn auf der Bäk, einer Gemeinde am Ostufer des Ratzeburger Sees, einen ersten öffentlichen Turnplatz. Dass Leibesübungen damals – nicht nur durch den Turnvater Jahn – etwas Paramilitärisches an sich haben, beweist die Chronik des Ratzeburger Sportvereins (RSV): Die Gründung – noch als Männer-Turnverein – erfolgt 1862, „als sich national eingestellte Ratzeburger Bürger, auch um gegen eine zu dieser Zeit starke Dänenbewegung Front zu machen, zusammenschlossen".

Friedlicher gründet sich Fußball in Ratzeburg 1908 mit dem kurzzeitig existierenden Club „Germania". Der Club gehört zu keinem Verband; ein „wilder Verein" also. Erst 1911 hat der „Ratzeburger Sportclub" länger Bestand. Nach dem Zweiten Weltkrieg einigt man sich auf den endgültigen RSV-Namen.

Von 1975 bis zur Jahrtausendwende existiert das internationale A-Jugendturnier zu Pfingsten. 2008 soll mit dem Lions-Cup der Altersklassen U7 bis U16 ein Nachfolger etabliert werden. Neben Teams aus Schleswig-Holstein nehmen Mannschaften unter anderem aus Israel, den USA, Brasilien, Russland und Norwegen teil. Der Name Lions-Cup geht auf die Löwenplastik vor dem Ratzeburger Dom zurück, eine 1881 erstellte Replik vom mittelalterlichen Braunschweiger Löwen. Der 1160 erbaute Ratzeburger Dom wird von Heinrich dem Löwen gefördert; die Fußballspieler vom RSV nennen sich selbst Löwen, die Sportsbar firmiert als „Löwentreff".

Die Männermannschaft wird 1961 Meister der 2. Amateurliga Süd. In der neu geschaffenen Bezirksoberliga Süd wird die Mannschaft 2002 Meister, scheitert in der Aufstiegsrunde aber am BSC Brunsbüttel. Die Frauen erreichen 2000 den Aufstieg in die Regionalliga Nord. 2001 wird der Landespokal geholt; in der ersten DFB-Pokalrunde verlieren die Damen aber gegen Wolfsburg. 2002 steigt die Frauenmannschaft aus der Regionalliga ab. Von 2006 an folgen drei schleswig-holsteinische Meistertitel, ein Regionalligawiederaufstieg scheitert jedoch. 2012 wird erneut der Meistertitel der Verbandsliga gefeiert.

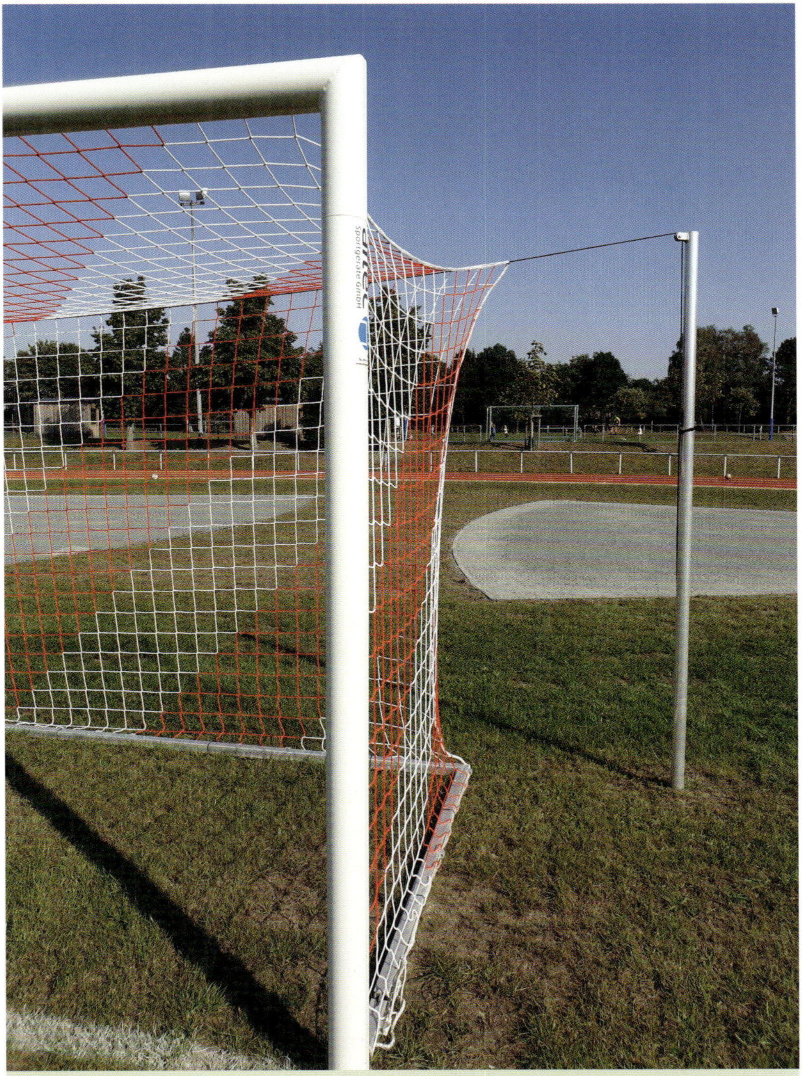

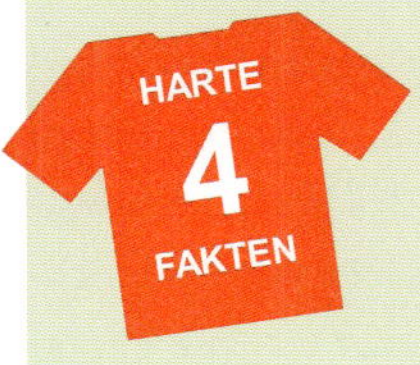

Adresse: Riemannstraße 1a, 23909 Ratzeburg

Verein: Ratzeburger SV 1862

Zuschauerkapazität: 3.500

Bonuswissen: Hannelore Ratzeburg, DFB-Frauenfußball-Referentin 1977–2001, ist in Hamburg geboren.

Paul-Luckow-Stadion

Als Max Kruse in HSV-Bettwäsche schlief

Fußballheimat-Autor Hardy Grüne bezeichnet 2004 die Turn- und Sportvereinigung Reinbek als eine „heimliche Nachwuchswiege der Republik". Der Fußballchronist nennt die Ex-Reinbeker Norbert Meier, Marcus Marin, Oliver Dittberner oder Frank Böse. Was Grüne da noch nicht ahnen kann: Neun Jahre später feiert ein weiterer Reinbeker Junge sein A-Nationalmannschaftsdebut: Max Bennet Kruse. Der 1988 geborene Max Kruse ist unweit des Stadions aufgewachsen und betritt mit vier Jahren zum ersten Mal die Paul-Luckow-Sportanlage.

„Es ging ihm immer nur um Fußball, er wollte immer den Ball haben, er wollte Tore schießen", erinnert sich sein Jugendtrainer Thorsten Beyer in einer Spiegel-TV-Dokumentation. Wie so viele Schleswig-Holsteiner identifiziert sich Max Kruse mit dem großen Bundesligisten in der westlichen Nachbarstadt. „Soweit ich weiß, hat er auch in HSV-Bettwäsche geschlafen", sagt Thorsten Beyer. Von 1992 bis 1998 spielt Kruse in Reinbek, dann folgt er seinem Trainer Beyer zum SC Vier- und Marschlande nach Hamburg, wo er Martin Harnik trifft. Mit 17 Jahren wechselt Max Kruse dann zu Werder Bremen, spielt später 14 Mal für die Nationalmannschaft.

Die DFB-Nationalmannschaft macht 2000 und 2003 im Paul-Luckow-Stadion Station und trainiert hier vor einem Länderspiel. „Das waren für uns damals nicht nur schöne Erfahrungen", sagt TSV-Fußballabteilungsleiter Peter Nikolaus, der dies aber nicht selbst miterlebt hat. Vor dem ersten Nationalmannschaftstraining müssen die Reinbeker monatelang auf den Grandplatz am Mühlenredder ausweichen. Zwischenzeitlich beansprucht der DFB das gesamt Areal. Als die TSV ablehnt, will die Nationalmannschaft im nahen Wentorf trainieren.

„Aber wir haben nun mal die attraktivste Anlage der gesamten Umgebung", sagt Nikolaus. Also gibt der DFB nach. Allerdings kommt es auch zu Problemen mit den DFB-Sicherheitskräften, die während des Vorbereitungstrainings einige TSV-Mitglieder nicht reinlassen wollen. Bei einem öffentlichen Training lehnt es der DFB dann ab, dass die Reinbeker einen eigenen Würstchen- und Getränkestand aufbauen.

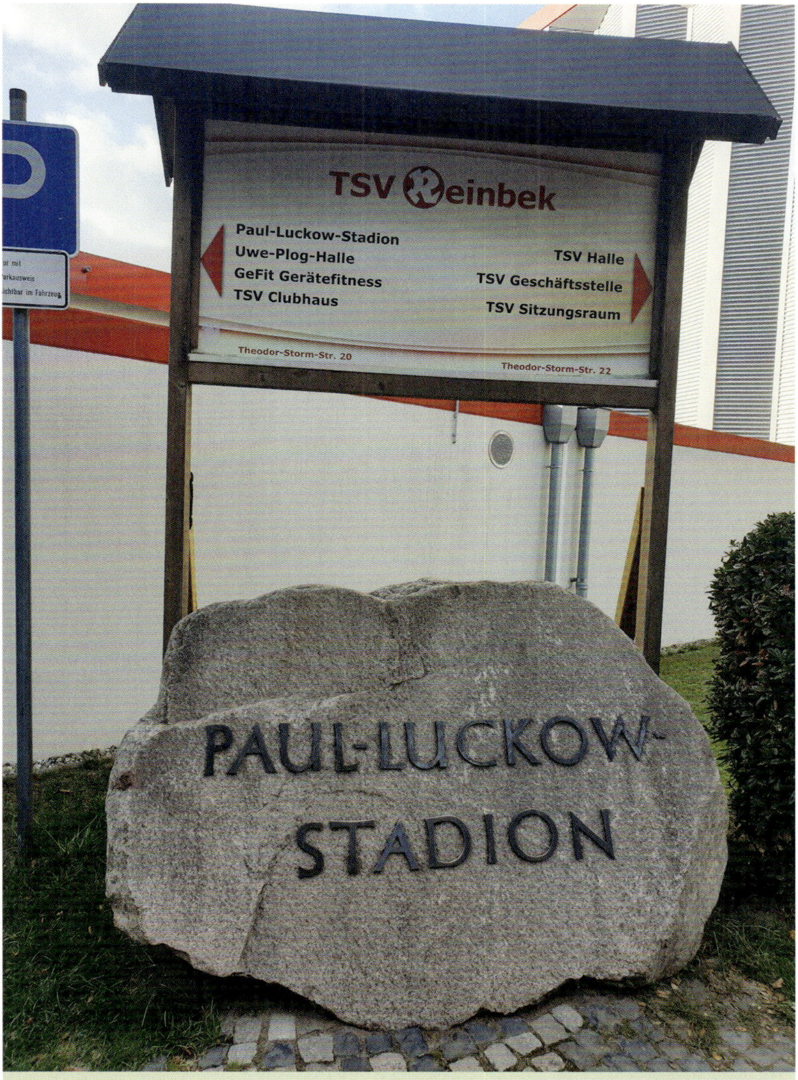

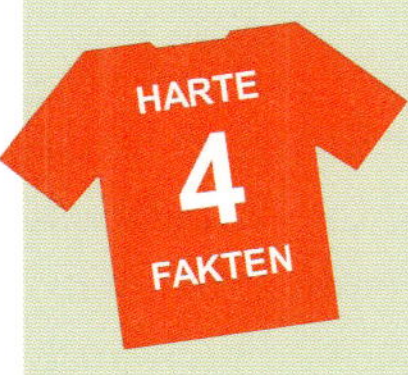

Adresse: Theodor-Storm-Straße 18, 21465 Reinbek

Verein: TSV Reinbek

Zuschauerkapazität: 2.500 (Stadion)

Bonuswissen: Auf dem ehemaligen TSV-Grandplatz am Mühlenredder wird eine Feuerwache gebaut.

Reinbek 083

Rowohlt-Verlags-Gebäude

Spiele lesen können

„Reinbek bei Hamburg" steht als Verlagsortsangabe ab 1960 fast sechzig Jahre lang synonym für den Rowohlt-Verlag. Fritz Trautwein, einer der berühmtesten deutschen Nachkriegsarchitekten, konzipiert das Gebäude – und zehn Jahre später auch den Anbau. Die Autoren Ernest Hemingway oder Paul Auster werden hier verlegt. Die eigene Sparte „Fußball" ist im Verlag vergleichsweise klein, aber abwechslungsreich. Hier finden sich unter anderem verschiedene Taktikbücher von Tobias Escher, dem Mitbegründer des preisgekrönten Blogs spielverlagerung.de.

Der in Berlin lebende Kabarettist Horst Evers schreibt zur Weltmeisterschaft 2014 ein launiges Buch über die teilnehmenden Nationen: „Vom Mentalen her quasi Weltmeister." Der Verlag druckt den Text „Philipp Lahm" des 1987 geborenen Regisseurs Michel Decar, der im Residenztheater München 2017 das Ein-Personen-Stück aufführt. Das Stück dauert natürlich 90 Minuten und kreist um Banalitäten des Alltags eines Fußballspielers.

In der Anthologie „Das Spiel meines Lebens" (2017) berichten 24 Autorinnen und Autoren über prägende Fußballspiele. Darunter Sportjournalist Ronald Reng, der preisgekrönte Schriftsteller Saša Stanišić oder Moderatorin Christine Westermann.

Nicht in der verlagseigenen Fußballsparte zu finden ist der Georg-Büchner-Preisträger Friedrich Christian Delius. Delius, Mitglied der Deutschen Akademie für Fußball-Kultur, veröffentlicht 1994 die Erzählung „Der Sonntag, an dem ich Weltmeister wurde". Die autobiografisch geprägte Figur schildert die Ereignisse um die legendäre Radio-Reportage zum 1954er „Wunder von Bern" in einer hessischen Kleinstadt. Das Werk wird in das Dänische, Italienische, Französische, Amerikanische, Schwedische und Niederländische übersetzt.

Warum der Verlag 1960 nach Schleswig-Holstein zieht? Sicherlich für das schöne, direkt an dem Fluss Bille gelegene und ausbaufähige Grundstück. Aber auch wegen des niedrigeren Gewerbesteuersatzes. Allerdings bleibt der Makel: 18 Autokilometer bis zum Hamburger Hauptbahnhof. Direkt hierhin zieht der Verlag 2019, in das Bieberhaus.

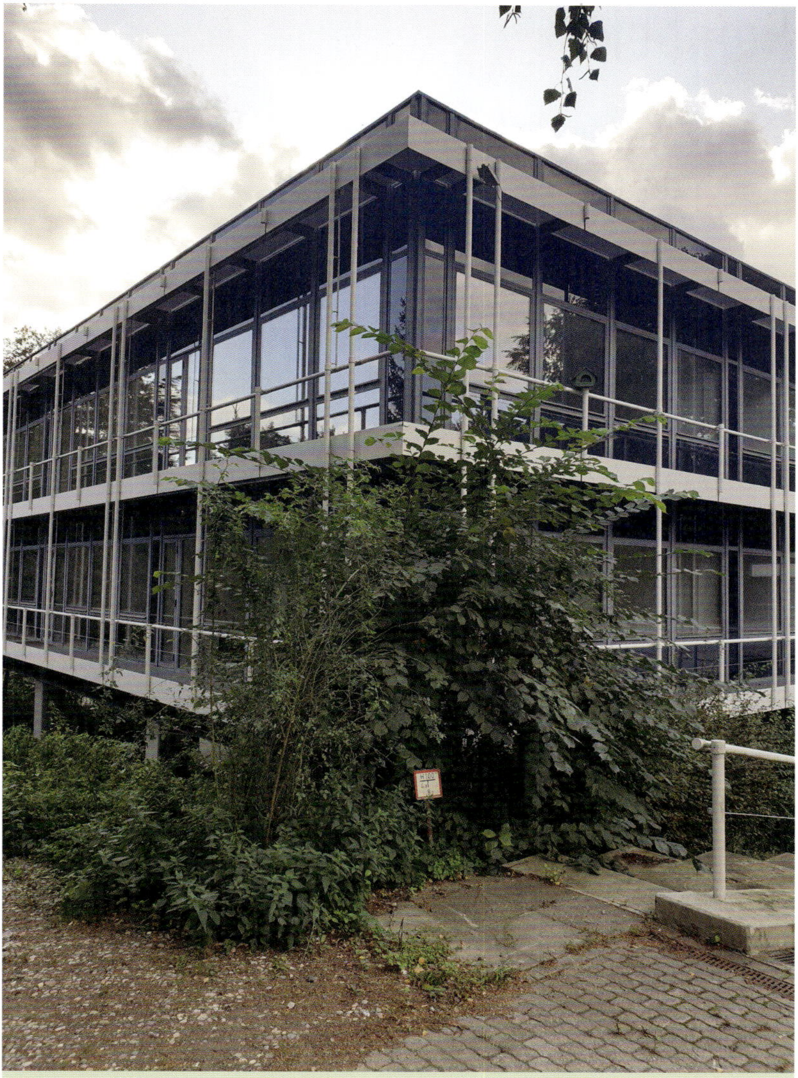

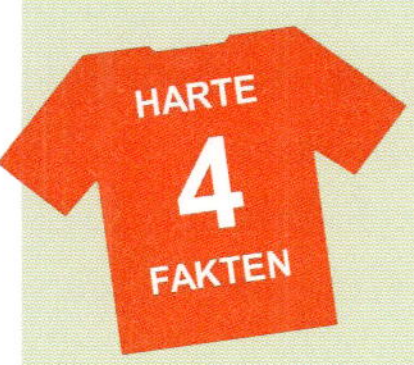

Adresse: Hamburger Straße 17, 21465 Reinbek

Rowohlt-Gründungsjahr: 1908 (Leipzig)

Rowohlt in Reinbek: 1960–2019

Bonuswissen: In den 1960ern kickt Delius in Berlin mit Rudi Dutschke, Otto Schily und Wolfgang Neuss.

Reinbek 084

Waldhaus-Hotel

Der DFB zu Gast im Grünen

Nach 18 Sekunden scheitert Michael Ballack allein vor dem Tor am isländischen Keeper. Besser klappt es ein paar Minuten später, als der Kapitän zum 1:0 vollendet, nachdem Hertha-Stürmer Fredi Bobic mit der Hacke den Ball in den Strafraum vorlegt. In der zweiten Halbzeit zirkelt Bobic einen Ball volley aus 14 Metern unter die Latte. Der für Bobic eingewechselte Miroslav Klose bedient in der 79. Spielminute Kevin Kurányi, der mit seinem ersten Länderspieltor zum 3:0-Endstand vollendet. „Die Sonnencreme kann eingepackt werden in Richtung Algarve", kommentiert Béla Réthy anschließend im ZDF das EM-Qualifikationsspiel in der Hamburger AOL-Arena. Mit dem Sieg gegen Island im Oktober 2003 unter Trainer Rudi Völler sichert sich die Nationalelf einen Startplatz in der Europameisterschaftsendrunde in Portugal 2004.

Ruhig liegt das Quartier der DFB-Elf, 30 Kilometer östlich vom Volksparkstadion. Am Ende der Loddenallee, die hinter dem Hotelparkplatz zu einem Wanderweg transformiert, befindet sich das Domizil mitten in den östlichen Ausläufern des Sachsenwaldes. Auffällig sind die nach dem Umbau hochgezogenen dreigeschossigen Dachaufbauten.

Drei Jahre zuvor logiert das DFB-Team ebenfalls im Waldhaus; im Volksparkstadion geht es um die WM-Qualifikation. Im September 2000 gewinnt die DFB-Auswahl gegen Griechenland, Sebastian Deisler und ein griechisches Eigentor führen zum 2:0.

1874 wird auf dem Gelände des heutigen Reinbeker 5-Sterne-Hotels ein Wirtshaus des Schützenvereins gegründet. 1964 pachten Christa Schunke und ihr aus Bayern stammender Mann Dieter die „Schützenklause". 1972 wird das Lokal von Christa und Dieter Schunke erworben und mit Renovierungen und Anbauten zu einem bekannten Hotel-Gasthaus. Auch Brände 1992 und 2016 können das Gebäude nicht nachhaltig erschüttern.

Die Trainingseinheiten des DFB finden jeweils im Reinbeker Paul-Luckow-Stadion statt. Hier wird auch der Waldhaus-Cup ausgetragen; seit Anfang der Nullerjahre sponsort das Hotel das Kleinfeld-Turnier für Senioren über 40 Jahre.

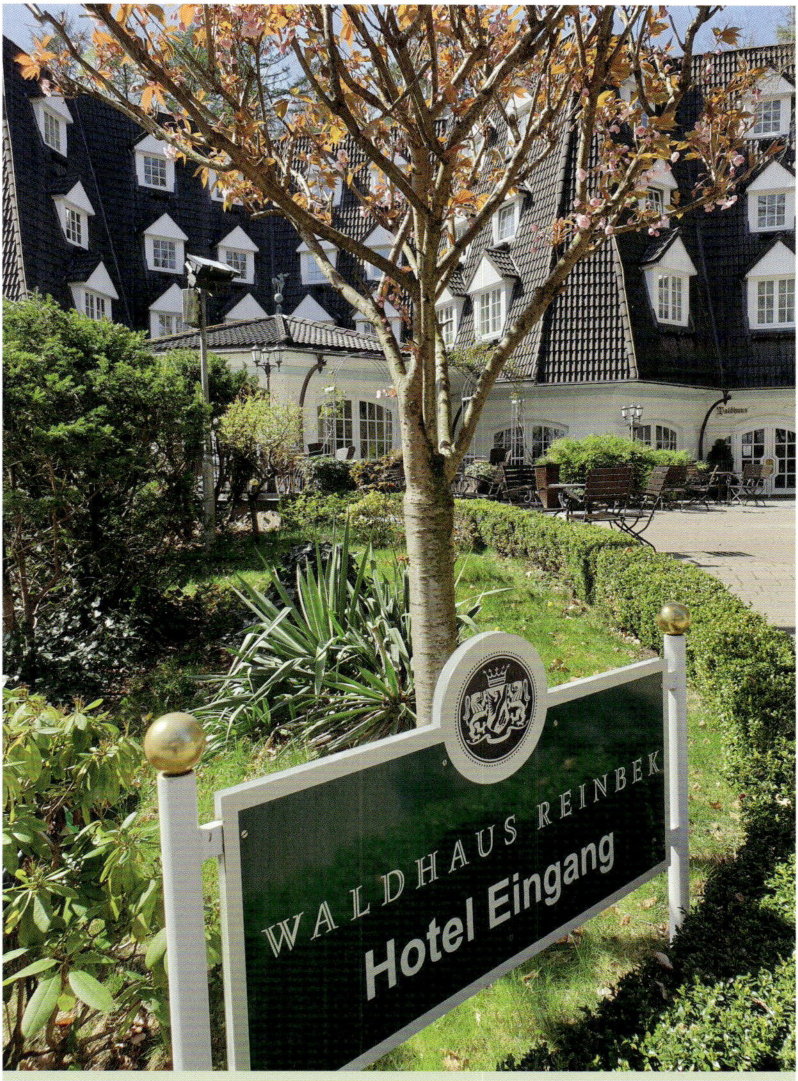

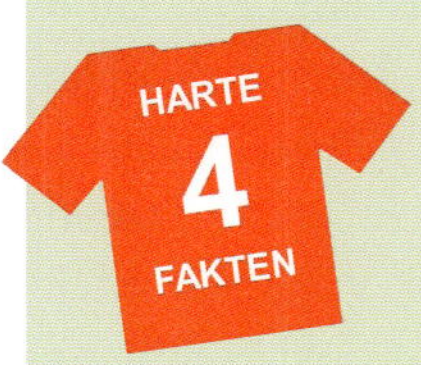

Adresse: Loddenallee 2, 21465 Reinbek

Betten: 50

Umgebaut: 1972

Bonuswissen: Nicht nur Olli Kahn und Arne Friedrich waren hier. Auch Robert Redford und Prinz Charles.

Sportplatz am Nobiskrug

Kulisse mit Schleife

Über der Holztribüne aus der Zeit der Weimarer Republik erhebt sich das stählerne Wahrzeichen der Stadt: die Hochbrücke. Güterzüge und Eisenbahnen in Richtung Flensburg oder Neumünster umrunden seit 1913 in der „Rendsburger Schleife" den Sportplatz Nobiskrug samt Nebenplätzen. „Kaum eine andere deutsche Holztribüne hat einen derart spektakulären Hintergrund", schreibt Stadionhistoriker Werner Skrentny.

Bereits 1859 gründet sich der Rendsburger Turnverein; 1908 löst sich hieraus der Fußballklub. Die erste Männermannschaft des Rendsburger Turn- und Sportvereins (RTSV) nimmt 1977 und 1981 am DFB-Pokal teil. Auch die Jugendarbeit ist zu dieser Zeit erfolgreich: Die B-Jugend wird 1983, die A-Jugend 1985 Landesmeister.

Einige Karrieren kann der RTSV befördern, beispielsweise die von Andrew Pfennig. Mit 17 Jahren wechselt der 1962 Geborene vom TSV Vineta Audorf zum RTSV, 1981 zu Holstein Kiel, 1987 zum FC St. Pauli. Von 2001 an coacht Pfennig vier Jahre lang die Fußballfrauen des Hamburger SV, die 2002 das Pokalfinale erreichen. Aber auch die Fußballfrauen in Rendsburg sind erfolgreich: Zwischen 1977 und 1983 nehmen sie an der Endrunde um die Deutsche Meisterschaft teil.

1993 gründet sich eine weitere Fußballmannschaft aus dem RTSV. „Damals waren wir als fünfte Mannschaft unzufrieden", sagt der Vereinsvorsitzende und Borussia-93-Gründer Andreas Kurras. Beim zehnjährigen Jubiläum spielt 2003 der VfB Lübeck vor 750 Zuschauern am Nobiskrug, 2013 gastiert der FC St. Pauli zum 20-jährigen Jubiläum vor rund 1.200 Zuschauern.

Auch eine dritte Fußballmannschaft spielt hier: FT Eintracht. „Die Atmosphäre ist toll, wenn verschiedene Vereine am Nobiskrug und den Nebenplätzen spielen", schwärmt Holger Zipkat, FT-Eintracht-Geschäftsstellenleiter.

Der Integrationsgedanke sei generell gegenwärtig wichtig. „70 Prozent unserer Spieler haben Migrationshintergrund", betont RTSV-Fußballobfrau Beate Böhm. Aus der städtischen Flüchtlingshilfe entwickelte sich eine weitere Mannschaft, die seit 2015 am Nobiskrug kickt: der FC Moin.

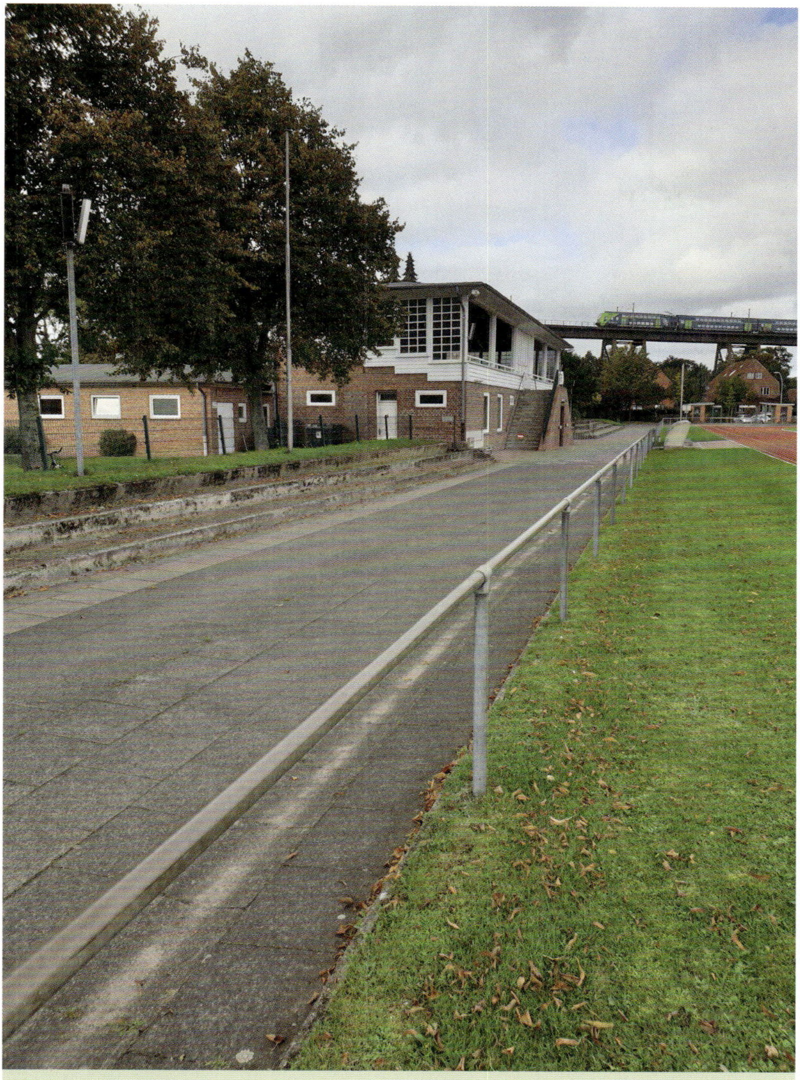

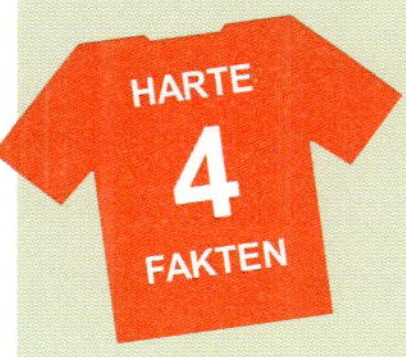

Adresse: Nobiskruger Allee 42a, 24768 Rendsburg

Zuschauer: 5.000

Vereine: u. a. Rendsburger TSV von 1859

Bonuswissen: Schiedsrichterlegende Walter Eschweiler hat sich 1992 in einem Brett der Holztribüne verewigt.

Niko-Nissen-Stadion

Friesisch frischer Fußball

Biegt man im Ortsteil Lindholm des nordfriesischen Risum von der Hauptstraße mit dem Namen „Dorfstraße“ ab, frohlockt das Fußballherz angesichts des Schildes „Stadionstraße“. Allerdings hört die Ortschaft nach 300 Metern auf; landwirtschaftliche Flächen lösen die Einfamilienhäuschen ab. Verfahren? Nach weiteren 300 Metern dann das aufmunternde Schild des Niko-Nissen-Stadions, ein nüchternes Areal mit Haupt- und Nebenrasenplatz.

2003 schließen sich der MTV Frisia Lindholm und der TSV Viktoria Risum-Maasbüll zum heutigen Verein zusammen: zum größten ländlichen Sportverein Nordfrieslands mit dem Namen SV Frisia 03 Risum-Lindholm. Der Verein mit dem „Zungenbrechernamen“ (11 Freunde) vollzieht somit einen weiteren Zusammenschluss der bis 1969 selbstständigen Gemeinden Risum und Lindholm.

Überaus erfolgreich wird hier im strukturschwachen Nordwesten gespielt. Nach der Saison 2015/16 steigt die erste Herrenmannschaft in die Oberliga Schleswig-Holstein auf und hält sich wacker. Im Frühjahr 2020 gibt es beispielsweise ein Derby gegen den Husumer SV. Die Wetterverhältnisse können auf dem Niko-Nissen-Platz ungemütlich sein, so auch jetzt. „Die Hausherren hatten zunächst den starken, böigen Wind im Rücken und nutzten das sofort“, schreibt Sportjournalist Wolfgang Pustal über das Husum-Spiel. Etwas glücklich gewinnt Frisia mit 2:0.

Für stabilere Wetterbedingungen sorgt der Kunstrasenplatz, der 2018 im benachbarten Risum errichtet wird. „Der Helmut-Hennig-Platz ist noch schöner, bitte den Platz unbedingt erwähnen“, bittet der 1. Vorsitzende Hartmut Wiebe. Eine überdachte Tribüne findet sich hier. Weitere beachtliche Erfolge: Die Frauenmannschaft spielt ebenfalls in der Oberliga; die A-Junioren werden 2012 und 2016 Meister der Schleswig-Holstein-Liga.

Seit 2017 gibt es den Jugendförderverein Nordfriesland, einen Zusammenschluss von 13 Vereinen. Auch Frisia möchte das Engagement verstärken. Passend zum 2020 entwickelten neuen Leitbild der Frisianer: „Ehrenamtlichkeit, Talententwicklung, Regionalität.“

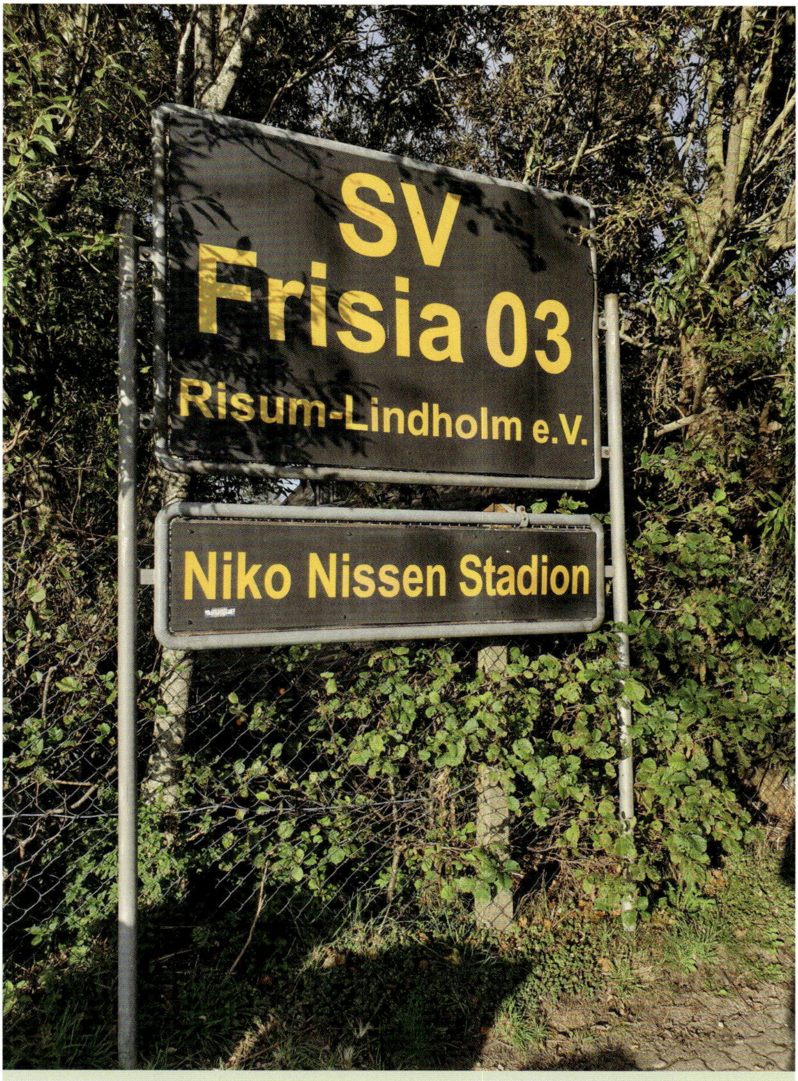

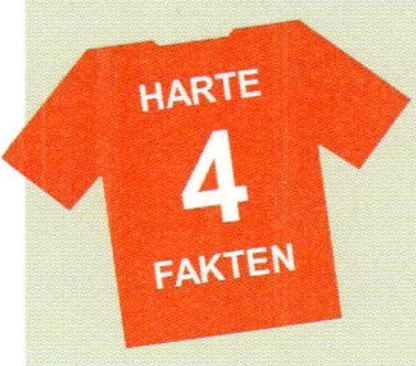

Adresse: Stadionstraße 5, 25920 Risum-Lindholm

Vereine: SV Frisia 03 Risum-Lindholm

Zuschauerkapazität: 1.500

Bonuswissen: Trainer ist von 2007–2015 der ehemalige Dortmund-Profi und Deutsche Meister Bodo Schmidt.

Gymnasium Schenefeld

Gründungsort von „Fettes Brot“

Hier – direkt neben dem Fußballsportplatz von Blau-Weiß 96 Schenefeld – haben sie sich 1992 gefunden und gegründet: „Fettes Brot“, Deutschlands bekannteste Hip-Hop-Band aus dem Kreis Pinneberg. Sie produzieren nicht nur witzig-sozialkritische Reime über den Alltag, sie bereichern auch immer mal wieder mit Fußballlyrik.

Fragt man nach niveauvollen Fußballsongs, dann fallen oft die Anfangszeilen: „Manchmal kommst du noch vorbei an diesem Klotz aus Beton/Dein Club hat wieder mal bloß an Erfahrung gewonnen/Keinen Bock auf eine weitere verkorkste Saison …“ Mit den in Hamburg lebenden Musikern Bela B., Carsten Friedrichs und Marcus Wiebusch schreiben Fettes Brot 2006 eine Art alternativen WM-Song: „Fußball ist immer noch wichtig.“

Ein Fußball-Schiedsrichterlied haben sie auch verfasst: „Falsche Entscheidung“ von 2010. Darin verweisen die drei Musiker selbstironisch auf ihre Herkunft: „Wir kommen aus Halstenbek, Pinneberg und Schenefeld/Das war leider nie der Mittelpunkt der Szenewelt.“ Mit einem lustigen Video übernehmen die drei Musiker gleich die Rolle der Schieds- und Linienrichter. Gedreht haben sie das Video zu „Falsche Entscheidung“ beim SuS Waldenau in Pinneberg. „Meine Oma war auch im Publikum“, sagt Björn Beton, dessen Vater bei SuS Waldenau Torwarttrainer gewesen ist.

Am 13. Juni 2014 veröffentlichen „Fettes Brot“ den offiziellen DFB-WM-Fansong: „Fußballgott.“ Hier reimt sich Rudi Völler auf Andi Möller. Dass „Schürrle“ direkt vor „Götze“ genannt wird, hat schon einen prophetischen Zug, bedenkt man das WM-Finale am 13. Juli. Paul Ripke, der 2014 auch offizieller DFB-WM-Final-Fotograf ist, dreht das Musikvideo.

Gelegentlich werden ihre Songs umgedichtet und zu Stadionhits. Beim FC St. Pauli, wo Bandmitglied König Boris Stammgast ist, singen die Fans „Wir sind ooooh St. Pauli“, nach der Melodie des Liedes „Schwule Mädchen“ (2001). Als Patrick Owomoyela 2005 von Werder Bremen umworben wird, singen die Arminia-Bielefeld-Fans nach Text und Melodie des Hits „Emanuela“: „Lasst die Finger von Owomoyela.“

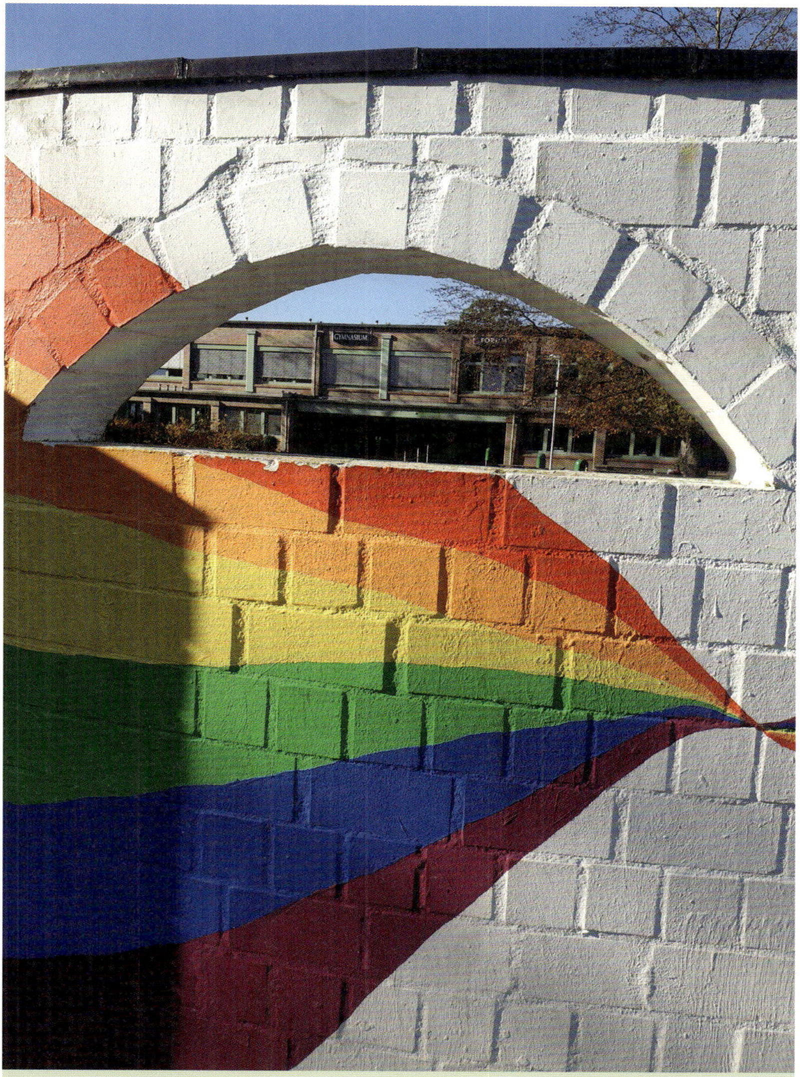

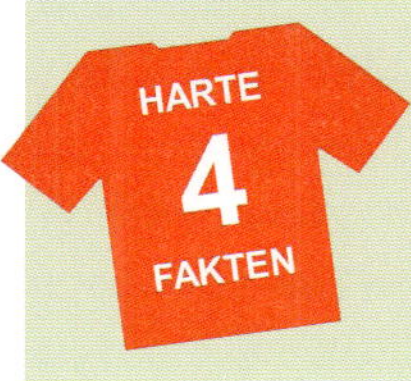

Adresse: Achter de Weiden 30, 22869 Schenefeld

Fettes-Brot-Gründungsjahr: 1992

Bonuswissen I: 1997 ist die Band Waldenau-Trikotsponsor.

Bonuswissen II: Die Band hat eine Werbebande beim FC St. Pauli gesponsort. Aufschrift: „Fettes Brot ist doof."

Schleswig

Dr.-Karl-Alslev-Platz

Tradition an der Schlei

Auswärtsfahrten sind auch immer Kostenfragen. Bis Kiel oder bis Altona bei Hamburg ist es von Schleswig für eine ganze Mannschaft zu teuer, um ein Auswärtsspiel zu bezahlen. Zumal viele Spieler noch im Jugendalter sind. So verzichtet der 1. Schleswiger FV in der Endrunde um die Norddeutsche Meisterschaft jeweils auf ein Viertelfinalspiel gegen Holstein Kiel und gegen Altona 93. Der schmerzhaft-doppelte Verzicht geschieht im Jahre 1907 und 1910. Also kurz nach der Vereinsgründung 1906.

„Viel Geld haben wir heute auch nicht", sagt Thomas Heppner, Fußball-Spartenleiter von Schleswig 06. „Aber auch heute haben wir eine traditionell starke Jugendabteilung." Traditionell meint: 1956 und 1957 wird die A-Jugend Landesmeister; lange Jahre stellt der Landespokalsieger von 1968 eine der größten Fußballabteilungen des Bundeslandes.

Seit 2015 werden im Jugendbereich Kräfte mit den Nachbarvereinen aber auch hier gebündelt. Schleswig 06 geht mit der FSG Schleidörfer und dem langjährigen Rivalen VfR Schleswig eine Sportgemeinschaft ein: die Spielgemeinschaft Schleswig. „Gemeinsamkeit statt Rivalität!", unterstreicht SG-Schleswig-Koordinator Bodo Wendel.

„Probleme könnte es eher mit unserem Platz mitten in Schleswig geben", sagt Wendel, der auch 06-Jugendobmann ist. Der Platz gehört der Stadt, immer wieder werde diskutiert, ob er bebaut werden könnte.

„Man wird schon bei anderen Plätzen neidisch, wenn man in manche Schleidörfer fährt", sagt Heppner. Lediglich Stehtraversen begrenzen den Platz zwischen Vereinsheim und dem angrenzenden Kunstrasenplatz Richtung Straße Galgenredder.

Dennoch kann hier Stimmung aufkommen. Bis in die frühen 2010er-Jahre existiert in Schleswig eine der wenigen schleswig-holsteinischen Ultra-Szenen. Die „Selected Boys" gründen sich 2008, als Schleswig 06 in die damals neu gegründete Schleswig-Holstein-Liga aufsteigt. Stolz berichten die Jungs: „Bei uns gab es zum Einlaufen der Mannschaften eine Choreo zu bewundern, wobei Wurfrollen, Konfetti, zwei schwarz-weiße Bänder und ein neues Banner gezeigt wurden."

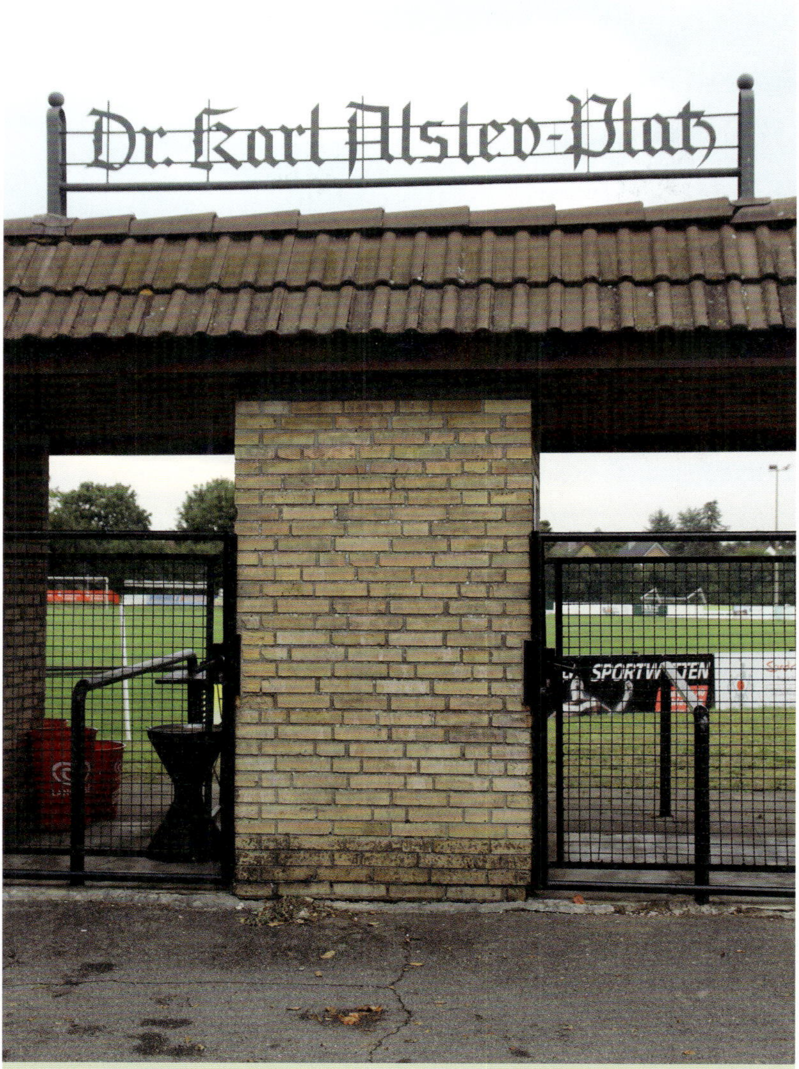

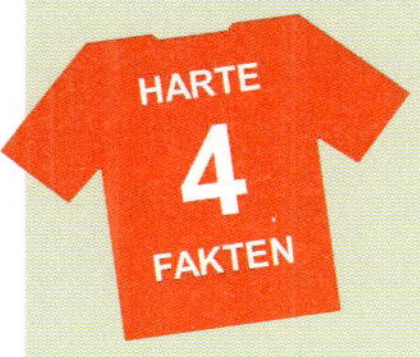

Adresse: Schützenredder 20, 24837 Schleswig

Zuschauerkapazität: 2.500

Verein: 1. Schleswiger Sportverein von 1906

Bonuswissen: Der ehemalige Schalke-04-Spieler André Bistram wird 2012 Trainer bei Schleswig 06.

Sportplatz Schmalfeld

Bundesligagründungsmitglied

Stammgast in der Ersten Bundesliga – mit einem Verein aus Schleswig-Holstein? In den 1990ern kann das ausgerechnet Schmalfeld leisten: in der Fußballbundesliga der Frauen. 1990 bis 1992, 1993 bis 1995 und in der Saison 1996/1997 hält sich der Verein der 1.900-Einwohner-Gemeinde sensationell bundesweit erstklassig.

„Als einziger Verein aus Schleswig-Holstein und Hamburg waren wir 1990 Gründungsmitglied der damals zweigleisigen Ersten Frauenfußballbundesliga", sagt Ehrenvorsitzender Klaus Knöfler, Jahrgang 1938.

„Das war eine großartige Zeit für unser Dorf", erinnert sich Gerd Fokken, der in der damaligen Erfolgszeit Trainer gewesen ist. Fokken, Jahrgang 1949, schwärmt von „Heimspielen mit 250 bis 300 Zuschauern."

„Wir hatten den kleinsten Etat aller Erstligavereine", sagt Knöfler, rund 40 Jahre lang SV-Mitglied. „Wir hatten nie einen Großsponsor, waren im ganzen Dorf und der Umgebung Klinkenputzen."

„Auswärtsfahrten waren besonders schön", sagt Fokken, der mittlerweile Vorsitzender des Fördervereins ist. „Bis zur Bettruhe der Spielerinnen um 22 Uhr haben wir kein Bier angefasst", schmunzelt Fokken, „danach haben wir natürlich Taktikbesprechungen mit leeren Flaschen machen müssen."

Viele Nationalspielerinnen machen im Verlauf ihrer Karriere in den 1990ern einen ersten Stopp in Schmalfeld. Claudia von Lanken wird später Stammtorhüterin beim Hamburger SV und 1997 Europameisterin. Die in Bad Segeberg geborene Frauke Kuhlmann erreicht den EM-Titel sogar zwei Mal.

„Unvergessen auch unsere Britta, die hier meinen Co-Trainer lieben lernte und ihn heiratete", sagt Fokken. Britta Carlson sammelt in Schmalfeld erste Bundesliga-Erfahrungen, wechselt nach der Heirat aber aus Loyalitätsgründen den Verein. Bei Turbine Potsdam wird sie später Deutsche Meisterin, Pokalsiegerin und 2005 UEFA-Cup-Siegerin. „Deutsche Meister haben wir weiterhin", sagt Rainer Otte, seit 2017 Vorsitzender des Gesamtvereins. „Allerdings in der Sportart Einrad."

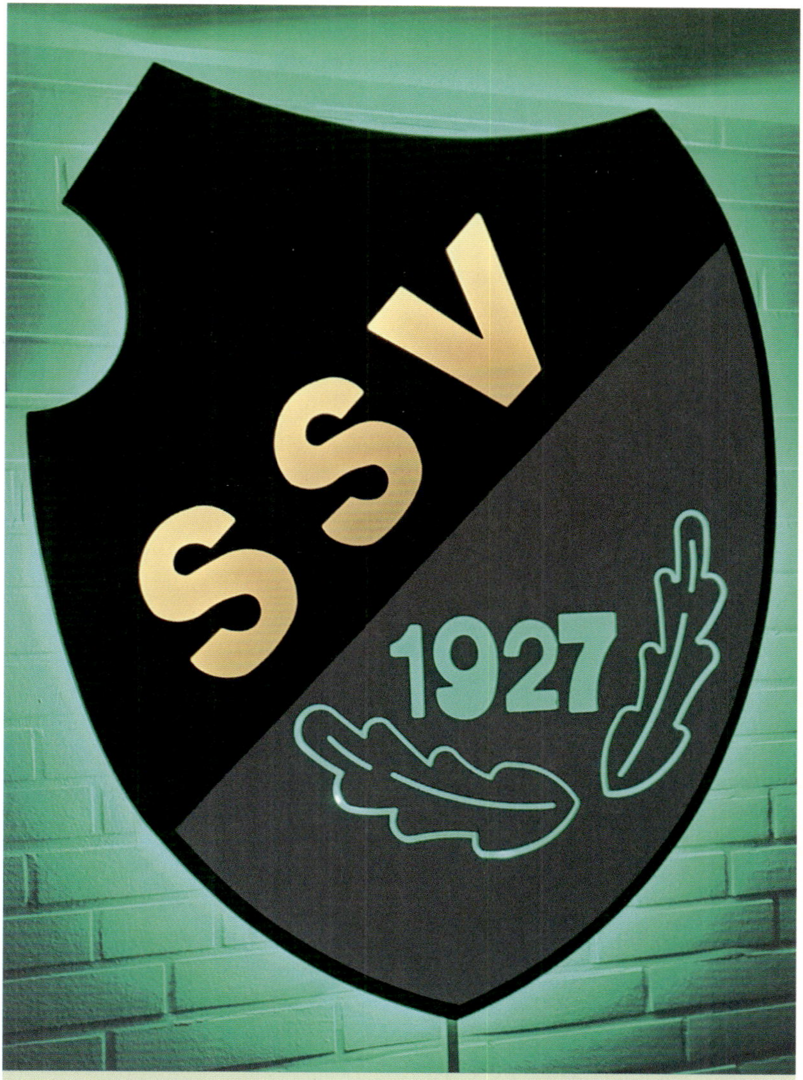

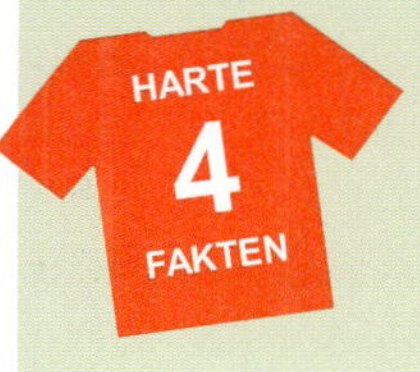

Adresse: Am Sportplatz 4, 24640 Schmalfeld

Verein: Schmalfelder SV von 1927

Zuschauerkapazität: 1.000

Bonuswissen: 1990 wird der Schmalfelder SV zum zweiten Mal schleswig-holsteinischer Pokalsieger.

Süderbrarup 090

Jahnplatz

Beinhart! Brettstark!

Nicht nur Comic-Fans kennen diese Spielkommentierung von Werner: „Im heutigen Spitzenspiel der Oberliga Nord begegnen sich bei bestem Fußballwetter der 1. FC Süderbrarup und der Gastgeber Holzbein Kiel." Die Kieler Sportvereinigung hat seitdem ihren Spitznamen. Fiktiv ist auch der gegnerische Verein aus Süderbrarup, der in Wirklichkeit TSV heißt. „Anstoß von Süderbrarup mit einem Gewaltschuss von Jens Jensen [...] Brettstark, wie diese Mannschaft vor dem Strafraum des Gegners agiert. [...] 2:1 für Süderbrarup, das ist Fußball, wie wir ihn lieben". Rötger Feldmann – alias Brösel – verewigt in seinem zweiten Band „Werner – Alles klar?" 1982 die Begegnung der beiden Mannschaften. Wobei „Mannschaften" nicht ganz stimmt; die Figur Werner kommentiert aus einer Kieler Dachgeschosswohnung lediglich einen Wochenmarkt, auf den der Protagonist einen Fußball schmeißt. Populär wird diese chaotische Wochenmarktszene 1990, als der Film „Werner – Beinhart!" die Comicvorlage aufgreift. Über 1,8 Millionen Klicks hat diese sechsminütige Sequenz mittlerweile bei Youtube; Süderbrarup wird berühmt.

Ein anderer Werner verewigt 2019 Süderbrarup in seinem schönen Kreisliga-Bildband „An jedem verdammten Sonntag". „Ich kannte natürlich Süderbrarup durch den Werner-Film und wollte unbedingt Schleswig-Holstein in mein Buch aufnehmen", sagt Christian Werner. Als der mehrfach preisgekrönte Magazinfotograf aus Leipzig zu einer Hochzeit nach Flensburg eingeladen ist, macht er extra einen Abstecher in die Schleiregion.

„Unsere jüngeren Vereinsmitglieder kennen den Film oft gar nicht mehr", sagt TSV-Fußballobmann Christian Voss. Man sei aber stolz auf die Erwähnung durch den in Travemünde geborenen Autor Brösel. Seit der Saison 2019 gibt es eine Spielgemeinschaft mit dem FC Angeln 02, der sich wiederum aus dem Borener SV, SG Thumby, TSV Böel-Mohrkirch und der TSV Schleiharde zusammensetzt.

„Süderbrarup gegen Holstein Kiel, das ist unser großer Traum", sagt Voss. Zum 100-jährigen Jubiläum 2020 hat das aber noch nicht geklappt.

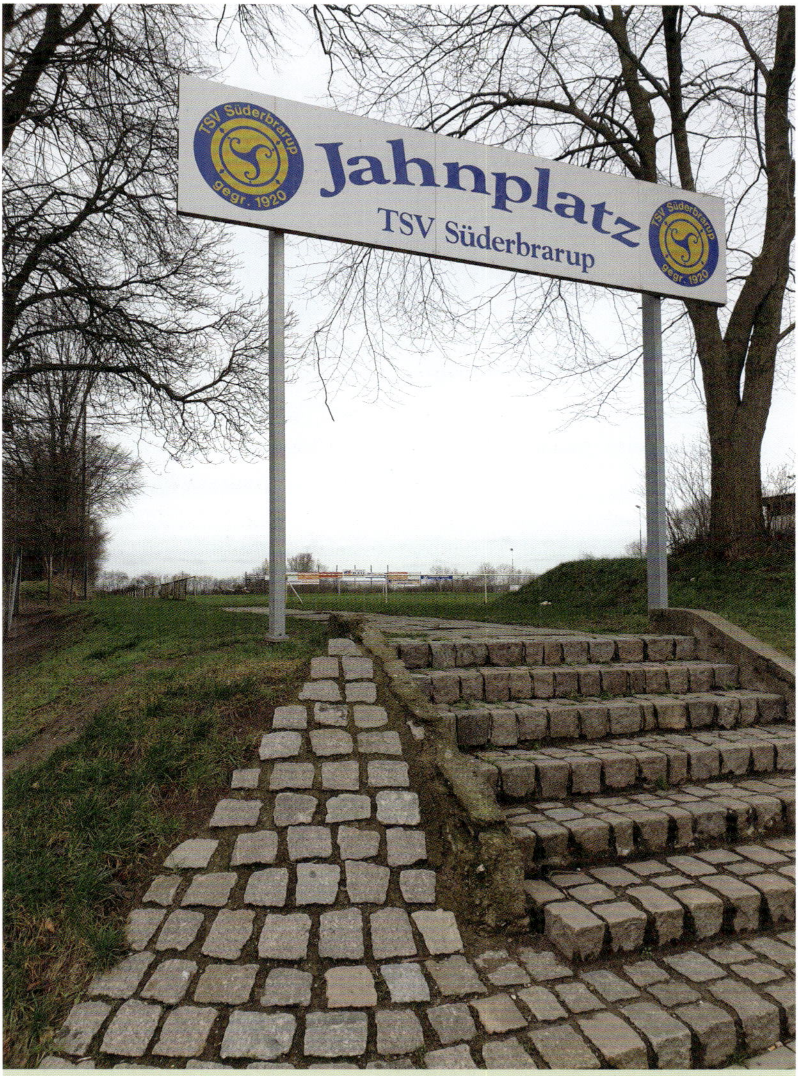

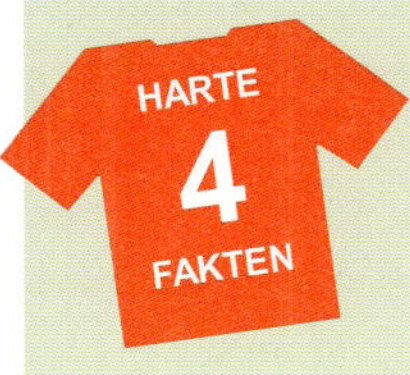

Adresse: Kappelner Straße 29, 24392 Süderbrarup

Zuschauerkapazität: 800

Verein: TSV Süderbrarup

Bonuswissen: Das Spiel Holzbein Kiel gegen den 1. FC Süderbrarup endet 2:2.

Sylt, List 091

Ehemaliger Kasernensportplatz

Der nördlichste Fußballplatz Deutschlands

Möwen umkreischen die weiße Querlatte. Zwischen einem Neubaugebiet, der historischen Schwimmhalle, einem ehemaligen Kino und der alten Marineversorgungsanstalt liegt hinter einem grünen Zaun von einem Tartanoval umfasst: der nördlichste Fußballplatz Deutschlands.

„Punktspiele werden hier aber nicht mehr ausgetragen", sagt Jens Röhrborn, Fußballobmann von Sportfreunde List. Seit 2002 ist die Fußballabteilung auch im „Team Sylt" in Tinnum integriert, 18 Kilometer südlich.

„Wir spielen hier nur Altliga", sagt Peter Hansen, Vorsitzender der 1946 gegründeten Sportfreunde. Das Altliga-Alter beginnt in Nordfriesland zwar mit 32 Jahren, „aber wir schauen beim Donnerstagabendtraining nicht in die Personalausweise". Laut Homepage sei sowieso entscheidender: „eine positive Einstellung und die Liebe zum schönsten Sport der Welt." Die Servicekräfte des Lister Luxushotels, viele Mitte 20, bekommen vom Arbeitgeber die Fußball-Vereinsgebühr bezahlt. „Im Sommer spielen hier auf dem Platz einige Rettungsschwimmer mit", sagt Hansen. „Auch der Strandkorbwärter."

Aus einer Schnapsidee heraus haben die Sportfreunde 1992 die starbesetzte Altliga vom Hamburger SV zu einem Freundschaftsspiel eingeladen. „Und die kamen auch alle", erzählt Hansen und zeigt stolz auf ein Foto. Ebenfalls kommen 800 Zuschauer; der HSV gewinnt. Nach dem Spiel wird in einem improvisierten Zirkuszelt neben dem Platz bis in die laue Nordseenacht gefeiert. „Die Frau von Boriša Đorđević – Spieler der jugoslawischen Fußballnationalmannschaft – hat noch einige Lieder gesungen."

Die erste Mannschaft vom Hamburger SV reist 2010 und 2011 – neben anderen Bundesligavereinen – ebenfalls in die nördlichste Gemeinde Deutschlands für ein Sommertrainingslager. „Da kamen auf den ehemaligen Kasernensportplatz extra unsere besten Greenkeeper der Sylter Golfplätze", sagt Röhrborn.

Die Bundeswehr ist 2007 komplett aus den Kasernen der 1930er-Jahre abgezogen. Wenngleich das Neubaugebiet der ehemaligen Bundeswehrkaserne 18 Hektar ausweist, das versichert auch die Gemeindeverwaltung: Der nördlichste Fußballplatz Deutschlands bleibt.

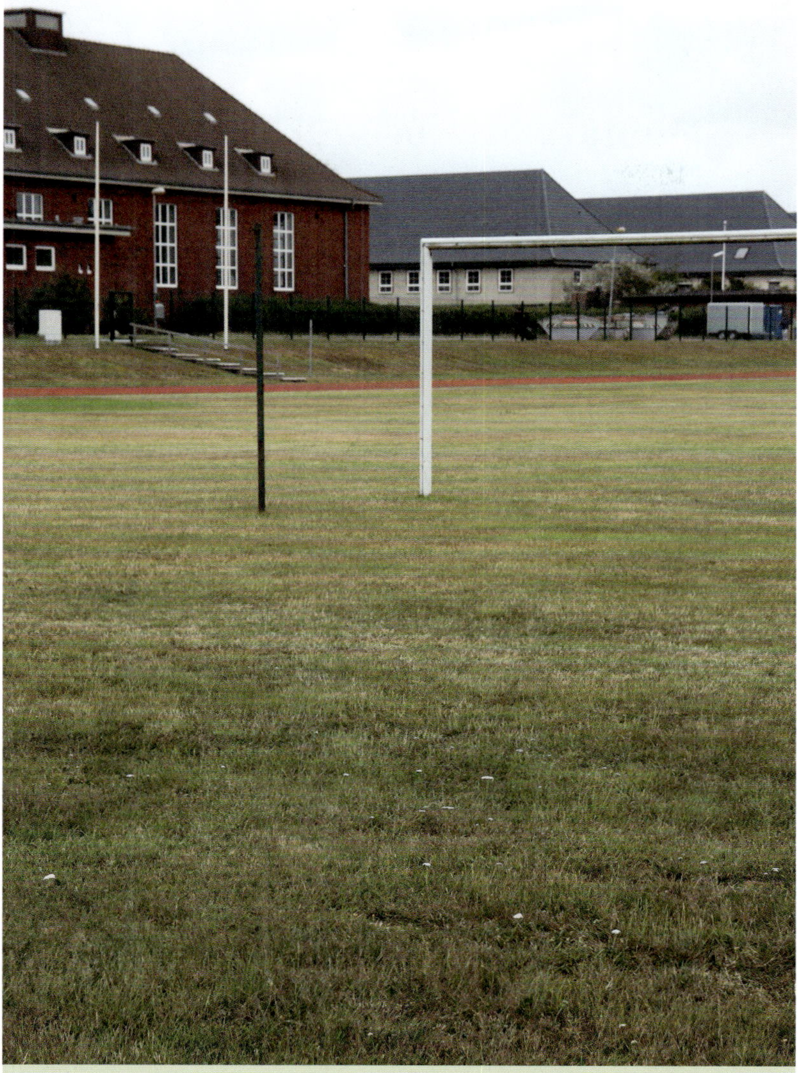

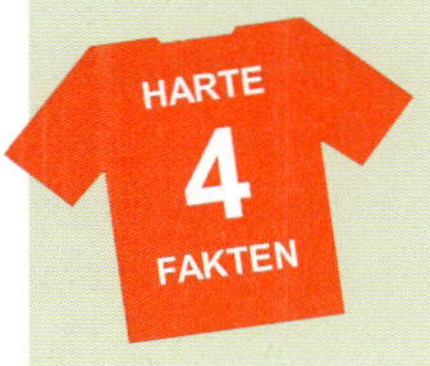

Adresse: Dünenstraße, 25992 List (Sylt).

Zuschauerkapazität: 2.000

Verein: Sportfreunde List (Altliga)

Bonuswissen: Die angrenzende Marineversorgungsschule versorgte 1972 die Segler bei den Olympischen Spielen.

Sylt, Norddörfer 092

Fußballplatz SC Norddörfer

Weniger Weißgold wagen

„Der FC Weißgold, das sind meine Jungs“, lacht Trainer Marko Schneider-Pauly. 2018 erfindet 11-Freunde-Chef Philipp Köster in seinem Heft das Team vom „FC Weißgold Sylt“. Eine Mannschaft, die im Dünen-Naturschutzgebiet eine proletarierfreie Gosch-Arena errichten lassen wolle, damit auf Sylt endlich Bundesliga-Fußball gespielt werden könne. Dazu sieht man am Spielfeldrand Trinkflaschen mit der Aufschrift „Moët“.

Die Abgebildeten kicken in Wirklichkeit ganz unschnöselig für den SC Norddörfer (SCN). „Unsere Auswärtsfahrten sind die größte Belastung“, sagt Schneider-Pauly. Es geht schon mal mit den beiden Vereinsbussen via Autozug bis nach Flensburg. Oder mit der Fähre nach Föhr.

Norddörfer, das sind die Orte Braderup, Kampen und Wenningstedt, die bereits 1871 zusammengeschlossen werden. Einem Zusammenschluss hat sich der SCN aber verweigert: Als einziger Sylter Verein bleiben sie 2002 dem „Team Sylt“ fern. Deshalb gibt es bis heute das Inselduell; ein Zuschauermagnet.

Nach dem Zusammenschluss der Insel-Konkurrenz wird dann zwischenzeitlich der SCN wirklich zum Schnöselverein: Der Millionär Volker Koppelt steigt ein. Festlandspieler werden gekauft und verdrängen die heimischen Kicker. Von der zehnten steigt der SCN in die sechste Liga auf, bis es 2007 zum Bruch kommt. Koppelt gründet 2008 den FC Sylt, der aber ironischerweise nie ein einziges Spiel auf Sylt bestreitet, weil ihm alle Vereine ihre Plätze vorenthalten. So zieht Koppelt mit seiner Legionärstruppe zu seinen „Heimspielen“ nach Fahrdorf an die Schlei, auf den Kieler Kilia-Platz, nach Felde – westlich von Kiel – oder gar nach Itzehoe. Was vielen FC-Spielern recht ist, wohnen sie doch in Hamburg. 2012 löst sich der FC Sylt auf.

„Mit dem alten Mäzenaten-Image werden wir immer noch aufgezogen“, sagt Schneider-Pauly, „deswegen fanden wir die 11-Freunde-Aktion so schön selbstironisch.“ Überlassen werden ihnen nach der Weißgold-Fotostrecke die Fanschals mit der Aufschrift „Schnöselszene Westerland“ oder „Ohne Papa wärn wir gar nicht hier.“

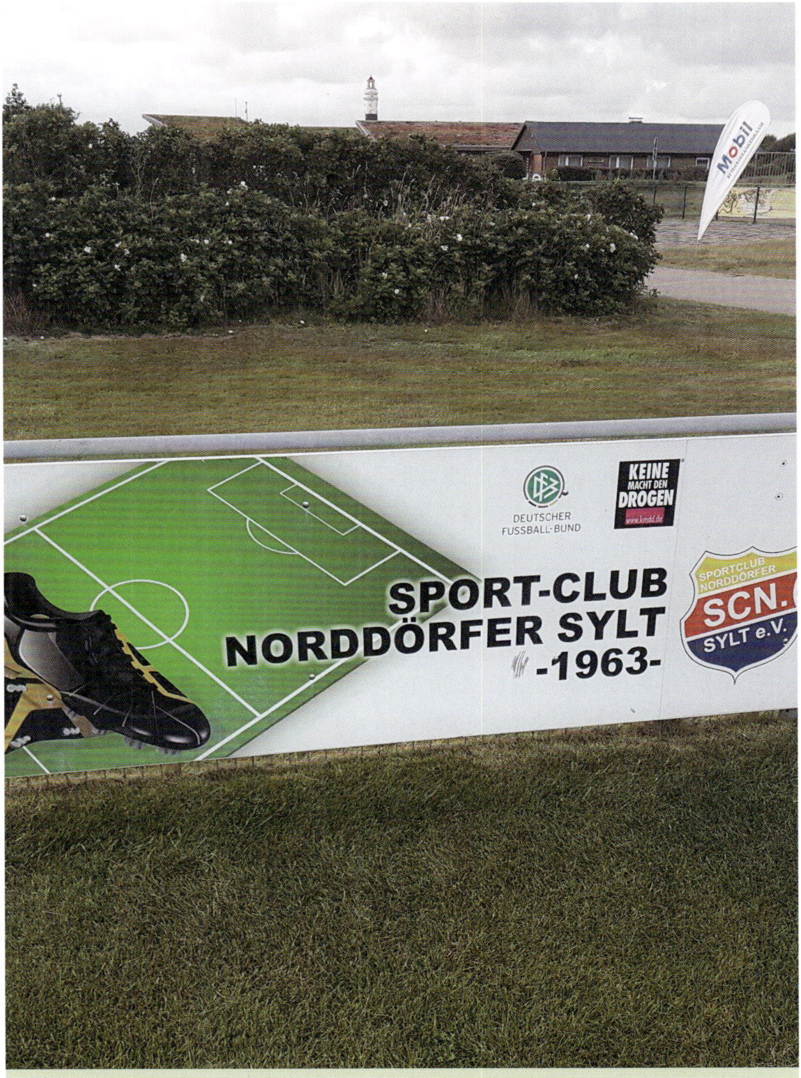

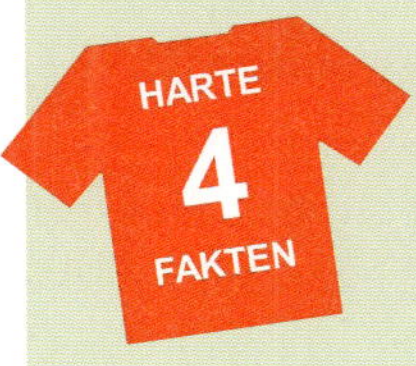

Adresse: Norderweg 4, 25996 Wenningstedt-Braderup

Zuschauerkapazität: 800

Verein: SC Norddörfer (SCN)

Bonuswissen: Der SCN ist der nördlichste im aktiven Spielbetrieb existierende Fußballverein Deutschlands.

Sylt, Westerland 093

Ehemaliges Sylt-Stadion

Poseidons Ruheplatz

Abseits der Geschäftsstraßen liegt südlich Richtung Dünenweg das Stadion am Stranddistelweg. Zwischen Robbenweg, Fischerweg und dem Aquarium am Deich. Knapp 20 Minuten Fußweg vom Bahnhof. Für Landesliga-Schlachtenbummler gehört dieser Weg ab 1968 zu den Saisonhöhepunkten der Staffel Nord: ein Auswärtsspiel zum TSV Westerland via Hindenburgdamm. „Manche Vereine – wie der Gettorfer SC aus dem Kreis Rendsburg-Eckernförde – charterten für die dreieinhalbstündige Hinfahrt gleich ganze Zugeinheiten“, erinnert sich Ralf Westphal, Vorsitzender von Team Sylt.

Erst 1971 wird das Sylt-Stadion eröffnet. Das DFB-Pokalspiel ein Jahr zuvor gegen Borussia Dortmund muss in Leck ausgetragen werden, weil der BVB den Grandplatz des Vorgängerstadions an der Bastianstraße ablehnt.

„Die Stimmung an der Bastianstraße war grandios“, sagt Westphal. Der gebürtige Hallenser ist zwar erst seit 1988 auf der Insel, kennt aber die Erzählungen. „Bis zu 7.000 Zuschauer kamen, als bei den Sommertrainingslagern Werder Bremen oder PAOK Saloniki gastierten und Freundschaftsspiele bestritten.“ Mittlerweile ist der Platz an der Bastianstraße bebaut. „Auch in das Sylt-Stadion kamen regelmäßig Bundesligamannschaften“, erinnert sich Westphal, „Fans von Eintracht Braunschweig zündeten zu den Abschlussspielen Pyros.“

Aber auch im Sylt-Stadion ist es ruhig geworden. Das Poseidon-Logo des TSV Westerland klebt zwar noch am Nebeneingang, gespielt und trainiert wird hier aber nicht mehr. 2002 fusioniert die Fußballabteilung vom TSV Westerland – als mehrmaliger Landesmeister – mit dem TSV Tinnum, TSV Morsum und den Sportfreunden List zum Team Sylt. Gespielt wird seit 2018 ausschließlich auf zwei Plätzen im östlichen Tinnum. Das Sylt-Stadion wird seit 2019 zu einem „Multipark“ umgebaut. Inlineskaten und BMX-Radfahren – Rollsport statt Rasenball.

„Fußballerisch ist das ganz bitter für Westerland“, sagt Westphal „der Ortsteil hat eine lange Fußballtradition.“ 1919 wird bereits in Westerland Fußball gespielt, im heute noch existierenden Hotel „Seeburg“ kommt es zur Gründung des „1. Sylter Fußball-Vereins“.

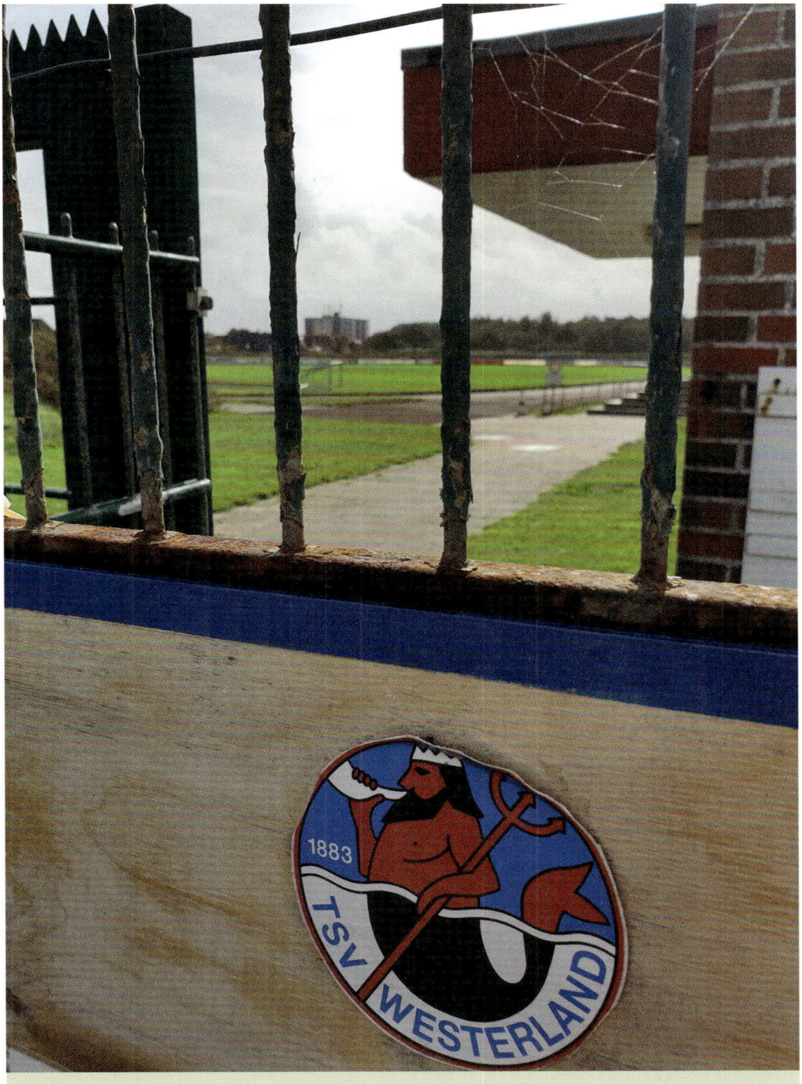

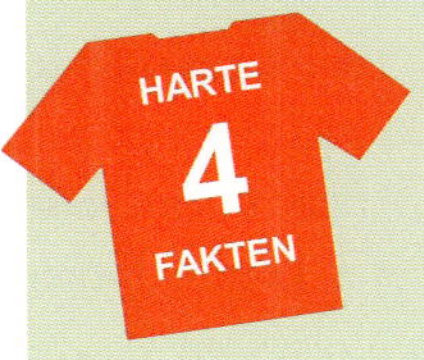

Adresse: Stranddistelweg 333B, 25980 Sylt

Erbaut: 1971, Umbau zum Multipark seit 2019

Hier spielten: TSV Westerland, Team Sylt

Bonuswissen: 2018 gibt es ein Aufkleber-Sammelalbum mit Sportlern von Team Sylt und TSV Westerland, die „Sylter Sticker Stars".

Strand-Arena

Das wahre Leben ist wie Achterbahn

2018 wird der Niendorf-Timmendorfer Sportverein Strand 08 Oberliga-Meister. 2019 gelingt die Titelverteidigung mit neun Punkten Abstand auf den Tabellenzweiten TSB Flensburg und der Gewinn des Hallenmasterturnieres in Kiel. 2020 erfolgt dann der Neustart in der Kreisklasse A Ostholstein.

„Wir haben eine wechselhafte Zeit hinter uns", beschreibt Strand 08-Ehrenvorsitzender Peter Danzeglocke die vergangenen Jahre. Von 2009 bis 2019 prägt Trainer und Manager Frank Salomon, dem ein Sportversandhandel gehört, den Verein. 2019 – Salomon und viele Spieler wechseln zu Phönix Lübeck – dann der Rückzug der Mannschaft. In der Saison 2019/2020 bildet Strand 08 eine Spielgemeinschaft mit dem TSV Neustadt als „SG Neustrand" in der Landesliga. 2020 folgen die Auflösung der SG und der Kreisklassenneustart.

Gespielt wird auf dem Rasenplatz der Strand-Arena, bis 2003 als Ludwig-Hagemann-Stadion oder Ostsee-Kampfbahn bekannt. „Für den Namen Strand-Arena mit Bindestrich habe ich mich eingesetzt", betont Danzeglocke. Doch anders als die Namen suggerieren, handelt es sich um eine überschaubare Anlage mit ein paar Steinstufen und unüberdachten Sitzreihen. Zum echten Strand sind es nur 300 Meter Luftlinie.

„Die Gemeinde priorisierte stets den Tourismus; setzte im Sport eher auf Beach-Volleyball und Eishockey", sagt Danzeglocke. Eine versprochene Tribünenüberdachung wird nicht realisiert. „Wenn hier zu Oberligazeiten 250 Zuschauer kamen, dann war das für uns ein Erfolg", sagt Andreas Brennecke, stellvertretender Abteilungsleiter. Eine Ausnahme bilden die 3.360 Zuschauer, die im Sommer 2016 zum Saisonvorbereitungsspiel gegen den damaligen Erstligisten Hamburger SV kommen. „Ich hatte extra mobile Zusatztribünen aufgebaut", erinnert sich Brennecke. Sensationeller Endstand 2:2. „Ich habe den damaligen HSV-Trainer Bruno Labbadia nach dem Spiel erinnert, hinterher zur Pressekonferenz zu kommen", seufzt Danzeglocke. „Doch er musste ein dringendes Telefonat führen."

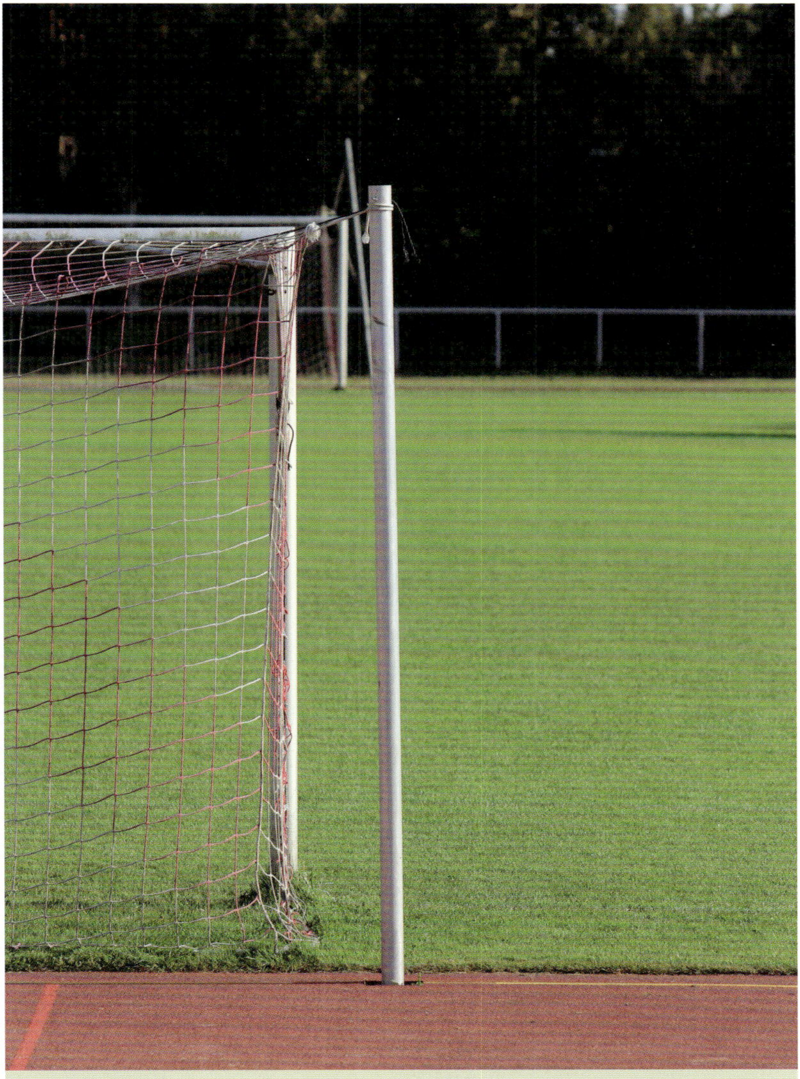

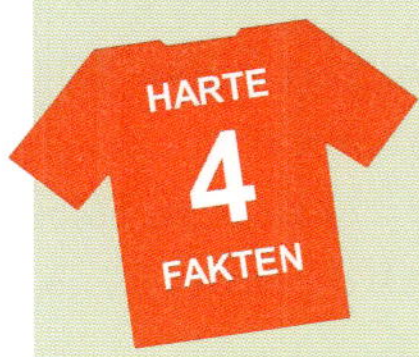

Adresse: Höppnerweg 9, 23669 Timmendorfer Strand

Zuschauerkapazität: 3.000

Verein: Niendorf-Timmendorfer Sportverein Strand 08

Bonuswissen: Strand 08 wird 2014 Norddeutscher Ü50 Vizemeister. Im Finale verliert man gegen Hannover 96, die mit ehemaligen Bundesligaspielern auflaufen.

Todesfelde 095

JODA-Sportpark

Ganz großes Kicken

Ein blaugelbes Fahnenmeer verwandelt im Winter 2020 die ausverkaufte Kieler Ostseehalle in ein Heimspiel. Über 1.000 Fans haben die einstündige Anfahrt aus dem Kreis Segeberg angetreten, die gesamte Gemeinde Todesfelde hat lediglich ebensoviele Einwohner. Immer wieder Gesänge: „Hier regiert der SVT", „To-Des-Felde – Schalalalalalala...". Bei den 22. Hallenmasters sind die Todesfelder, liebevoll „Tofe" abgekürzt, visuell und akustisch anderen Mannschaften, wie Holstein Kiel oder dem VfB Lübeck, weit überlegen. Und auch sportlich überträgt sich die Euphorie auf den Kunstrasen: Im Finale gewinnt Todesfelde 3:1 gegen Weiche Flensburg und wird zum ersten Mal Sieger des Hallenmasters. Freudentränen, Jubelarien; die Spieler feiern vor der blaugelben Zuschauerwand.

All das kann man im Internet nachschauen. Oder im Kino: Der Film „Ganz Tofe fährt nach Kiel" ist der erste Dokumentarfilm des Berliner Filmemachers Paul Gredig über den Provinzverein. Der breiter angelegte Nachfolgefilm heißt „Blau. Gelb. Tor" und wird mittels Crowdfunding erstellt. „Mich haben die euphorischen Fans, das Bodenständige und das ehrenamtliche Engagement bewegt", sagt Gredig, der im Kreis Segeberg aufgewachsen ist.

„Wir sind ein besonderer Dorfverein", sagt Präsident Holger Böhm. „Wir ziehen Zuschauer aus der gesamten Region!" Bad Segeberg liegt 12 Kilometer entfernt. Im Vergleich zu ToFe sind die Nachbarvereine von MTV und Eintracht Segeberg weniger erfolgreich. Böhm selbst ist seit 1995 Stadionsprecher und seit 2003 zudem Vereinspräsident.

Nach der verkürzten Coronasaison 2020 wird der SV Todesfelde zum Oberligameister erklärt, verzichtet aber auf den Regionalligaaufstieg. „Der gesamte Verein soll aufsteigen, nicht die erste Mannschaft", sagt Böhm. Die Jugendarbeit soll gefördert werden, der Stadionausbau schreitet voran.

Das Erfolgsjahr 2020 wird am 22. August gekrönt: ToFe besiegt im Landespokalendspiel in Malente den Drittligisten VfB Lübeck dramatisch mit 3:2 und erreicht die erste Runde des DFB-Pokals.

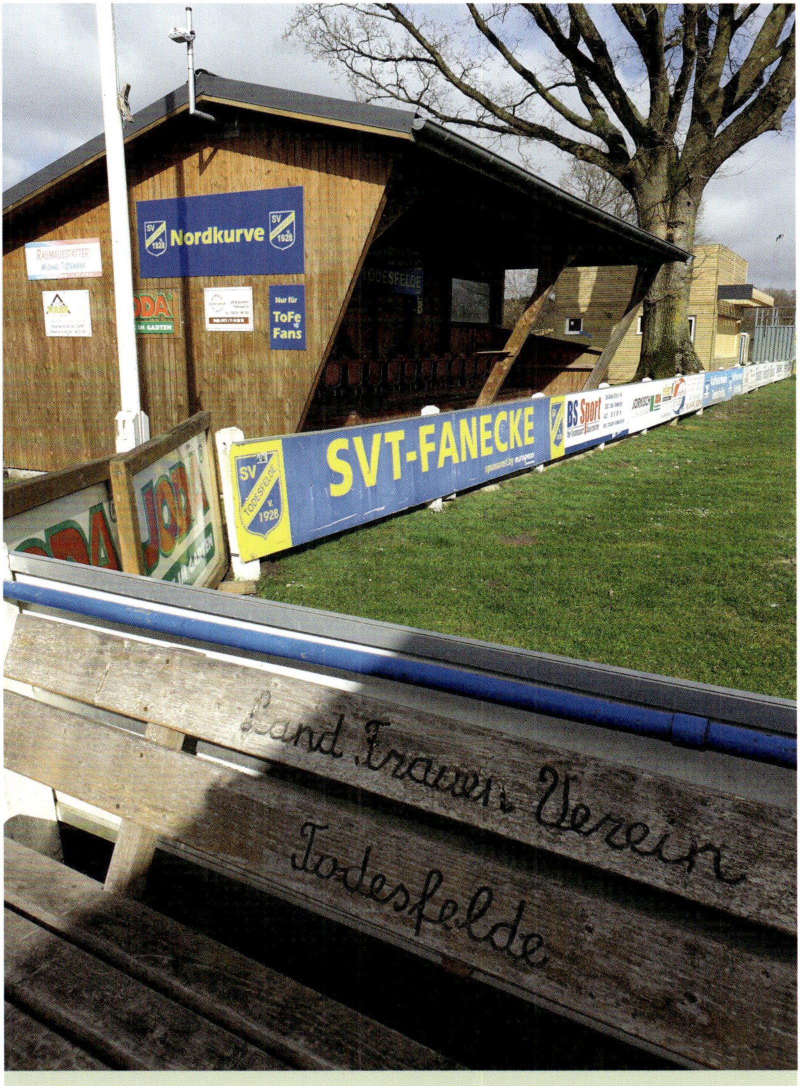

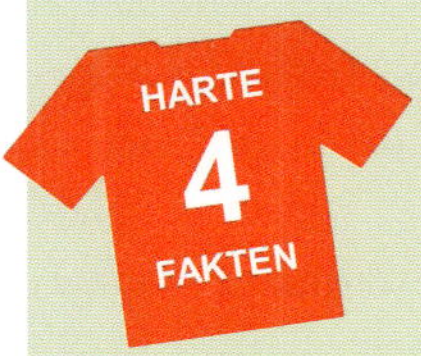

Adresse: Am Sportplatz, 23826 Todesfelde

Zuschauerkapazität: 2.000

Verein: SV Todesfelde

Bonuswissen: Der Film wurde am 1. August 2020 bei 450 Besuchern coronakonform im Stadion gezeigt.

Tönning 096

Sportplatz an der Dänischen Schule

In Leverkusen gegen Bayer 0:4

Reisen bildet. 1976 gilt im DFB-Pokal noch nicht die Heimrechtregel für Amateure, dafür dürfen 128 Mannschaften in der ersten Runde mitmachen. Der IF-Tönning – frisch gekürter Bezirkspokalsieger mit einem 3:1-Sieg gegen Vorjahressieger Frisia Husum – zieht ein Auswärtslos: eine Bildungsreise zu Bayer 04 Leverkusen.

„Einige waren fast ein wenig enttäuscht – und träumten damals von einem Heimspiel gegen Bayern München oder Borussia Mönchengladbach", sagt Vorsitzender Dieter Mölck. „Leverkusen war damals schließlich noch Zweitligist." Aber mit einer erstklassigen Mannschaft und einem amtierenden Weltmeister. Der in Oberhausen geborene Dieter Herzog spielt 1974 in zwei Weltmeisterschaftsspielen der damaligen Zweitrunde erfolgreich gegen Schweden und Jugoslawien. Und steht zwei Jahre später zusammen mit Jürgen Gelsdorf, Walter Posner oder Theodor Rieländer den siebentklassigen Amateurmannen Martin Frost Larsen, Palle Konrad oder Reimer Jensen aus Nordfriesland gegenüber.

Die „Traumreise", wie sie der damalige IF-Vorsitzende Manfred Ziegler in einem Zeitungsartikel nennt, müssen die Spieler selbst bezahlen: jeder 160 Mark. Doch die Werkself ist hilfsbereit. „So werden die IFer während des Aufenthalts in Leverkusen über einen ständigen einheimischen Betreuer verfügen", so der Bericht. Außerdem steht eine Werksbesichtigung bei Bayer an, die Leverkusener sind gastfreundlich und verstehen PR.

„Unser Pokaltrip ist vielen jüngeren Spielern gar nicht präsent", so der zweite Vorsitzende Cai Flottrong. „Unsere 1. Herren hat ein Durchschnittsalter von 22 Jahren – und für unsere Geschichte interessieren sich die wenigsten." Was schade ist. Der Verein wird 1946 von der dänischen Minderheit gegründet, erst ein paar Jahre später werden auch deutsche Mitglieder aufgenommen. „Unser Verbandsligaaufstieg 2013 ist vielen hier wichtiger", betont Mölck.

1.300 Zuschauer kommen am 7. August 1976 in das Leverkusener Haberland-Stadion, das damals mit Vornamen noch „Kleines" statt „Ulrich" heißt. Leverkusen gewinnt 4:0; ein Tor schießt Weltmeister Dieter Herzog.

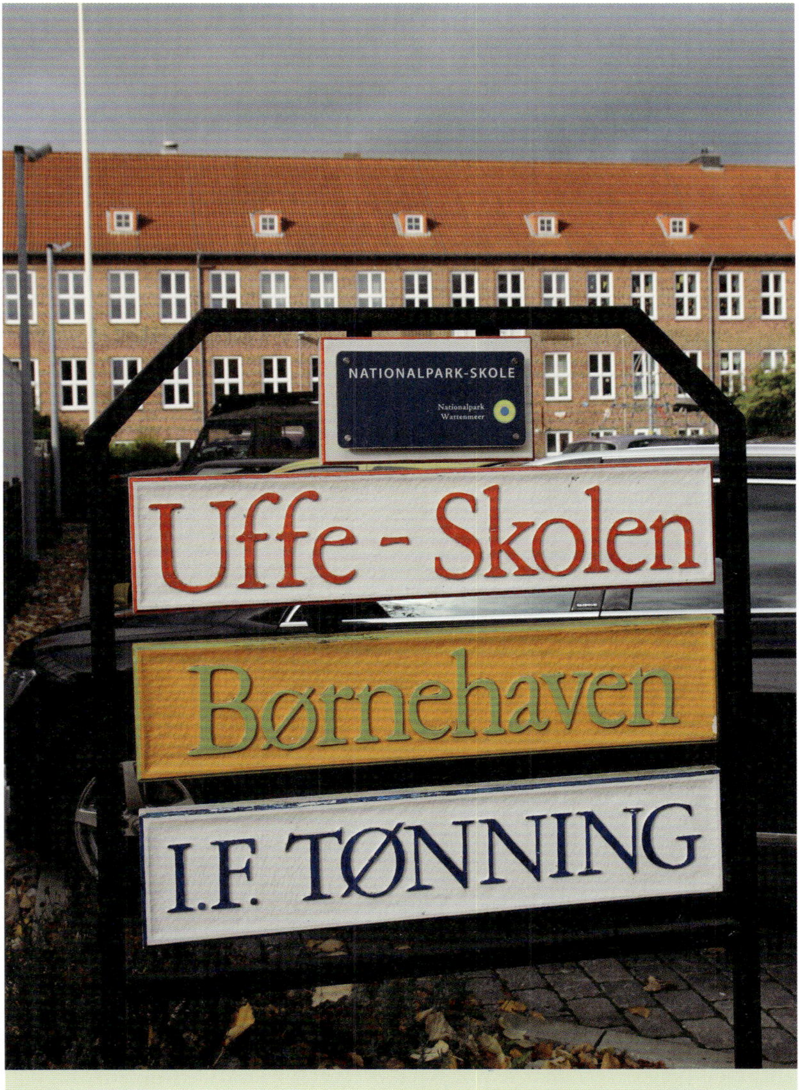

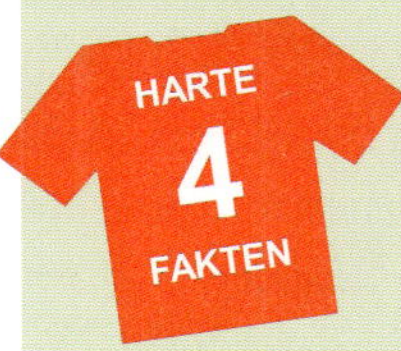

Adresse: Herzog-Phillipp-Allee 3a, 25832 Tönning

Verein: Idrætsførening Tönning von 1946

Zuschauerkapazität: 1.000

Bonuswissen: Zwei Wochen vor dem Pokalspiel gewinnt Leverkusen beim viertklassigen BSC Brunsbüttel mit 6:0.

Tornesch 097

Torneum

Multifunktionsmoorweg

Die Selbstaussagen des Sportparks in Tornesch lesen sich imposant: „Spielen und trainieren auf einem der modernsten Vereinsgelände Norddeutschlands". So begrüßt der FC Union Tornesch den Homepagebesucher. Der Sportpark Torneum, das sind drei Fußballplätze, davon zwei Kunstrasenplätze, eine Sportsbar, ein Beachvolleyballfeld, viele Parkplätze. Im Januar 2015 eröffnet, ein kommunales Vorzeigeprojekt. „Eine solche durchdachte und effiziente Sportanlage sucht in ganz Norddeutschland ihresgleichen", wirbt die Torneum-Homepage. Torneum, ein nicht ganz bescheidenes Kofferwort aus dem Ortsnamen und Colosseum.

So viel des Eigenlobes macht natürlich stutzig. Beispielsweise der Homepagesatz: „Ein professionell geführter Sportpark, dessen Rentabilität nur die Basis für den gesellschaftlichen Gewinn darstellt." Seit 2019 liest man andere Schlagzeilen. Die Uetersener Nachrichten schreiben: „Finanzpolitiker machen sechsstelliges Defizit durch den Sportpark Torneum öffentlich."

Bereits kurz nach der Eröffnung 2015 gibt es massive Kritik vom Bund Deutscher Steuerzahler, das Torneum sei ein „aufgeblähtes Prestigeobjekt". Zwar werden 4 Millionen aus dem Verkauf des alten Sportplatzgeländes an der Friedlandstraße refinanziert, aber das Torneum kostet insgesamt knapp 9 Millionen Euro. Der Bund Deutscher Steuerzahler sieht ein „Foul am Steuerzahler." Und behält recht: In den Folgejahren bleibt die Soccerhalle in den Wintermonaten unvermietet, andere Fußballvereine bauen ebenfalls Kunstrasenplätze.

Seit Eröffnung des Torneums läuft es immerhin sportlich. Fußball wird in Tornesch bereits seit dem Ersten Weltkrieg gespielt, als britische Kriegsgefangene gegen die Dorfjugend kicken. 1921 gründet sich im ältesten Stadtteil Esingen der FC Union.

Die Unioner Frauen, die in der höchsten Hamburger Spielklasse aktiv sind, werden 2016 und 2017 Vizemeisterinnen; 2019 verlieren sie erst im Pokal-Endspiel gegen den Hamburger SV. Nachdem der Wedeler TSV im Sommer 2019 seine erste Männer-Mannschaft zurückzieht, steigt der FC Union in die Hamburger Oberliga auf. Auch die Mitgliederzahlen steigen.

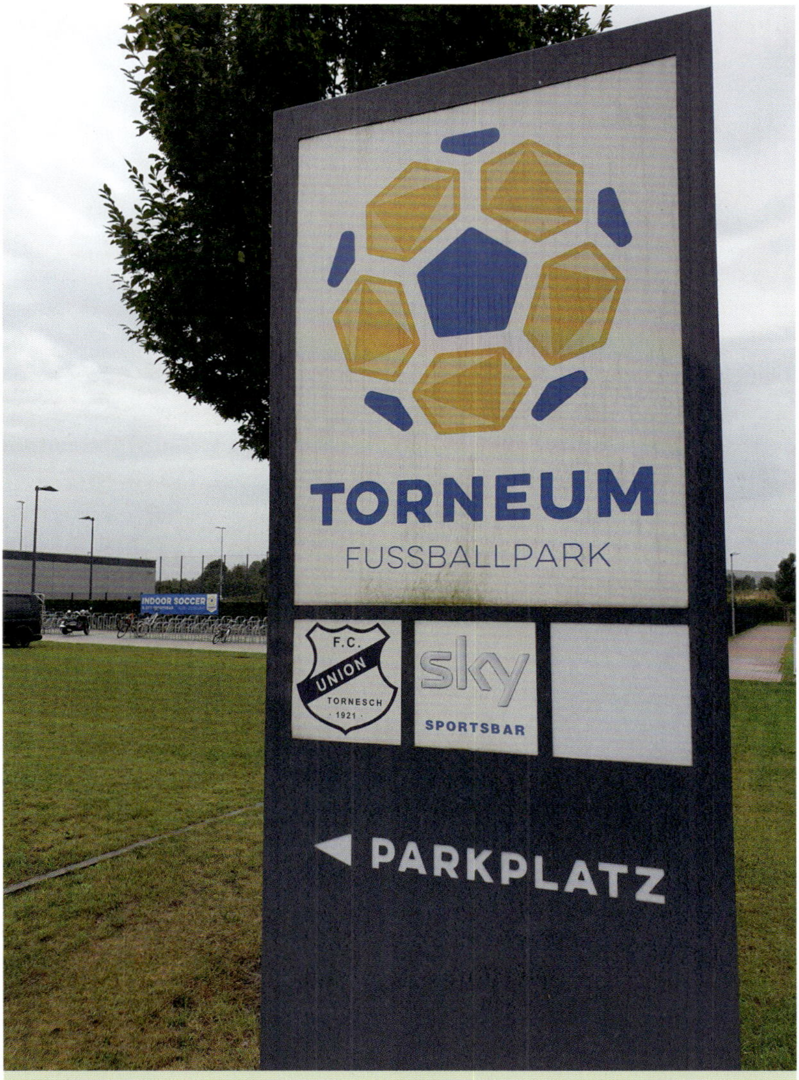

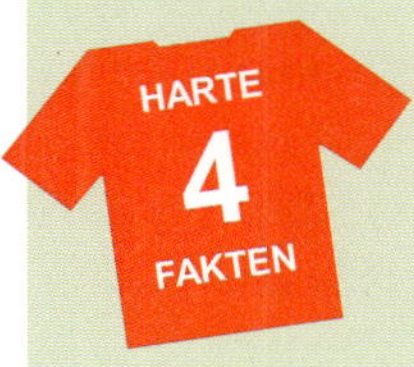

Adresse: Großer Moorweg 30, 25436 Tornesch

Verein: FC Union Tornesch

Erbaut: 2015

Bonuswissen: 2019 fanden hier die Deutschen Meisterschaften im Quidditsch – bekannt durch Harry-Potter – statt.

Uetersen 098

Rosenstadion

Buena Vista Soccerclub

Von der späten Maienzeit bis in den Nachsommer hinein blüht es vielfarbig in Deutschlands größtem Rosenzuchtgebiet. Das Rosarium, einer der ältesten angelegten Rosengärten Deutschlands, liegt in unmittelbarer Nähe zum zentralen Fußballplatz mit dem Aschenbahnoval. Hier herum erheben sich hinter verwitterndem Bandenwerbungsgestänge Stehtraversen, hinter denen es in der wärmeren Jahreszeit zartsüß duftet: Um den Stehplatzwall ranken sich rückseitig Rosen.

„Unser Rosenstadion begeistert viele Gäste", sagt Bernd Enderle von Rasensport Uetersen. So auch die kubanische Nationalmannschaft, die zum 775-jährigen Stadtjubiläum 2009 eingeladen wird. „Ich hatte zufällig gehört, dass die Kubaner sich in Europa vorbereiten." Die Gäste übernachten passend im Hotel Rosarium, ein gemeinsames Fest wird im Anschluss gefeiert. Dass Kuba gegen eine Stadtauswahl 1:0 gewinnt, zeugt von Gastfreundschaft.

Damals ist Enderle noch beim Mutterverein TSV, der seine Glanzzeiten in den 1950er- und 1960er-Jahren hat. Bei der Deutschen Amateurmeisterschaft 1954 wird beispielsweise Hertha BSC mit 4:1 geschlagen. Der TSV gewinnt 1957 die Hamburger Stadtmeisterschaft in der damals zweithöchsten Spielklasse.

Bereits 2001 lösen sich viele türkischstämmige Spieler vom TSV und gründen Sportfreunde Uetersen Dostluktspor, die nach mehrjähriger Unterbrechung seit Sommer 2020 wieder im Rosenstadion spielen. 2014 lösen sich weitere Fußballer aus dem TSV.

„Ich habe immer gesagt, dass wir selbstbestimmter werden wollen", so Enderle. „Das betraf die Platzvergabe, die Verteilung der Sponsorengelder oder die Nutzung des Vereinsheimes." Seit 2015 existiert Rasensport Uetersen 1926. „1926" bezieht sich auf die Tradition des damals gegründeten Vereins Rasensport Uetersen, der 1964 mit dem neugegründeten TSV fusioniert.

Raspo blüht im Rosenstadion auf. Enderle: „Wir sind von 2015 bis 2019 vier Mal Meister geworden und nonstop aufgestiegen, das hat im Hamburger Umfeld nicht einmal Eintracht Norderstedt geschafft."

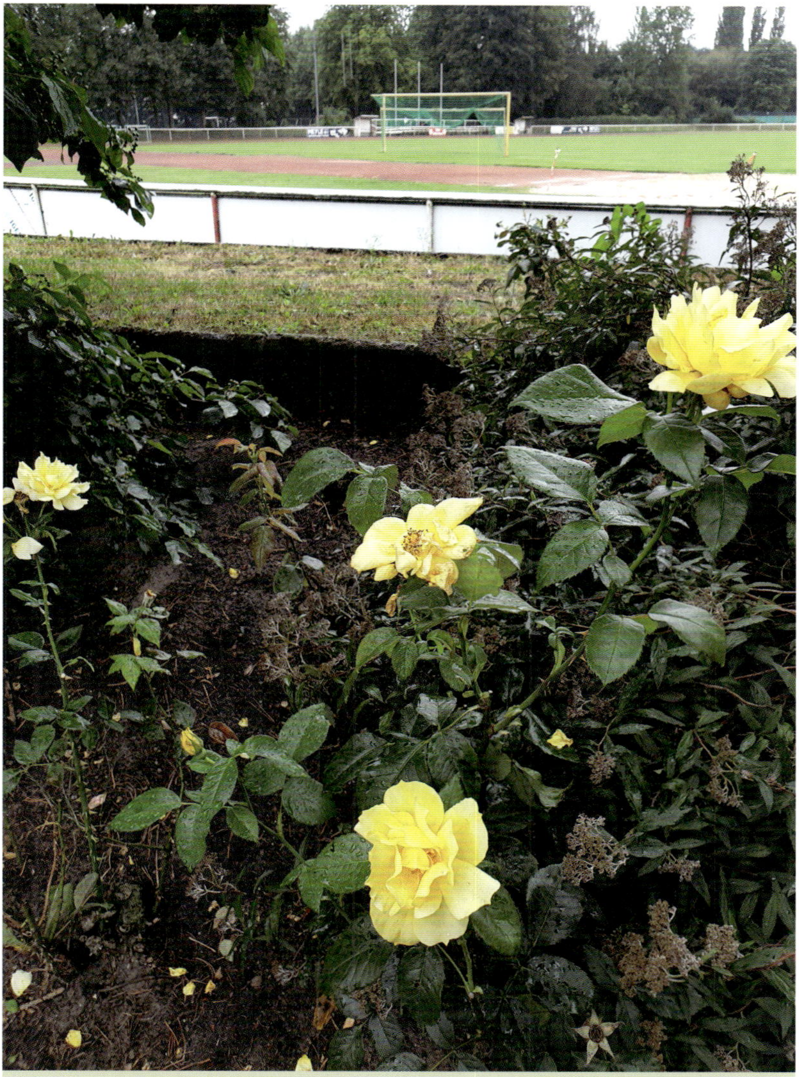

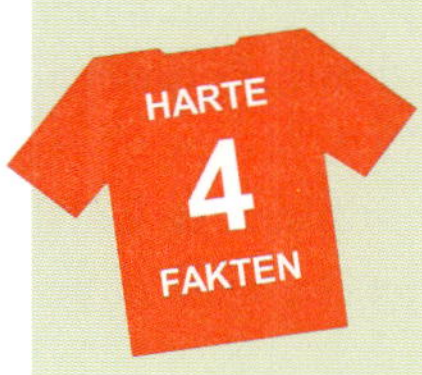

Adresse: Alsenstraße, 25436 Uetersen

Vereine: TSV Uetersen von 1898, Raspo Uetersen 1926, Sportfreunde Uetersen von 2001

Zuschauerkapazität: 5.000

Bonuswissen: TSV-Spieler Erich Rafael wird für den Kader der Olympischen Sommerspiele 1956 nominiert.

Wiese

Heavy-Metal-Fußball

ZDF-Fußballkommentator Oliver Welke hat Schleswig-Holstein mal als den „Acker vor Hamburg“ bezeichnet. Das war abwertend-satirisch gemeint – zumindest in Wacken hat die Bezeichnung Acker aber seine wertschätzende Berechtigung. Der Ort im Kreis Steinburg mit den 1.900 Einwohnern ist landwirtschaftlich geprägt und weltberühmt durch das jährlich stattfindende Festival. Seit 1990 überfluten beim Wacken-Open-Air bis zu 85.000 Heavy-Metal-Fans Anfang August das Dorfleben sowie die angemieteten Ackerflächen und abgesperrten Wiesen. Auf einer Wiese neben dem Eingang findet seit 2002 das begleitende Fußballturnier statt.

„Es wurde aber schon vorher gekickt“, berichtet Organisatorin Christine Scafidi. Musiker spielen in den 1990ern gegen Fans und Veranstalter. Open-Air-Gründer Thomas Jensen und Holger Hübner werden beim TSV Wacken fußballerisch sozialisiert und sind natürlich fußballbegeistert.

Im Wacken-Onlinediskussionsforum keimt um die Jahrtausendwende die Idee, ein Turnier nur für Musikfans zu organisieren. Birgit Schweighofer – genannt Thordis – ist die Erfinderin. Neun Mannschaften melden sich 2002 an. Fünf Jahre später ist bei 32 Teams Meldeschluss. Der „Soccercup“ auf dem kleinen Feld ist von Anfang an international besetzt. Einige der 5er-Mannschaften kommen aus Skandinavien, Osteuropa, Mexiko oder Chile.

„Es gibt einen Pokal, aber der Spaß ist das Wichtigste“, so Scafidi. Das Team „Morgän Mentäl“ , Turniersieger 2011, spielt konsequent in Bademänteln. Beliebt sind Wrestlingmasken. „Ein Team trat nur in Schottenröcken an.“

Reine Frauenmannschaften gibt es nicht, „aber einige Mixteams sind immer gemeldet“. Die Turnierteilnahme ist kostenlos. „Wir machen das hier alles ehrenamtlich“, sagt Scafidi, die als Eventmanagerin und Autorin ansonsten in Bochum lebt.

Bezeichnend die Teamnamen: „Die Toten Hoden“, „Prohibition ist keine Option“ oder „Glücksbärchies of Hell“. „Wie bei seriöseren Fußballturnieren“, schmunzelt Scafidi, „haben wir jedes Jahr einen Flitzer.“

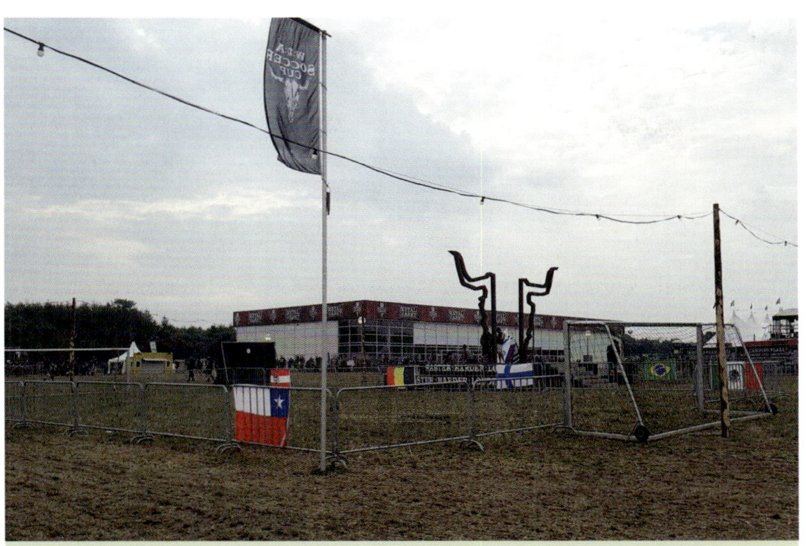

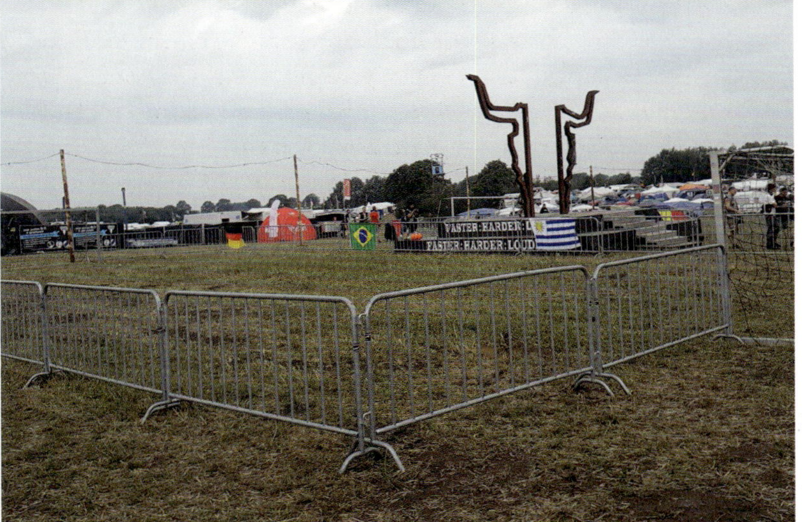

Foto: Christine Scafidi

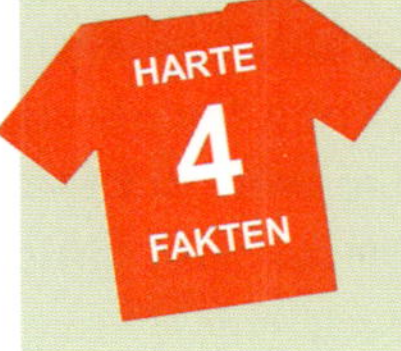

Adresse: Hauptstraße 47, 24869 Wacken

Wann: Mittwoch vor dem Festivalwochenende ab 11 Uhr

Modus: Jedes Spiel dauert 2 x 5 Minuten mit Seitenwechsel.

Bonuswissen: 2018 und 2019 nahm ein Team des österreichischen Fußballmagazins Ballesterer teil.

Wedel 100

Elbestadion

Schalker Kreisel

Überregionale Aufmerksamkeit für den TSV Wedel: Die Fußballabteilung wird in einem Bundesligavorbericht 2016 im Sportteil der FAZ mehrfach im Zusammenhang mit einem Bundesligisten genannt. Der Grund ist ein Dominoeffekt, der die Berufung von Marcus Weinzierl als neuen Trainer bei Schalke 04 nach sich zieht. Eine „im deutschen Fußball noch nicht dagewesene Kettenreaktion", schreibt die FAZ. Von der Bundesliga bis in die damalige Wedeler Fünftklassigkeit: Dirk Schuster folgt Weinzierl beim FC Augsburg, Norbert Meier ersetzt Schuster bei Darmstadt 98, Rüdiger Rehm ersetzt Meier bei Arminia Bielefeld, Oliver Zapel ersetzt Rehm beim SG Sonnenhof Großaspach, Jörn Großkopf ersetzt Zapel beim SV Eichede. Und Großkopf kam als Trainer vom TSV Wedel.

„Großkopf war vor Wedel Trainer beim traditionsreichen KFC Uerdingen", sagt Uwe Drewes, Fußball-Abteilungsleiter Breitensport. Wedel, das sich westlich an Hamburg schmiegt, „hatte einige illustre Trainer – beispielsweise Peter Nogly – hier im Elbestadion."

Das Urgrundstück des schlichten Stehtraversen-Stadions wird im Zweiten Weltkrieg eigentlich als verbunkerte U-Bootwerft konzipiert. „Der Kriegsverlauf brachte 1944 die Arbeiten zum Erliegen", sagt Anke Rannegger vom Wedeler Stadtarchiv. Lediglich eine teilweise planierte Brachfläche überdauert das Kriegsende. Bis 1953 der Wedeler Turn- und Sportverein das ehemalige Marinegelände umbaut: zum Elbestadion. Wobei der Naturrasenplatz noch eine gute Tartanbahnrunde vom Elbstrom entfernt liegt und das Stadion eher ein Sportplatz ist.

Der TSV wird 1996 und 2009 Meister der Hamburger Landesstaffel Hammonia. Überraschend kommt der Rückzug der Ersten Herren aus der Hamburger Oberliga im Sommer 2019, obwohl die Klasse knapp gehalten wird. „Wegbrechende Spieler, Sponsoren und Zuschauer", nennt Drewes als Gründe. Ein Neuanfang in der neunten Klasse als Spielgemeinschaft mit Sportfreunde Holm folgt. Aber Drewes setzt auf den Nachwuchs: „Mit unseren ehrgeizigen Jugendmannschaften werden wir bald auch im Herrenbereich punkten."

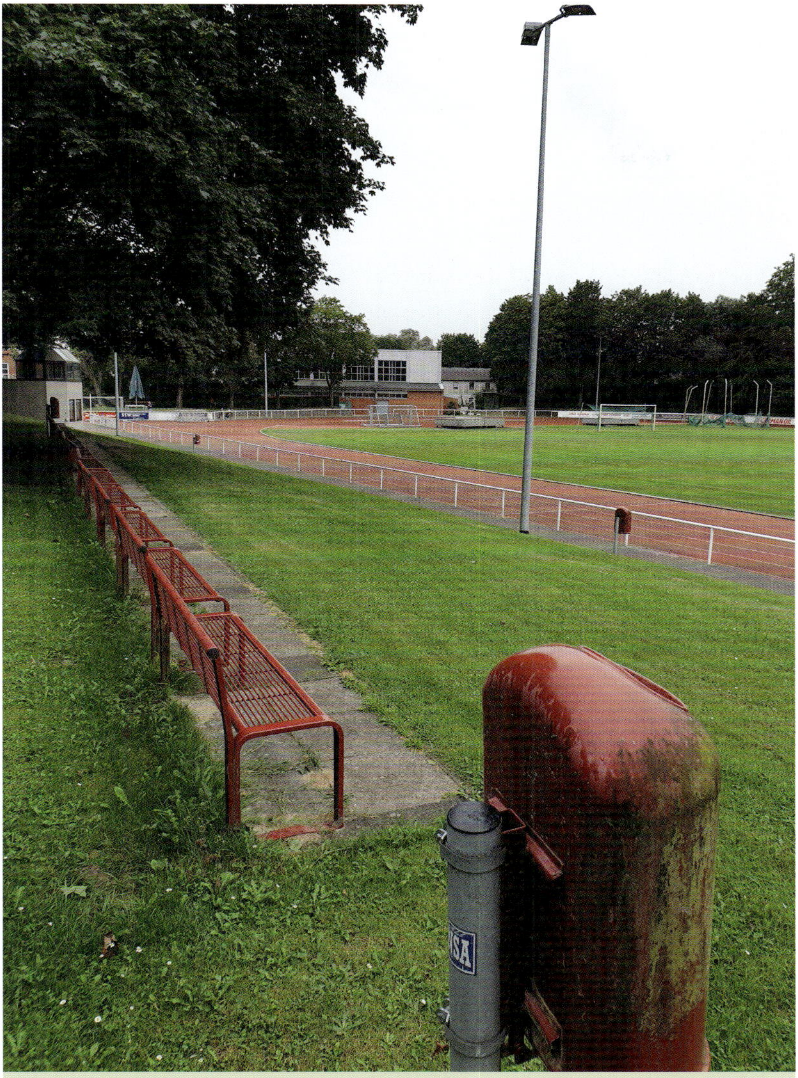

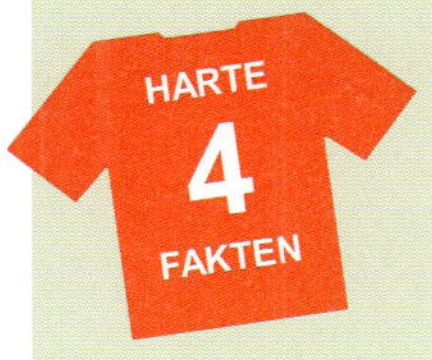

Adresse: Schulauer Straße 65, 22880 Wedel

Verein: TSV Wedel (und als SG mit Sportfreunde Holm)

Zuschauerkapazität: 5.000

Bonuswissen: 1944 fusioniert der Vorgängerverein Wedeler TV mit der Mannschaft aus dem angrenzenden Blankenese.

Einer geht noch, einer geht noch rein …

Dieser Ort hätte unbedingt noch reingehört?

Verzeihung. Bitte hier eintragen

HARTE
4
FAKTEN

Namensregister

Literatur (Auswahl)

Blaschke, Peter: Georg Blaschke – Pionier des Fußballs. Kassel 2010.

Grüne, Hardy: Legendäre Vereine Norddeutschland. Kassel 2004.

Hermann: Matthias: 111 Gründe, Holstein Kiel zu lieben. Berlin 2018.

Jessen, Christian: VfB Lübeck. Ein Jahrhundert Fußball-Geschichte in der Hansestadt. Göttingen 2019.

Skrentny, Werner: Es war einmal ein Stadion. Verschwundene Kultstätten des Fußballs. Göttingen 2016.

Skrentny, Werner: Das große Buch der deutschen Fußball-Stadien. Göttingen 2009.

Danksagung

Ich danke allen meinen Gesprächspartnern.

Besonderen Dank an: Christian Jessen (Lübeck), Matthias Hermann (Kiel), Peter Nogly (Wakendorf), Bodo Schmidt (Niebüll), Prof. Dieter Stolz (Berlin), Peter Stäcker (Bad Oldesloe), Hans-Werner Canal (Kronshagen), Willy Weidenstraß (Fehmarn), Manfred Werner (Flensburg), Peter Blaschke (Bonn), Reenald Koch (Norderstedt), Andreas Brunner (Oldenburg), Carsten Henck (Pansdorf), Ralf Westphal (Sylt), Peter Danzeglocke (Timmendorfer Strand), Eddy Schultz (Eutin), Christine Scafidi (Bochum), Stefan Pfeifer (Helgoland), Nick Kaßner (Heusweiler/Saarland), Larsson Güthling, Hilke und Stephan Kleiber (alle Hamburg), Tobi Leroy (Wentorf), Christian Werner (Leipzig).

Willi Holdorf (Felde) ist wenige Tage nach unserem Telefonat verstorben.

Weitere Bände der Reihe Fußballheimat:

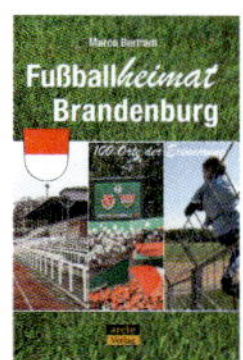

Marco Bertram

Fußballheimat Brandenburg

100 Orte der Erinnerung

216 S., 18,00 €
978-3-96423-032-4

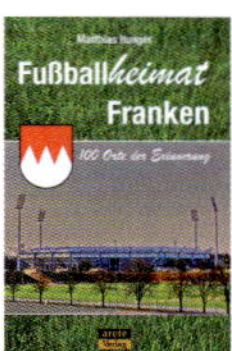

Matthias Hunger

Fußballheimat Franken

100 Orte der Erinnerung

216 S., 18,00 €
978-3-942468-91-6

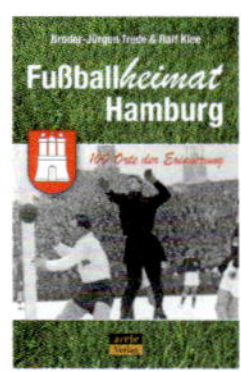

Broder-Jürgen Trede & Ralf Klee

Fußballheimat Hamburg

100 Orte der Erinnerung

216 S., 18,00 €
978-3-96423-038-6

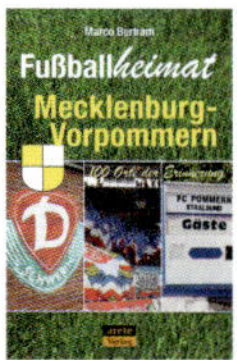

Marco Bertram

Fußballheimat Mecklenburg-Vorpommern

100 Orte der Erinnerung

216 S., 18,00 €
978-3-96423-025-6

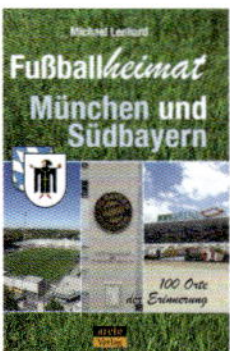

Michael Lenhard

Fußballheimat München und Südbayern

100 Orte der Erinnerung

216 S., 18,00 €
978-3-942468-96-1

Arete Verlag · Osterstr. 31–32 · 31134 Hildesheim · www.arete-verlag.de

Weitere Bände der Reihe Fußballheimat:

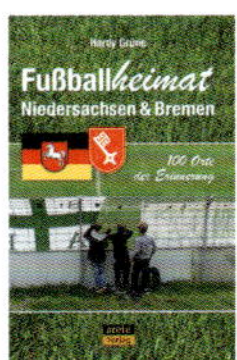

Hardy Grüne

Fußballheimat Niedersachsen & Bremen

100 Orte der Erinnerung

216 S., 18,00 €
978-3-96423-015-7

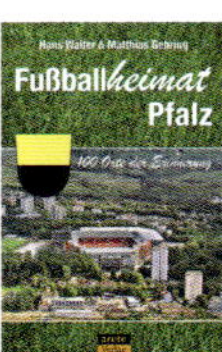

Hans Walter & Matthias Gehring

Fußballheimat Pfalz

100 Orte der Erinnerung

216 S., 18,00 €
978-3-96423-014-0

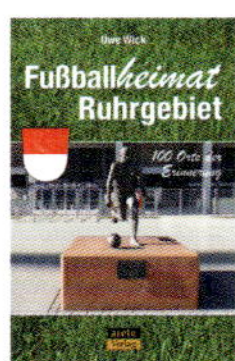

Uwe Wick

Fußballheimat Ruhrgebiet

100 Orte der Erinnerung

216 S., 18,00 €
978-3-96423-054-6

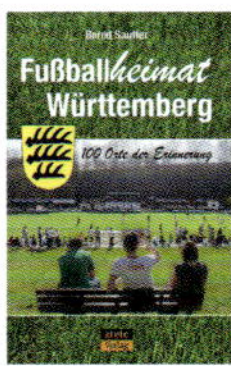

Bernd Sautter

Fußballheimat Württemberg

100 Orte der Erinnerung

216 S., 18,00 €
978-3-96423-013-3

Arete Verlag · Osterstr. 31–32 · 31134 Hildesheim · www.arete-verlag.de